Edition Flusser · Band IX

EDITION FLUSSER
Herausgegeben von
Andreas Müller-Pohle

Wer Vilém Flusser zu Lebzeiten begegnet ist, hat ihn als virtuosen Redner und sprühenden Gesprächspartner kennengelernt, der seiner Vorliebe für provokante Thesen vor allem im persönlichen Dialog Ausdruck zu verleihen wußte. Der vorliegende Band versammelt alle großen Interviews, die Flusser für Presse, Hörfunk und Fernsehen gegeben hat, sowie bislang unveröffentlichte persönliche Gespräche. In ihnen spiegelt sich Flussers vielseitiges Wirken wider: seine Beschäftigung mit Fotografie und Telematik, Schriftlichkeit und Kreativität, Städtebau und Nächstenliebe – nirgends kommt Flussers Vermögen zu ungewöhnlichen Verknüpfungen und Sprüngen quer durch alle Disziplinen lebhafter und vergnüglicher zum Ausdruck als in seinen Zwiegesprächen. Das macht den vorliegenden Band zu einer trefflichen Einführung in das Flussersche Denken.

Vilém Flusser, 1920 in Prag geboren, lehrte als Professor für Kommunikationsphilosophie an der Universität São Paulo. Er starb 1991 bei einem Verkehrsunfall nahe der tschechisch-deutschen Grenze.

Klaus Sander, geb. 1968, ist Mitarbeiter im Vilém-Flusser-Archiv in München und einer der besten Kenner des Nachlasses von Vilém Flusser.

Vilém Flusser

Zwiegespräche

Interviews 1967–1991

Herausgegeben von
Klaus Sander

EUROPEAN PHOTOGRAPHY

Die Deutsche Bibliothek – CIP-Einheitsaufnahme

Flusser, Vilém:
Edition Flusser / hrsg. von Andreas Müller-Pohle. – Göttingen: European Photography.
ISBN 3-923283-38-5
NE: Müller-Pohle, Andreas [Hrsg.]; Flusser, Vilém: [Sammlung]; HST

Bd. 9. Flusser, Vilém: Zwiegespräche. – 1996

Flusser, Vilém: Zwiegespräche: Interviews 1967–1991 / Vilém Flusser. Hrsg. von Klaus Sander. – Göttingen: European Photography, 1996
(Edition Flusser / Vilém Flusser; Bd. 9)
ISBN 3-923283-39-3 Gb.
ISBN 3-923283-34-2 brosch.
NE: Sander, Klaus [Hrsg.]

© 1996 EUROPEAN PHOTOGRAPHY Andreas Müller-Pohle
Alle Rechte vorbehalten. Kein Teil des Werkes darf in irgendeiner Form (Fotokopie, Mikrofilm oder in einem anderen Verfahren) ohne schriftliche Genehmigung des Verlages reproduziert oder unter Verwendung elektronischer Systeme verarbeitet, vervielfältigt oder verbreitet werden.

Erste Auflage 1996

Herstellung: Gooss + Co., Goslar

EUROPEAN PHOTOGRAPHY, Postfach 3043, D-37020 Göttingen

INHALT

Editorische Vorbemerkung 7
São Paulo, 1967 8
São Paulo, 1979 17
São Paulo, 1980 22
São Paulo, 1986 29
Bern, 1988 34
Karlsruhe, 1988 41
Nürnberg, 1989 67
Graz, 1989 78
Berlin, 1989 85
Robion, 1990 94
Berlin, 1990 99
Graz, 1990 105
Robion, 1990 119
Hamburg, 1990 146
Wien, 1991 159
Wien, 1991 168
Stuttgart, 1991 186
Göttingen, 1991 189
Robion, 1991 198
Karlsruhe, 1991 214
München, 1991 225
Zürich, 1991 243

Bibliografische Nachweise 250

EDITORISCHE VORBEMERKUNG

Vilém Flusser dachte und schrieb im Rhythmus des Sprechens – eines präzisen, knappen, bisweilen kurzatmigen Sprechens, das von hastiger Begeisterung getrieben sein konnte, wenn seine Zuhörer bereit waren, mit ihm zu »dialogisieren«. Seine Rede, eine Mischung aus Distinktion und Vitalität, Strenge und Witz, faszinierte Zuhörer und Diskussionspartner gleichermaßen. Vilém Flusser sprechen zu hören war immer beides, eine Bereicherung und ein Vergnügen. Der vorliegende Band, der zweiundzwanzig Gespräche mit Flusser aus zweieinhalb Jahrzehnten dokumentiert, stellt insofern eine genuine Ergänzung zu den geschriebenen Werken dar. Ausgehend vom ersten nachweisbaren Interview aus dem Jahre 1967 versammelt er, chronologisch und nach Gesprächsorten gegliedert, alle wichtigen Interviews, die Flusser für Presse und Hörfunk gegeben hat, sowie einige bislang unveröffentlichte persönliche Unterredungen.

Nach den ersten Gesprächen aus Flussers Wirkungszeit in São Paulo konzentriert sich die überwiegende Zahl der Beiträge auf den Zeitraum 1988 bis 1991. Viele von ihnen entstanden während der ausgedehnten Vortragsreisen, die Flusser seit Mitte der 80er Jahre von Südfrankreich aus quer durch Europa unternommen hat – am Rande einer Tagung, in einer Zeitungsredaktion oder einem Hörfunkstudio, oder auch im Frühstücksraum eines Hotels. Den Kontrast zu diesen »Gesprächen unterwegs« bilden einige zumeist längere Begegnungen, die in der ruhigen dörflichen Abgeschiedenheit seines Hauses in der Provence stattfanden.

Die Zusammenstellung des Bandes erfolgte auf Grundlage des Bestandes des Vilém-Flusser-Archivs in München. Die Übersetzungen aus dem Portugiesischen und Französischen stammen von Edith Flusser. Ihr sowie Thomas Knöfel und Andreas Müller-Pohle sei für die freundschaftliche Unterstützung dieser Veröffentlichung herzlich gedankt. Mein Dank gilt nicht zuletzt allen Interviewpartnern Vilém Flussers, ohne deren spontane Bereitschaft zur Überlassung der Gesprächsaufzeichnungen das Projekt nicht hätte realisiert werden können.

SÃO PAULO, 1967

Nach Rückkehr von einer Auslandsreise als Abgesandter des brasilianischen Ministeriums für Auswärtige Kulturelle Zusammenarbeit gab Vilém Flusser der Tageszeitung *Estado de São Paulo* das nachfolgende Interview.

Welche Länder haben Sie besucht, und welche Kontakte konnten Sie herstellen?

Ich war in diversen europäischen und amerikanischen Ländern, doch zu einem wirklichen Kontakt kam es nur in Österreich, Deutschland, Spanien und den Vereinigten Staaten. Dabei habe ich meine Tätigkeit auf meine Interessen und meine Arbeit beschränkt und hatte Kontakt mit Philosophen, Journalisten, Künstlern und Kunstkritikern.

Welchen allgemeinen Eindruck hatten Sie von Ihren Begegnungen mit Philosophen?

Wenn ich verallgemeinern darf, würde ich sagen, daß ich von zwei Dingen beeindruckt und überrascht war. Erstens, daß die philosophischen Meinungen in Deutschland und in Amerika ähnlich sind, und zweitens, daß das Gebiet der Forschung schmaler wird. Die Meinung, daß sich das philosophische Interesse auf das Problem der Sprache konzentriert, ist ganz allgemein: vom formellen wie vom strukturellen, vom ästhetischen wie existentiellen Standpunkt aus gesehen. In letzter Zeit scheint aber ein Pessimismus überhand genommen zu haben, was den Fortgang dieser Forschung betrifft. Die Sprache bleibt – trotz konzentrierter Arbeit – weiter mysteriös. Wir können nicht klar zwischen Beobachtungssätzen und theoretischen Sätzen unterscheiden, und das verwischt unser Verständnis von Wissenschaft und Kunst. Wir wissen nicht, was ein Eigenname und was eine Beschreibung ist, und das trübt die Grenzen des Sagbaren. Wir können die Verschiedenheiten der Grammatiken nicht »erklären« und folglich auch nicht die verschiedenen Weltanschauungen, die uns die einzelnen Sprachen bieten. Es gibt noch viele andere Schwierigkeiten, so daß wir die Hoffnung verlieren, daß die Philosophie zu einer Disziplin wird, die unser Denken und unser Tun in absehbarer Zeit wird erklären können. Diese Enttäuschung ist die Ursache für die leichte Abweichung vom Zentrum unseres Interesses. Die Philosophen interessieren sich weniger für die Struktur der Sprache und konzentrieren sich immer mehr auf ihren kommunikologischen Aspekt. Das heißt, daß sie weniger darüber diskutieren, was wir beim Sprechen sagen wollen, als darüber, ob uns die anderen verstehen. Und das ist in Deutschland wie in den Vereinigten Staaten der Fall.

Heißt das, daß das Problem der Beziehung der Sprache zur Wirklichkeit aufgegeben wird und das Problem der Beziehung zwischen den Menschen betont wird? Ist das nicht ein Unterdrücken unserer ontologischen Bedenken?

Ich würde eher sagen, daß unsere ontologischen Bedenken in Anführungszeichen gesetzt werden, weil wir momentan keine genügende Kenntnis der Sprache besitzen, um über die Wirklichkeit sprechen zu können, ohne in Mystizismus zu verfallen. Die meisten Philosophen geben diese Wittgensteinsche Gefahr zu, aber wenige sind bereit, ihr entgegenzutreten. Sie ziehen den kommunikologischen Aspekt der Sprache vor, weil der Aspekt der Kommunikation ein radikal neues Feld der Forschung bietet. Die Informationstheorie wird zu einem sehr mächtigen Instrument, und wir verfügen über sehr gute Modelle, die sich mit dem Problem befassen, zum Beispiel hydraulische Modelle kommunikativer Gefäße und Modelle von Computern. Plötzlich bekommen wir Zutritt zu ethischen und ästhetischen Problemen, zu denen wir – infolge des formalen und logischen Aspekts der Philosophie – lange Zeit keinen Zutritt hatten. Begriffe wie »Information«, »Übersetzung«, »Treue«, »Wahl«, die in der Diskussion dieser Probleme fallen, sind im ethischen und ästhetischen Klima gebadet, und die Diskussion der Kommunikation bringt die Formalisten und Existentialisten zusammen.

Können Sie dafür ein Beispiel geben?

Als Beispiel werde ich die existentialistische Denkerin Hannah Arendt nehmen. Sie befaßt sich mit dem Problem der Freiheit. Indem sie die Freiheit als die Möglichkeit, bedeutungsvoll zu wählen, definiert, stößt sie sofort auf folgende Weise auf die Diskussion der Kommunikation: Von meiner Umgebung erhalte ich quantitative Informationen. Unter diesen Informationen wähle ich die wichtigsten aus. Und die ausgewählte Information wird die Basis für mein Eingreifen in das Milieu sein. Ich bin also mit dem Milieu in Kommunikation, bin sein Funktionär, ich funktioniere als Feedback auf das Milieu, und meine Freiheit ist meine Illusion. Beispiel für diese Art von Funktionieren ist nicht nur Eichmann, sondern sind auch die von ihm umgebrachten Juden. Eichmann wählt die wichtigsten Informationen, die sich vom nazistischen Apparat auf ihn beziehen, und er handelt ihnen entsprechend. Die Juden sind von Eichmann in Kenntnis gesetzt worden, und sie handeln den wichtigsten Informationen, die sie von Eichmann erhalten haben, entsprechend. Ihrerseits informieren sie Eichmann, und er handelt dementsprechend. Es entsteht ein informativer Kanal zwischen Eichmann und den Juden, und die Folge dieser unheilvollen Kommunikation ist die Ausrottung der Juden, an der die Juden selbst mitgemacht haben. Der Strom der Informationen in dieser Kommunikation kann qualifiziert und formalisiert werden. Wenn wir über die Informationen verfügen, können wir die Wahl und die Handlungen Eichmanns sowie der Juden voraussehen. Es gibt folglich keine Freiheit. Wir können uns aber eine Störung in der Kommunikation vorstellen, eine in den informativen Kanal eingeführte Störung zwischen dem Apparat und dem Funktionär. Dieser Fehler wäre das, was man »menschliche Existenz« nennt. Dieser Fehler, den man als das entropische Element der Information formalisieren kann, ist die Quelle der Freiheit. Auf diese Weise ist der Existentialismus zum Teil formalisiert worden.

Haben Sie noch ein anderes Beispiel?

Nehmen wir Quine, der sich mit dem Problem der Übersetzung folgendermaßen befaßt: Stellen wir uns vor, daß ich die Sprache eines unbekannten Stammes lernen möchte. Jedesmal, wenn ein Kaninchen erscheint, höre ich das Wort »gavagai«, und ich interpretiere es als etwas, das dem Ausruf »Schau, ein Kaninchen« ähnelt. Ich kann von jetzt an mit den Eingeborenen – jedesmal wenn ein Kaninchen erscheint und ich »gavagai« ausrufe – kommunizieren. Diese Kommunikation kann perfekt funktionieren und im Gesprächspartner ein bestimmtes Benehmen provozieren. Ich habe aber keine wirkliche formale Berechtigung anzunehmen, daß »gavagai« »Schau, ein Kaninchen« bedeutet. Es könnte auch »Laßt uns auf die Jagd gehen« sagen wollen, oder: »Es ist der Geist unserer Vorfahren erschienen.« Oder es könnte auch etwas bedeuten, das in meiner Sprache gar nicht auszudrücken ist. Die Kommunikation funktioniert, obwohl ich am Sinn zweifle. Das Kriterium für eine Übersetzung ist folglich existentiell und nicht formal, und es ist sogar möglich, daß eine Übersetzung nicht formalisierbar ist.

Sie haben zwei amerikanische Denker genannt. Könnten Sie einen deutschen Denker nennen, um Ihr Argument zu bekräftigen?
Ja, zum Beispiel Theodor Adorno mit seinem neuen Buch *Die negative Dialektik*. Hegel behauptet, daß die Verneinung der Verneinung zu einer Position führt, die die Verneinungen synthetisiert, indem sie sie auf ein neues Niveau hebt. Dadurch gibt es für Hegel, seine Anhänger und die Marxisten eine Entwicklung, eine Bereicherung. Adorno versucht, diese Weltanschauung mit einer zweischneidigen Axt zu fällen. Ich kann die Entwicklung als die Erklärung für die Kommunikation zweier ursprünglicher, konfliktärer Informationen ansehen. Bei dieser Erklärung wird die Information verbraucht und verfällt der Entropie. Die Synthese ist also keine Bereicherung, sondern eine Verarmung der ursprünglichen Informationen. Der dialektische Prozeß ist entropisch, ein unaufhörlicher Verlust an Informationen, deren Ziel die letzte Desorganisation ist. Oder ich kann die Entwicklung als ein ununterbrochenes Anpassen zweier Systeme an verschiedene Programme ansehen. Die Entwicklung wird also entropisch, entsprechend dem Modell der kommunizierenden Röhren. Es gibt ein doppeltes Argument von Adorno gegen Hegel: Einerseits verneint er, daß die Verneinung der Verneinung zu einer Position führen kann, und andererseits behauptet er, daß die Information bei der Kommunikation eine Abnutzung erleidet. Es ist seltsam zu beobachten, wie Adorno an Hegel und Marx strukturelle Modelle appliziert und sie enthistorisiert.

Es scheint, daß das Studium der Kommunikation das Problem der Inkommunikabilität aufwirft. Ist das, Ihrer Meinung nach, tatsächlich der Fall?
Es können, was das anbetrifft, tatsächlich zwei extreme Standpunkte eingenommen werden. Der eine wäre, die Möglichkeit einer fundamentalen Kommunikation zu leugnen, Sartres »Wir sind Inseln«. Der andere wäre die Bejahung eines gemeinsamen Fundaments für jede Art von Artikulation, ein prälinguistisches Fundament, auf dem jede Art von Kommunikation möglich wäre. Im ersten Fall gäbe es keine radikale Übersetzung, und es entstünde ein neuer Solipsismus. Im zweiten Fall gäbe es die Möglichkeit der Übersetzung aller bedeutungsvollen Sätze, wobei der letzte Sinn eines jeden Satzes nur das ausgesprochene Substrat wäre. Beide Standpunkte sind in ihrer Radikalität nicht aufrechtzuerhalten, wobei das Erlebnis der Kommunikation dem ersten Fall widerspricht und die Probleme

der Übersetzung dem zweiten Fall widersprechen. Im großen und ganzen neigen die deutschen Denker eher zum ersten Fall und die Amerikaner zum zweiten. Das Resultat dieser entgegengesetzten Neigungen ist seltsam. Hinterhäuser* in Kiel behauptet, daß eine authentische Kommunikation von Informationen unmöglich ist, denn wäre sie möglich, wären wir ewig, weil wir unsere Geburt überschreiten würden dank vorheriger Informationen. Das Erleben unserer Grenzen widerspricht, seiner Meinung nach, der Möglichkeit einer wahren Kommunikation. Andererseits weist für Santillana** vom MIT die Tatsache der Kommunikation auf einen der ganzen Menschheit gemeinsamen Mythos, und dieser Mythos wäre in letzter Analyse die Quelle aller Grammatiken, so verschieden sie auch sind. Dieser Mythos wäre das Feld protokollarischer Sätze, und alles Wissen, sogar das der Wissenschaft, wäre die Erklärung dieses Mythos. Sein Studium der Vorsokratiker, besonders von Parmenides, zielt auf die Erklärung dieses Mythos hin.

Sie haben behauptet, daß beide Erklärungen unhaltbar sind. Wie reagieren darauf die Denker, denen Sie begegnet sind?

Meistens sagen sie, daß unsere Forschung noch nicht die Stufe erreicht hat, die uns erlauben würde, überzeugende Schlüsse zu ziehen. Obwohl wir viel über die Technik der Übersetzung wissen und immer mehr lernen, beginnen wir erst, die Probleme zu ahnen. Zum Beispiel ist das Problem der Kommunikation zwischen wissenschaftlichen Aussagen in mathematischer Sprache und »natürlichen« Sprachen verschiedener Strukturen noch nicht genügend geklärt. Ich glaube, wir sind alle damit einverstanden, daß wir eine Stufe in der Forschung erreicht haben, auf der es ratsamer ist, keine Urteile zu fällen.

Ich sehe, daß das Interesse an der Kommunikation als dem zentralen Problem der philosophischen Spekulation Folgen auf dem ethischen und ästhetischen Gebiet hat. Könnten Sie für diese Behauptung Beispiele geben?

Ein Beispiel habe ich schon gegeben: Hannah Arendt. Ich gebe noch ein anderes. Es betrifft das Problem der Entscheidung und der Macht auf

---

* Hans Hinterhäuser, Professor der Romanistik an der Universität Kiel.
** Giorgio de Santillana, Professor am Department of Humanities des Massachusetts Institute of Technology, Cambridge.

dem Gebiet der Politik. Ich folge den Argumenten von Sidney Hook von der New York University, denen ich Überlegungen von anderen Seiten hinzufüge. Es ist klar, daß die Kommunikation etwas mit der Länge des Kommunikationskanals zu tun hat. Je kürzer der Kanal, um so effizienter wird die Kommunikation sein, weil sie einem geringeren Verschleiß ausgesetzt ist. Nehmen wir den Staat als einen Apparat, der Informationen sendet und empfängt und auf der Basis von erhaltenen Informationen funktioniert. Es ist klar, daß die aus der Nähe empfangenen Informationen effizienter sein werden als die, die aus einer größeren Entfernung ankommen. Wir können also sagen, daß ich auf das Benehmen des staatlichen Apparates einen um so effektiveren Einfluß nehmen kann, je mehr ich in ihm eingeschlossen bin. Andererseits ist zu sagen, daß die Kommunikation ein doppelseitiger Prozeß ist. Je näher ich dem staatlichen Apparat stehe, um so informierter bin ich. Meine Nähe verringert aber auch die Originalität der Informationen, die ich dem Apparat liefern kann. Wäre ich vom Apparat ganz entfernt, wäre meine Fähigkeit, originelle Informationen zu liefern, die allergrößte und meine Fähigkeit, auf das Funktionieren Einfluß zu nehmen, wäre minimal. Das Problem des Engagements hängt mit dem Suchen der optimalen Entfernung zusammen, von wo aus ich originelle Informationen geben und noch effizient das Funktionieren des Apparats beeinflussen kann. Das Problem des politischen Engagements wird zum Aspekt der Kommunikation.

Wenn man Ihren Ausführungen folgt, bekommt man den Eindruck, daß die ewigen Probleme der Philosophie aufgegeben oder zumindest in eine neue Sprache gehüllt werden. Ist es das, was Sie sagen wollen?

Ich muß etwas richtigstellen. An den europäischen und amerikanischen Universitäten werden die Texte unserer philosophischen Tradition selbstverständlich weiter studiert und diskutiert, und es gibt viele, die an dem einen oder anderen Denker der Vergangenheit besonders interessiert sind. Meiner Ansicht nach hat sich aber das Klima geändert. Provisorisch oder definitiv – wer kann das sagen – stirbt der Historizismus. Es bleibt nicht mehr bei der Geschichte der Philosophie. Die Philosophie begreift sich als selbständige Disziplin innerhalb der Gesamtheit der Forschung. Dafür sind die letzten Denker verantwortlich, Husserl in Deutschland und Wittgenstein in den Vereinigten Staaten.

Erwähnen Sie nicht auch Spanien?

Nein, weil ich – vielleicht aus eigener Schuld – in Spanien nicht der gleichen philosophischen Kraft begegnet bin, wie ich sie glücklicherweise in Deutschland und Amerika vorgefunden habe. Und es scheint mir, daß infolge des Regimes wahrscheinlich Informationen fehlen.

Ist die philosophische Situation in Brasilien mit der in Spanien vergleichbar?

Sollte man sie vergleichen, dann ist unsere philosophische Situation die der Armut, inklusive der materiellen Armut. Es fehlt ja praktisch alles. Und diese Not reflektiert sich in der geringen Originalität unserer Beiträge und in der überflüssigen Wiederholung von Forschungen, die anderswo, ohne unser Wissen, unternommen wurden. Es gibt die berühmte »Déphasage«*, so daß wir die philosophische Diskussion des Westens entweder gar nicht begleiten oder es nur mit Verspätung tun. Ich muß aber einen Aspekt betonen, der zugunsten unserer Philosophie spricht. Die deutsche und amerikanische Philosophie spielt sich in der dünnen Luft der wohlhabenden Gesellschaft ab, unsere im schweren Klima einer leidenden Gesellschaft. Das wenige, das wir zu sagen haben, trägt die Bürde eines Protestes, und es hat infolgedessen eine existentielle Bedeutung, die der »entwickelten« Philosophie fehlt.

Sie sagten, Sie seien außer Philosophen auch Journalisten begegnet.

Ich habe tatsächlich in einem doppelten Sinn einen Kontakt mit der deutschen, spanischen und nordamerikanischen Presse herzustellen versucht: um selbst zu publizieren und um anzuregen, daß in unserer Presse publiziert wird.

Welchen Eindruck hatten Sie von der Presse, und wie hat man Sie aufgenommen?

Ich glaube, daß die Literaturbeilage des *Estado de São Paulo* auf der Höhe der ausländischen Publikationen ist. In Deutschland werden in zwei oder drei der größten Zeitungen »Feuilletons« veröffentlicht, die sich qualitativ mit dem *Suplemento Literário* vergleichen lassen. In Spanien ist die Presse unendlich viel ärmer. In den Vereinigten Staaten gibt es eine derartige Fülle von spezialisierten Publikationen, daß die *New York Times*, die mit dem *Estado* zu vergleichen wäre, keine Beilage auf diesem Niveau veröffentlichen kann, um nicht mit Zeitschriften zu konkurrieren. Wenn

---

* Déphasage (frz.): Phasenverschiebung, Gefälle, Zeitunterschied.

ich von Zeitschriften spreche, muß ich sagen, daß unsere *Revista de Filosofia* in allen Ländern, die ich besucht habe, bekannt ist und sogar von Menschen gelesen wird, die Portugiesisch nicht beherrschen. Wir sind auch auf diesem Gebiet sehr arm. Die Quantität und Qualität der philosophischen Publikationen ist enorm. In den Vereinigten Staaten gibt es den Ausspruch »publish or perish«, und das gleiche gilt für Deutschland. Infolgedessen ist es für einen Intellektuellen sehr schwer, seine Arbeiten – trotz der großen Anzahl von Zeitschriften – zu veröffentlichen. Infolge des geringen Kontakts mit Brasilien und der neuen Informationen, die ich liefern konnte, öffneten sich mir Türen zu Zeitschriften. Es gibt im philosophischen Milieu nicht viel Interesse an Brasilien, doch können wir mit Beiträgen, so bescheiden sie auch sein mögen, ein Interesse wecken.

Glauben Sie, die Reise war nützlich?

Nur die Zukunft wird diese Frage beantworten können. Wir haben zweifellos von den entwickelten Ländern viel zu lernen. Und zweifellos kann jeder neue Kontakt nützlich sein. Erlauben Sie mir, die Kommunikationstheorie hier anzuwenden. Stellen Sie sich die Kommunikation zwischen zwei Systemen vor, deren Programme ganz ungleich sind. Und stellen Sie sich vor, daß eines der Systeme relativ reich und komplex ist und das andere System relativ arm und simpel. Was geschieht bei der Kommunikation zwischen ihnen? Die Menge der Informationen, die vom reicheren System aus in Richtung des ärmeren geht, stößt im Kommunikationskanal den schwachen Strom der Informationen, der vom ärmeren System ausgegangen ist, zurück. Das Resultat wird das folgende sein: Das reichere System wird vom ärmeren System keine Informationen erhalten und wird in Entropie verfallen. Das ärmere System wird von Informationen überschwemmt und wird die Informationen nicht assimilieren können, infolge der Not an einer genügend komplexen Struktur. Die Menge der Informationen wird das ärmere System desintegrieren. In diesem Fall muß eine Unterbrechung der Kommunikation zwischen den Systemen in Betracht gezogen werden, bis das ärmere System eine vergleichbare Komplexität erreicht. Dieser Meinung ist man in Deutschland und in Amerika. Der eiserne Vorhang zum Beispiel diente – nach dieser Analyse – den sozialistischen Ländern als Schild, damit sie zuerst die vergleichbare Komplexität mit den kapitalistischen Ländern erreichen, bevor eine bedeutungsvolle Kommunikation hergestellt werden kann. Die Berliner Mauer soll einen

ähnlichen Sinn haben. Die Frage nach einer Kommunikation zwischen Brasilien und der entwickelten Welt wäre also folgende: Wird die Struktur von Brasilien fähig sein, die Masse der Informationen zu assimilieren, ohne seine Identität zu verlieren, und kann Brasilien den entwickelten Ländern bedeutungsvolle Informationen liefern?
Welche Antwort würden Sie geben?
Ich befürchte, daß der Unterschied zwischen dem Niveau der entwikkelten Länder und Brasilien hoffnungslos zunimmt. Und zwar mindestens auf den Gebieten, die ich etwas näher beobachten konnte. Ich sehe keine andere Methode, diesen Abgrund zu überbrücken, als kommunikative Brücken zu schlagen, auf das Risiko hin, eine Desintegration der Identität zu provozieren. Meine Absicht war es, eine solche gebrechliche und bescheidene Brücke zu schlagen, und ich muß hoffen, daß der Verkehr über diese Brücke Brasilien bereichern wird.

SÃO PAULO, 1979

Das folgende Gespräch führte der Kultur- und Filmkritiker José Carlos Ismael mit Vilém Flusser. Anlaß war eine Vortragsreihe an verschiedenen Universitäten in São Paulo.

Sie kommen alle zwei Jahre nach Brasilien, seit Sie sich in Europa niedergelassen haben. Welche Veränderungen fallen Ihnen innerhalb der sogenannten brasilianischen Wirklichkeit auf?
Als ich in São Paulo ankam, habe ich ungläubig typische Symptome von Antisemitismus festgestellt. Die diplomatische Anerkennung der PLO von Seiten der brasilianischen Regierung und der Entschluß des Obersten Gerichtshofs, die Verbrechen der Nazis für getilgt zu erklären, öffnen der Al Fatah und der SS den Weg. Diese Tatsachen werden mit Sicherheit ein Klima von Antisemitismus hervorrufen, insbesondere wenn sich die ökonomische Situation verschlechtern sollte, weil sich der Antisemitismus von der Angst der Kleinbürger nährt, die fürchten, ihren Status zu verlieren. In dieser Lage kann sich kein ehrlicher Intellektueller der Herausforderung entziehen, gegen den Antisemitismus Stellung zu nehmen. Vielleicht ist es mein subjektiver Eindruck, da meine Rückkehr nach Brasilien mit Beziehungen und Wiedersehen zu tun hat. Es ändert sich das Objekt der Beziehung – Brasilien – sowie das Subjekt der Beziehung – ich – in den Abständen zwischen den Wiedersehen, und es ist schwer zu beurteilen, wer sich mehr geändert hat. Ich beobachte jedenfalls zwei Tendenzen in der Beziehung zu meinen Paulistaner Freunden, die für mich der Kern der brasilianischen Wirklichkeit sind. Die Gebiete meiner Interessen neigen sukzessive dazu, sich von den Interessen meiner Freunde zu distanzieren; sie werden exzentrisch. Mit jeder Rückkehr werden meine sentimentalen Bindungen an Brasilien schmerzlicher. Die Art und Weise, wie meine Freunde die unmittelbaren Probleme, die sie angehen, zerreden, läßt mich verzweifeln, weil das auf eine unerträgliche Entfremdung hinweist. In dieser Hinsicht ist jede Rückkehr schmerzlicher als die vorangegangene.
Nachdem Sie São Paulo 1972 verlassen haben, sind Sie nach Frankreich übersiedelt. Auf welche Weise hat das Land Ihr Denken beeinflußt?

Es ist mir bewußt geworden, daß die Dichotomie zwischen Wissenschaft und Kunst einerseits und politischem Engagement andererseits überholt werden muß und daß es nötig ist, zur konkreten menschlichen Wirklichkeit zurückzukehren. Ich sehe jetzt klarer als früher, daß alles, was ich mir vornehme, meine ganze Verantwortung erfordert; selbst wenn ich »nur« über scheinbar alltägliche Phänomene schreibe, wie zum Beispiel über Gesten, die ich in unserer Umgebung beobachte.

In Ihrer »História do Diabo«* schreiben Sie, Brasilien sei ein Randgebiet des Westens, in dessen Gesellschaft es zwei grundsätzliche Charakterzüge gibt: den der Trauer und den der Trägheit, die vom brasilianischen Denken überholt werden sollten.

Trauer und Trägheit sind aus der theologischen Terminologie geliehene Begriffe, und als solche sind sie ironisch gemeint. In gewöhnliche Sprache übersetzt, könnte man sie beiläufig »mystisches In-sich-Versinken« und »entfremdende Ideologie« nennen. Es sollte das Ziel des Denkens aller sein, die in Brasilien leben, sowie des Denkens im allgemeinen, dieser Gefahr auszuweichen. Ich gebe zu, daß die entfremdete und entfremdende Großrednerei in Brasilien größer ist als zum Beispiel in Frankreich, und ohne werten zu wollen, ist Brasilien in diesem Sinn ein Randgebiet des Westens. In Brasilien tritt man den Ereignissen anders entgegen als in den sogenannten entwickelten Ländern, obwohl es um die gleichen Ereignisse geht: die langsame Dekadenz der westlichen Werte und das Ersetzen durch andere, noch schlecht definierte Werte.

Wohin kann uns die Philosophie noch führen?

Bacon hat gesagt, die Rolle der Philosophie sei die eines Müllmanns. In der ironischen Nomenklatur meines Buches sind »Gott« und »Teufel« Begriffe, die einen ontologischen Zweifel oder Wahnsinn mit ausdrücken. Ihre Frage will sagen, soviel wir auch zweifeln, es bleibt immer ein Restchen Glauben übrig, der nicht durch existentielles Grübeln, sondern nur durch philosophischen Zweifel vertilgt werden kann.

Die sogenannte Dekadenz Europas ist erschreckend, aber ist Europa eben zur Zeit der Dekadenz nicht am europäischsten?

---

* *A História do Diabo*, São Paulo: Martins, 1965. Deutsche Originalausgabe: *Die Geschichte des Teufels*, Göttingen: European Photography, 1993

Die Dekadenz ist die andere Seite des Einbruchs des Neuen. Das Aufkommen des Neuen verursacht den Verfall des Alten, aber es ist leichter, den Verfall des Alten festzustellen als das Erscheinen des Neuen. Augenblicklich ist es leicht, den Verfall in Europa und anderswo zu konstatieren: das kapitalistische System, die bürgerliche Familie, die christlichen Werte, das Kunstwerk, der Glaube an die Technologie, das Niveau der Universitäten. Die Aufgabe des Intellektuellen ist, das Neue, das das Alte dem Verfall anheimstellt, aufzudecken. Europa war die Mutter der Revolutionen, so daß dort die Dekadenz sichtbarer ist als anderswo. Die Dekadenz ist das geeignete Klima für jedes Abenteuer, und so scheint mir, daß in Europa zu leben zumindest eine packende Erfahrung ist.

Die neuen französischen Philosophen fügen dem berühmten Satz Nietzsches, daß Gott tot ist und er sich auch nicht sehr wohl fühlt, hinzu, daß Marx tot ist und sie sich auch nicht sehr wohl fühlen. Fühlen auch Sie sich nicht sehr wohl?

Ich würde sagen, indem ich Schönberg zitiere, daß ein perfekter Akkord nach Auschwitz nicht komponiert werden kann. Der Riß im Gewebe der jüdisch-christlichen Werte in den 30er Jahren – Stalinismus und Nazismus – scheint mir nicht wiedergutzumachen, und wer sich in seiner Haut heutzutage wohl fühlt, beweist, daß er eine Elefantenhaut hat. Ich muß indessen mit schlechtem Gewissen gestehen, daß mein kulturelles Unwohlsein unter manchen Umständen einem fast tierischen Behagen weicht, zum Beispiel im provenzalischen Frühling oder an einem sonnigen Wintertag in den Alpen. Ich glaube, daß die Elefantenhaut in Europa schneller wächst als in São Paulo.

Führt die fürchterliche Energiekrise in der ganzen Welt zur existentiellen Angst, wie es sich Kierkegaard oder Sartre vorgestellt haben?

Ich bin kein Spezialist in Fragen der Energie, doch scheint mir, daß das wirkliche Problem nicht die Verbraucher der Energie sind, sondern die kommenden Krisen mit der Arbeitslosigkeit. Auf Ihre Frage, die darauf hinzielt, ob in der beängstigenden ökonomischen Lage die existentielle Angst zunimmt, abnimmt oder gleichbleibt, werde ich mit einer anderen Frage antworten: Wenn sich jemand tötet, weil er seine Familie nicht erhalten kann, wird es da einen so couragierten Philosophen geben, der die Angst, die zu dieser Geste geführt hat, analysieren könnte? In einer solchen Situation wird das Philosophieren unmöglich.

Es gibt Leute, die behaupten, die Philosophie sei tot, und das sei auch kein Schaden. Ich verstehe diese Behauptung nicht, stelle mir aber vor, daß es um einen Vorwurf geht, das philosophische Gespräch sei alphabetisch, diskursiv, linear, prozessual, kurz gesagt: eindimensional und deshalb von fortgeschritteneren Codes überholt. Gut, ich wiederhole, daß soviel wir auch zweifeln, ein Restchen Glauben übrigbleibt, das durch existentielles Grübeln nicht zu beheben ist, aber von anderen Codes, vom Film, Video oder Hologramm vertilgt werden könnte. Was mich interessiert, sind die Erscheinungen und nicht, was sich hinter ihnen verbirgt. Ich zitiere einen beunruhigenden Ausspruch von Goethe, der das, was ich gesagt habe, in einem Satz ausdrückt: »Man suche nichts hinter den Erscheinungen, sie selbst sind das Geheimnis.«

Wird die Kommunikation durch die elektronischen Medien derartig sophistiziert, daß der klassische Begriff der Nachbarschaft ganz verlorengeht? Die Nachrichten im Fernsehen, zum Beispiel die Überschwemmungen in den Vororten von São Paulo und die Odyssee der Vietnamesen auf offenem Meer, werden so übertragen, als ob es um das gleiche globale Dorf ginge. Wir spüren, daß das nicht stimmt oder daß es zumindest eine legitime Fälschung der Wirklichkeit ist. Wie denken Sie darüber?

Die Revolution innerhalb der Kommunikationsmittel verändert die Beziehungen zwischen den Menschen radikal. Diese Revolution besteht ebenso aus dem Aufkommen neuer Virtualitäten wie aus der Dekadenz einer etablierten Situation. Die Gleichzeitigkeit der Ereignisse beseitigt einerseits die geografischen Entfernungen, andererseits erlaubt die Technik ein authentisches Weltbürgertum. Selbstverständlich nicht mit der Vermischung der hiesigen Überschwemmungen mit den Flüchtlingen, aber dank der Gleichzeitigkeit, die wir mittels Kabelfernsehen erhalten. Wir werden in einer verkabelten Gesellschaft leben, und eine solche existentielle Nähe wird uns erlauben, uns ein kosmisches Dorf vorzustellen, nicht die entpolitisierenden Sender McLuhans.

Sie haben behauptet, daß wir Überlebende sind dank der Technologie, und so gesehen ist das Abschalten der künstlichen Niere dem Abstellen des Fernsehens gleich. Wie schaut es mit der menschlichen Freiheit in diesem Kontext aus?

Die heutige Gesellschaft wird selbstverständlich ohne die fortgeschrittenen technischen Apparate nicht überleben können. Wir müssen uns aber dessen bewußt sein, daß die Technik außertechnischen Kriterien, das heißt Werten, unterworfen sein muß, um ihrer unmenschlichen Autonomie auszuweichen. Wir werden herausgefordert, eine Beziehung zwischen dem Menschen und dem Instrument herzustellen, wobei der Mensch das Beständige und das Instrument das Veränderliche ist. Mit anderen Worten, daß die künstliche Niere und der Fernsehapparat in Beziehung zum Menschen funktionieren und nicht umgekehrt. Immer noch glaube ich aber, daß es eine deutliche Tendenz in die umgekehrte Richtung gibt, das heißt in Richtung der Technokratie, wo der Mensch »Funktionär« der Niere wie auch des Fernsehapparats ist. Ich war und ich bin immer zugunsten der menschlichen Freiheit engagiert, auch der Freiheit, Instrumente zu manipulieren, anstatt von ihnen manipuliert zu werden.

SÃO PAULO, 1980

Im August und September 1980 war Vilém Flusser nach Brasilien eingeladen worden, um als Beirat an den Vorbereitungen der XVI. Kunstbiennale teilzunehmen, die vom 16. Oktober bis 20. Dezember 1981 in São Paulo stattfinden sollte. Während dieses Besuchs entstand auch das folgende Interview für die jüdische Zeitschrift *Shalom*.

Herr Flusser, Sie sind 1939 aus Prag geflohen, wie haben Sie sich retten können?
Es gelang mir zwar, aus Prag wegzukommen, die Holländer hielten mich aber an der Grenze zurück. Glücklicherweise lebte zu der Zeit mein zukünftiger Schwiegervater in London, dem es gelang, mir einen englischen Advokaten nachzuschicken, der mich mit einer Einreisebewilligung über die holländische Grenze nach England brachte. Die holländischen und Schweizer Behörden haben sich damals in einer unglaublichen Art und Weise benommen. In London, bei Kriegsausbruch, habe ich versucht, mich der tschechischen Brigade anzuschließen, wurde aber abgelehnt, weil ich auf einem Auge blind bin. Ich mußte also einen Ausweg suchen, und es ist mir gelungen, für wenig Geld Texte für Jazz-Musik zu schreiben. Auf eine Annonce hin bekam ich, infolge meiner Sprachkenntnisse, einen Job bei einem Sekretär der Regierung Seiner Majestät Georg VI. Im Jahre 1940 schiffte ich mich dann mit meiner zukünftigen Frau und ihrer Familie nach Brasilien ein. In Rio de Janeiro wurden wir – wie wahrscheinlich alle Emigranten – von einer kleinen Gruppe jüdischer Damen erwartet, von denen ich vom Tod meines Vaters erfuhr. Als Sozialist und Mitglied der zweiten Internationale war er zusammen mit dem Bürgermeister von Prag in Buchenwald umgebracht worden. Man führte mich in die Synagoge zum Kaddisch, dem jüdischen Totengebet. Es war der ergreifendste Besuch einer Synagoge meines Lebens. In der großen Hitze winterlich gekleidet, blieb ich in Brasilien.

Was hat es bedeutet, vor der deutschen Invasion als Jude in Prag zu leben?
Das intellektuelle jüdische Leben war in Prag sehr intensiv. Wie provinziell Prag war, davon gebe ich mir erst jetzt Rechenschaft. Wir dachten da-

mals, der Nabel der Welt zu sein. Es gab nicht viele Juden in Prag, vielleicht 25 000, doch es war eine sehr aktive Elite.

Gab es damals bereits Hinweise auf Kafka?
Ich war klein, als er starb, doch erinnere ich mich, daß er Witze erzählt hat.

Man stellt sich Kafka als einen verbitterten Menschen vor, der eigentlich keine Witze erzählt.
Witze lassen auf einen verbitterten Menschen schließen, das ist die jüdische Ironie. Ich erinnere mich an einen Witz Kafkas: »Ein Bettler beklagt sich bei einem reichen Mann: ›Seit vier Tagen habe ich nichts mehr gegessen.‹ Darauf antwortet der andere: ›Ja mein Lieber, man muß sich manchmal zwingen.‹«

War man sich bei Ihnen Kafkas Bedeutung bewußt?
Nicht nur meine Familie, sondern alle, die ihn kannten, waren sich seiner Bedeutung bewußt. Er war nicht unbekannt in Prag, er publizierte kleine Artikel in lokalen Zeitungen, und jeder, der *Die Verwandlung* gelesen hatte, mußte ihn bewundern. Kafkas wirklicher Ruhm kam viel später, aber in Prag war er schon damals anerkannt. Mein Vater erzählte, wenn Kafka ins Jüdische Haus kam, dann wurde er von Leuten umzingelt, die ihm zuhören wollten. Er war eine bekannte Figur in Prag. Während des ersten Weltkriegs hat er sich einer jiddischen Theatergruppe angeschlossen, und ich stell' mir vor, daß den Theateraufführungen kulturelle Zusammenkünfte folgten. In Wirklichkeit hat er das Prager jüdische Milieu weit überragt und hatte zudem Einfluß auf das tschechische intellektuelle Milieu.

Wie lesen Sie Kafka? Es gibt ja eine ernste Polemik um die Interpretation seines Werks.
Im Jahre '63 oder '64 habe ich in der Literaturbeilage des *Estado de São Paulo* den Artikel »Prag, die Stadt Kafkas« veröffentlicht, in dem ich versuchte, zwischen meiner und Kafkas Einstellung zum Absurden, das er mit Gott identifiziert, zu unterscheiden. Man kann Kafkas Botschaft, meiner Meinung nach, mit einem Satz von ihm definieren: »Man muß täglich zu Gott beten, weil er imstande ist, zu vergessen, daß man gestern gebetet hat.« Das Absurde und Gott sind für Kafka synonym.

Und für Sie?
Ich bin von Kafka tief beeinflußt, aber mein Erleben des Absurden ist wahrscheinlich Kafkas nicht gleich. Ich habe ein Buch geschrieben,

Die Geschichte des Teufels, in dem ich versucht habe, den Widerspruch zu Kafka zu artikulieren. Ich sage, daß wir uns in der Welt unter uns auferlegten Bedingungen befinden – als Männer oder Frauen, als Bürger, als Brasilianer und so weiter –, daß wir also nicht frei sind und infolgedessen ein unwürdiges Dasein führen. Meiner Ansicht nach besteht die Würde des Menschen darin, gegen die Bedingungen vergeblich zu rebellieren. Schauen Sie, dieses Interview wird ernst, anstatt nur ein kleines Geschwätz zu sein . . .

Also kehren wir zum Geschwätz zurück. Wie wirkt Rio de Janeiro bei der Ankunft auf einen jungen Prager?

Beleuchtet, weil ich aus dem »Blackout« kam. Licht bei Nacht war vielleicht das Beeindruckendste von allem. Ein ganzes Jahr lang hatte ich keine brennende Glühbirne gesehen, und das hat mich mehr bedrückt als das Bombardement. Als ich die beleuchtete Küste von Rio sah, hatte ich die Vorstellung von einem guten Leben – im Unterschied zu dem Leben, in dem Menschen qualvoll leiden.

Wie haben Sie das alles ertragen?

Während der Kriegsjahre hatte ich immer ein zweigeteiltes Blatt Papier bei mir – auf der einen Seite waren die Gründe für den Selbstmord geschrieben und auf der anderen Seite die Gründe dagegen.

Und die Nachrichten von drüben?

Die kamen spärlich; und zwar über Palästina, weil das Rote Kreuz nicht gut funktionierte. Über Jerusalem erfuhr ich vom Tod meiner Mutter und Schwester, und im Jahre '44 erfuhr ich, daß meine Schwester, um meine Mutter zu begleiten, freiwillig ins Gas ging. Bis '45 war ich unfähig, mich in diesem Land hier zu integrieren, weil ich nicht schlucken konnte, daß sich dieses Land – wie viele andere Länder – auf Kosten des Krieges, des Leidens in Europa entwickelte. Alles, was ich um mich herum sah, bezog ich auf die Leichen Europas.

Warum konnte man sich von den Gedanken nicht befreien?

Weil die Wirklichkeit der Nazismus war. Der Nazismus ist auch weiter mein Problem Nummer eins. Wie ist es möglich, daß die Technik und die Wissenschaft, also die Geschichte des Westens, dazu führten? Für mich stellt der Nazismus nicht nur die westliche Kultur in Frage, sondern das ganze Judenchristentum. Wie ist es möglich, daß 2000 Jahre Christentum und 2500 Jahre Judentum – nach jüdischem Kalender – Auschwitz ergeben? Von Anfang an war ich mir dessen bewußt, daß die Juden objektiv an ihrer eigenen Ausrottung beteiligt waren. Die Tragödie des Nazismus war nicht nur, daß die Nazis aus purem Idealismus, die Juden auszurotten, bereit waren, den Krieg zu verlieren, sondern daß die Juden daran teilgenommen haben. Nicht nur in Form der Kapos, sondern durch Aktionen wie zum Beispiel das Aushändigen von kompletten Listen aller Berliner Juden durch den Rabbiner Prince. Vor diesem Hintergrund des Zerfalls der Zivilisation habe ich an der Industrialisierung São Paulos im Sinne eines zukünftigen Auschwitz des 21. Jahrhunderts teilgenommen. Ich sehe es heute selbstverständlich nicht mehr so.

Wie denken Sie heute darüber?

Es scheint mir, daß das westliche Projekt glücklicherweise zu Ende geht und daß im Fernen Osten ein neues Projekt im Entstehen ist, und zwar im Sinne Konfuzius'. Eine Art Mandarinat.

Wie kommen wir zu diesem neuen Blick auf die Welt?

Wir sehen es zum Beispiel an der industriellen Entwicklung Japans und vielleicht auch Chinas, an dem unmerklichen Einfluß orientalischer Kulturen, dem Zen oder ähnlichem auf uns. Es gibt 900 Millionen Chinesen, also zivilisierte Menschen, die ganz schnell auf unsere Tricks kommen werden.

Ist das gut?

Es ist schlecht für uns, wir müssen aber zugeben, daß unsere Zivilisation, nachdem sie unglaubliche Verbrechen begangen hat – die Versklavung der Neger, Auschwitz, Hiroshima – eben fehlgeschlagen ist. So daß ich selbstmörderischerweise sagen muß, daß wir uns ergeben müssen.

Führt der Weg zu einer neuen Zivilisation nicht über die Dritte Welt, insbesondere über Südamerika?

Nein, die Dritte Welt ist China. Südamerika und Afrika sind nur ein Anhängsel. Der Ferne Osten hat zwei Milliarden Menschen – der Rest zählt nicht. Indien sollte man noch hinzuzählen.

Wir sind noch immer neugierig, was sich seit Ihrer Ankunft in Brasilien abgespielt hat. Was ist Wichtiges in Ihrem persönlichen Leben zwischen 1945 und 1980 vorgefallen? In welchem Maß hatte Brasilien auf Ihr Denken einen Einfluß?

Ich werde personifizieren. Es gab drei Einflüsse: Guimarães Rosa, Vicente Ferreira da Silva und Flexor. Von Guimarães Rosa erhielt ich zweierlei: Ich begann, die portugiesische Sprache zu lieben und die schöne Verwirrung des Mystizismus zu verstehen. Flexor hat mich durch seine mathematische Strenge beeinflußt und durch seine Faszination vom Tod. Als er erfuhr, daß er Krebs hatte, begann er die ausgehöhlten Tiere zu malen; Höhlen, die die Tiere fressen, mathematisch kalkulierte Höhlen. Flexor war die Inkarnation des Barocks. Der Barock ist nach Brunelleschi ein Löwe, der langsam stirbt, der brüllt und dessen Mähne mathematisch kalkuliert ist. Sollte das die richtige Definition des Barocks sein, dann war Flexor barock. Da ich aus einer barocken Stadt komme und es den großen Einfluß des Barocks in mir gibt, erkannte ich mich in Flexor. Als Flexor starb, war es, als ob eine Dimension von mir gestorben wäre. Der dritte brasilianische Einfluß kam von Vicente Ferreira da Silva, der genau das Gegenteil von mir war. Sein existentielles Denken fußte auf einer totalen Unkenntnis der europäischen Wirklichkeit und auf allem Deutschen, das ihn faszinierte, ohne Deutschland zu kennen.

Wie haben Sie zu der Zeit als Jude gelebt?

Ich habe mich erst nach meiner Rückkehr nach Europa als Jude entdeckt. In Brasilien hatte ich meine Beziehung zum Judentum verloren, eigentlich instinktiv abgebrochen; bis ich die Arbeiten meines Cousins David Flusser, Professor an der Hebräischen Universität in Jerusalem, kennenlernte. Er ist ein außerordentlicher Mensch, ein orthodoxer Jude, der in den Fußstapfen Christi geht. Seine These ist, daß das Judentum zwei Revolutionen durchgemacht hat: Moses und Jesus. Das Malheur war, seiner Meinung nach, daß die Christen Jesus ganz abgewandelt haben und daß ihn die Juden deshalb verließen. Jesus ist die zentrale Figur im Judentum, nach Ansicht meines Cousins.

Welche Bedeutung hatte Ihr Zurückfinden zum Judentum für Sie?

Bei meiner Rückkehr nach Europa war Abraham Moles, Professor für Kommunikation an der Universität in Straßburg, mein intimster Freund. Er ist ein engagierter Jude und hat mich zum Judentum zurückgeführt. Ich weigerte mich, trotz vieler Einladungen, Israel zu besuchen – befürchtete, mich dort entweder zu engagieren oder Israel ganz abzulehnen. So fuhr ich erst 1980 auf Einladung der Van-Leer-Stiftung* nach Israel. In Wirklich-

---

* Bernard-Van-Leer-Stichting: von einer holländisch-jüdischen Familie gegründete Kulturstiftung in Jerusalem.

keit erging es mir so ähnlich, wie es die Fernsehserie *Roots* darstellt. Ich fühle mich vom Judentum stark angezogen.

Wie würden Sie Ihren Aufenthalt in Israel beschreiben?

Mein Aufenthalt in Israel war eine Agonie. Die Israelis sahen sich als Protagonisten, und meine Rolle war gezwungenermaßen die des Antagonisten – was tragisch war. Meinen Eindruck von Israel bilden Menschen ohne große Hoffnung in die Zukunft, die aber bereit sind, für die Zukunft zu sterben.

Was waren das für Gegensätze, die dazu führten, so zu denken?

Ich werde es Ihnen anhand einiger Gespräche, die ich dort geführt habe, veranschaulichen. Das eine Gespräch fand in einem radikal linken Kibbuz, *Sde Nehemia*, in Galiläa statt, wo eine Prager Freundin lebt, die ich seit 40 Jahren nicht mehr gesehen hatte. Sie gehört zu den Gründern des Kibbuz und ist mit einem slowakischen Juden verheiratet, der in der russischen Armee kämpfte und sein Leben lang der kommunistischen Partei angehörte, obwohl er, infolge des Antisemitismus in der Tschechoslowakei, an keine Aktion glaubte. Er hat sich dem Aufbau einer authentisch marxistischen Gemeinschaft lebenslänglich gewidmet und schien den Glauben an den Marxismus verloren zu haben. Das war schockierend.

Meine zweite Erfahrung galt der Begegnung mit Marcelo Dascal, einem Brasilianer, Professor für Logik an der Universität in Tel Aviv. Er sagte zu mir: »Es fehlt eine Philosophie der Geografie; wie sonst ist es zu erklären, daß ich hier in Israel ein radikaler Antizionist bin, und sobald ich Israel verlasse, zu einem radikalen Zionisten werde?«

Sehen Sie Israel als ein Land von Märtyrern, die die Hoffnung verloren haben?

Ich sehe Israel auch vom arabischen Standpunkt. Obwohl ich mit der PLO nicht einverstanden bin, unterstütze ich die Teilnahme der PLO an allen Verhandlungen. Ein Freund von der Universität Tel Aviv hat mir das Programm der PLO gezeigt. Dort steht, daß sich die Universität auf dem Grund eines arabischen Dorfes befindet, in dem ehemals 200 Menschen gelebt haben, und das Programm der PLO schlägt vor, die Universität abzureißen und das Dorf wieder aufzubauen. Kurz: ein schwieriger Dialog.

Ich will aber von etwas anderem sprechen: Jericho war ein unglaubliches Erlebnis, weil ich dort Brasilien wiedergefunden habe – ein Miniaturbrasilien. Außer des alten Teils ist es eine Stadt, die die Juden für die Araber gebaut haben. Die Stadt liegt 300 oder 400 Meter unter dem Meeresspiegel und hat infolgedessen ein drückendes Klima. Das Städtchen wurde nach den besten wissenschaftlichen und technischen Entwürfen errichtet und wahrscheinlich mit den besten Absichten. Die Araber haben anständige Häuschen, ein Syndikat, die Frauen werden vom männlichen Chauvinismus befreit, sie werden alphabetisiert, und die Arbeitsbedingungen der arabischen Arbeiter haben sich verbessert. Trotzdem habe ich nirgendwo in Israel den Haß so stark gespürt wie in Jericho. Was mich beeindruckt hat, war der brasilianische Blick auf das Projekt. Ist es nicht gerade das, was in Brasilien gemacht wird? Will denn die brasilianische Rechte, ebenso wie die Linke, nicht ein enormes Jericho für die *Caboclos** und die Bewohner der *Favelas*** bauen? Das Projekt ist: schöne Häuschen zu bauen und diese Leute zu manipulieren. In Jericho habe ich das brasilianische Projekt der Linken wie der Rechten begriffen. Jericho ist für mich eine Miniatur Brasiliens, des Volkswagens und anderer riesiger Unternehmen. Das ist nicht nur das Problem von Israel und Brasilien, es ist das Verbrechen des Westens, die anderen Gesellschaften anhand von Wissenschaft und Technik retten zu wollen. Und deshalb werden wir verschwinden.

* Brasilianische Landbewohner; Nachkommen aus Mischehen zwischen den ersten portugiesischen Siedlern und eingeborenen Frauen.
** Elendsviertel brasilianischer Großstädte.

SÃO PAULO, 1986

Das nachfolgende Interview wurde für die brasilianische Zeitschrift *Superinteressante* geführt und fand im Vorfeld des Projekts »A Casa da Cor« (»Das Haus der Farbe«) in São Paulo statt, zu dem Biochemiker, Philosophen, Architekten, Informatiker und Künstler eingeladen waren, um das Gebiet der Farbe von unterschiedlichen Standpunkten aus zu untersuchen. Flusser war organisatorischer und konzeptioneller Berater der Veranstaltung.

Herr Flusser, Ihre Arbeit bei der »Casa da Cor« konzentriert sich auf den Code der Farben und auf die Möglichkeit, die in den Farben enthaltenen Informationen in eine allgemeinverständliche und akzeptierte Sprache umzusetzen. Ansätze zu diesem, noch nicht existierenden, Farbencode können schon an Simulationen von Phänomenen mittels Farbe erahnt werden. So repräsentiert zum Beispiel auf den Fotografien der Erdoberfläche, die von Satelliten aus gemacht werden, jede Farbe ein bestimmtes geografisches Gelände.
Sie glauben an die Möglichkeit einer neuen Sprache, deren Werkzeug und Unterlage kein Bleistift und kein Papier mehr sein werden, sondern ein Computer. Sie entwickeln die Theorie, daß jedes Problem in mathematische Gleichungen übersetzt werden kann, die dann mittels Computer in Formen und Farben verwandelt werden. Weshalb entwerfen Sie einen Farbencode? Brauchen wir eine neue Sprache?

Seit mindestens 200 Jahren wird uns bewußt, daß die gesprochenen und geschriebenen Sprachen ungeeignet sind, die Welt zu beschreiben, die mathematisch beschrieben werden sollte. Das Problem der Zahlen ist, daß sie nicht direkt der Welt angepaßt sind. In der Welt berühren die Punkte einander, wogegen es im numerischen Code Intervalle zwischen den Zahlen gibt. Diese Schwierigkeit hat zuerst zur analytischen Geometrie geführt, die ein Versuch war, eine Adäquatheit zwischen Punkten und Zahlen herzustellen, und später zur Ausarbeitung von Kalkulationen führte, deren Absicht es war, die Abstände zwischen den Zahlen zu füllen und Differenzen zu integrieren. Die Manipulation dieses Codes ist aber sehr langsam, er braucht Jahre für ein kompliziertes Problem. Das war die Ursache für die Erfindung von Computern.

Auf welche Weise kommen die Computer mit dieser Geschichte in Verbindung?

Mit der Manipulation der Computer hat man entdeckt, daß sie nicht nur kalkulieren, sondern Zahlen auch zu Linien und Oberflächen verwandeln können. Aus einer Wahrscheinlichkeitsrechnung wird eine Wahrscheinlichkeitskurve. Diese Bilder aus dem Computer können gefärbt werden, und die Farben dieser Bilder werden den Zahlen der Gleichungen angepaßt. Infolgedessen kann man sich Gleichungen vorstellen. Die Mathematik kann man sich von jetzt an vorstellen.

Was heißt das?

Man wird die Welt der Begriffe ebenso sehen können wie die Welt der Sinne. Jede Gleichung wird man ebenso sehen können wie jeden Gegenstand. Es werden alternative Welten vor unseren Augen entstehen, die bis jetzt bloß konzeptuell waren. Eine Gleichung wird genauso schön sein wie eine Blume, eine komplizierte mathematische Operation genauso schön wie eine Landschaft. Sehen Sie, diese alternativen Welten sind bunt, und der Vorteil der Farben ist, daß Farben mit Genauigkeit manipuliert werden können. Wenn man zum Beispiel von Blau zu Grün gelangen möchte, wird man eine Unzahl von Zwischenstationen durchqueren und dadurch zu einer ganz exakten Ausdrucksmöglichkeit kommen. Unsere Augen sind selbstverständlich nicht trainiert, diese Unterschiede zu sehen, und deshalb müssen wir sehen lernen.

Führt diese neue Ausdrucksmöglichkeit zu einer Sprache?

Infolge der großen Flexibilität des Farbuniversums könnten wir mittels eines Codes die feinsten Nuancen des Denkens und Fühlens besser ausdrücken als durch die Sprache. Obwohl die Worte sehr nuanciert sind, erreichen sie die Feinheit der Farbe nicht. Es gibt vieles, das mit diesen Farben und nicht mit Worten gesagt werden kann.

Was zum Beispiel?

Man kann mit Worten nicht sagen, was die Wurzel aus minus zwei ist, mit Farben aber kann man es mit absoluter Genauigkeit ausdrücken. Würde man auf den Pinsel und auf chemische Farben verzichten und beginnen, den Computer zu benutzen, hätte man eine riesige Zahl an Farbvariationen zur Verfügung. Die bis heute gemachten Malereien mit Hand und Pinsel werden uns in Zukunft ebenso grob erscheinen wie das Stammeln von Worten bei Kindern, weil die Farben schlecht kodifiziert sind. Gleichzeitig würde der Farbencode eine Sprache repräsentieren, die international wäre, weil sie nicht nur alle gesprochenen Sprachen durchkreuzen würde, sondern auch die ganze Wissenschaft und Kunst.

Würden Wissenschaft und Kunst die gleiche Sprache sprechen?

Schon heute ist es sinnlos, eines der synthetischen, von Computern erzeugten Bilder und Fraktale zu befragen, ob sie Wissenschaft oder Kunst seien. Sollten sie Kunst sein, dann sind sie eine sehr exakte Kunst. Es ist sinnlos zu fragen, ob diese Bilder von Künstlern oder von Wissenschaftlern gemacht wurden. Sollten sie nämlich von Wissenschaftlern gemacht worden sein, dann sind es sehr schöne Kunstwerke, und sollten sie von Künstlern gemacht worden sein, dann sind es außerordentlich genaue konzeptuelle Kompositionen. Es gibt keinen Unterschied mehr zwischen Kunst und Wissenschaft. Die riesige Größe dieser neuen Einbildung ist nicht die Folge ihrer Internationalität, sondern ihres Verzichts auf die Trennung zwischen der Kulturwissenschaft und der Geisteswissenschaft.

Wird man in dieser neuen Farben- und Formensprache nur mathematisch sprechen können?

So wie in Worten, so kann alles auch mathematisch gesagt werden. Zuerst wird die Gleichung gemacht, in die Computersprache übersetzt, und der Computer macht dann das Bild.

Wie wird in der Praxis die mathematische Sprache mit Formen und Farben aussehen?

Man wird eine Probabilitätskurve auf dem Schirm des Computers sehen. Dann wird beispielsweise mit einer Gleichung das Alter kalkuliert, in dem die Einwohner von Campinas sterben werden. Man gibt die Zahl in den Computer ein, und es wird, nehmen wir an, das Alter von 0 bis 20 rot erscheinen, von 20 bis 40 blau, von 40 bis 60 gelb, und diese Kurven werden sich zu bewegen und zu kreuzen beginnen. Sobald Sie die Farben erblicken, haben Sie die Antwort und sehen die Zukunft von Campinas.

Und man braucht keine Worte?

Nein, denn sobald man den einfachen Code der drei Farben kennt, den ich vorgeschlagen habe, ist alles sofort sichtbar. Man braucht keine Demagogie. Die Politik endet, weil man sehen kann.

Dadurch endet die Politik?

Da in der gesprochenen Sprache Worte schlecht definiert sind und da zumeist in sinnlosen Sätzen gesprochen wird, ist Demagogie ganz einfach möglich. In dieser neuartigen Sprache ist Demagogie unmöglich, weil der Computer sie nicht akzeptiert. Wenn ein Präfekt zum Beispiel verspricht, in naher Zukunft 750 U-Bahnen zu bauen, und die 750 U-Bahnen in den Computer gegeben werden, wird der Computer dies nicht annehmen. Infolgedessen sind Demagogen, Populisten, politische Führer nicht mehr möglich, weil alles, was sie sagen, Sinn ergeben müßte und sie doch nichts Sinnvolles sagen.

Ist es das Ende eines leeren Diskurses?

Unsere Sprache wurde derartig benutzt und ausgenutzt, daß sie schon keinen Sinn mehr gibt. Nehmen Sie zum Beispiel irgendeinen Satz aus der Zeitung: »Der Wirtschaftsminister bestimmte . . . « Die Analyse dieses Satzes zeigt – außer, daß er ästhetisch barbarisch ist –, daß er nichts bedeutet. Was will »er bestimmte« sagen? Ist »er« Gott? Wie kann er etwas »bestimmen«, wo es doch viele Faktoren gibt, die mitbestimmen? Das kann mit dem Farbencode nicht passieren. Sollte man das Äquivalent von »er bestimmte« in den Computer eingegeben haben, wird er antworten: »Gib die Parameter an.« Er wird »bestimmen« nicht annehmen, weil es keine Allmacht gibt. Man muß alles überdenken. Dadurch wird der Mensch erwachsen, macht einen Schritt nach vorn. Er wird zu einem Kritiker, bevor er zum Künstler oder Wissenschaftler wird.

Wie ist es möglich, einen Code für diese Farben auszuarbeiten, in dem jede Farbe etwas bedeuten wird?

Die Farbe wird Zahlen bedeuten, doch weiß ich noch nicht, in welcher Form. Das Problem besteht darin, daß Zahlen nicht Punkten angepaßt werden, sondern Farben. Der Gedanke Descartes', wie das numerische Denken der ausgedehnten Sache in der Welt anzupassen sei, wird zur Herausforderung, das numerische Denken den Farben anzupassen. Eine Art »Descartes in Farbe«. Nicht die Zahl der Welt anzupassen, sondern einer ganzen Reihe von alternativen Welten. Sobald man diesen Farbencode hat, werden bis jetzt unmögliche Welten erscheinen.

Warum unmögliche Welten?

Weil sie die Natur nicht zuläßt. Die Natur läßt einen Würfel in vier Dimensionen nicht zu.

Und der Computer läßt ihn zu?

Sicher, weil es eine Gleichung eines Würfels in vier Dimensionen gibt. Der Computer ist blöd, er zeichnet. Er hat die philosophischen Probleme nicht, ob etwas existiert oder nicht.

Kann diese Sprache jedem Menschen zugänglich sein?

Diese Art der Vorstellungskraft erlaubt, Bilder von unmöglichen Dingen zu machen, und sobald man die Gleichung eines solchen vierdimensionalen Würfels besitzt, erscheint er auf dem Schirm. Alles, was mathematisch erfaßt werden kann, erscheint auf dem Schirm. Dieses Sehen kann in ein Fernsehprogramm verwandelt werden oder in einen Film, in was auch immer. Und in Zukunft wird es, dank des Fortschritts der Holografie, möglich sein, diese Gegenstände zu bauen. Eine solche Vorstellungskraft wird erlauben, unmögliche Gegenstände mitten in unsere Zimmer zu stellen. Auf diese Weise können ganze alternative Welten entstehen. Unsere Welt wird ebenso verändert werden, wie sie durch die Fotografie und durch das Kino verändert wurde. Anstatt von Zeitungen, Zeitschriften oder anderen gedruckten Dingen umgeben zu sein, werden solche Dinge um uns herum stehen.

Wie weit kann das mathematische Denken gehen, die Welt auszudrücken?

Sehr weit. Niemand kann die Grenzen absehen. Selbstverständlich gibt es Grenzen wie in jedem System, doch sind sie bislang nicht vorauszusehen. In diesem Code werden wir nicht von den Regeln des Diskurses limitiert, sondern von den Regeln der Mathematik. Sie sind aufeinander nicht reduzierbar. Vieles, das heute noch undenkbar ist, wird denkbar sein. Der Mensch wird selbstverständlich nicht allwissend, doch wird sich das Feld seines Denkens enorm erweitern.

BERN, 1988

Das folgende Gespräch mit Gerhard Johann Lischka entstand anläßlich eines Vortrags zur »Krise der Linearität«, den Vilém Flusser am 19. März 1988 im Kunstmuseum Bern gehalten hat.

Herr Flusser, Sie sind einer der wenigen Kommunikationstheoretiker, die sich nicht nur mit der Kritik der heutigen Zustände auseinandersetzen, sondern auch Vorschläge für einen möglichen Umgang mit den Medien machen. Welches ist der Weg, zu einem anderen Verständnis der Bilder und Texte zu kommen? Welchen Weg beschreiten Sie?

Ich versuche ganz einfach, wenn ich einem Phänomen gegenüberstehe, eine phänomenologische Haltung einzunehmen. Das heißt, ich versuche, alle Vorurteile, die ich diesbezüglich habe, auszuklammern, und falle deshalb nicht – wie die meisten Leute – in eine Einstellung der Negation. Ich fürchte nicht nur, was kommt, sondern ich versuche, sowohl das Positive wie das Negative herauszufühlen. Ich mache auch, wenn ich widersprechen darf, nicht eigentlich Vorschläge, sondern was ich versuche zu tun, ist, die gegenwärtigen Tendenzen so gut wie möglich zu konstatieren und dann ein klein wenig nach vorne zu projizieren. Ich hoffe, daß nichts von dem, was ich sage, utopisch ist, sondern daß alles, was ich sage, jetzt angelegte Möglichkeiten sind.

Ihr erstes Buch in deutscher Sprache war »Für eine Philosophie der Fotografie«. Weshalb kamen Sie darauf, sich überhaupt mit der Fotografie auseinanderzusetzen?

Ich dachte mir, daß man komplexe Phänomene am besten versteht, wenn man sich einfache Modelle dafür aussucht. Und mir schien die Fotografie das erste Phänomen des neuen Bildermachens zu sein. Obwohl die Fotografie und der Film auf Chemie beruhen und die neuen Weltbilder auf Elektromagnetik, sind einige Charakteristika der Fotografie bereits für das Gegenwärtige kennzeichnend. Zum Beispiel, daß man Bilder nicht mehr mit der Hand macht, sondern dank programmierter Apparate, daß die Bilder, die dabei entstehen, eine körnige Struktur haben, wenn auch grobkörnig molekular und noch nicht elektronisch, so doch schon körnig, und daß drittens das fotografierte Bild nicht mehr von jener Aura der Kunst umgeben ist, die die traditionellen Bilder umhüllt. Ich habe mir auch weniger Fotografien angesehen als vielmehr versucht, mit den Apparaten zu sehen, und mir gedacht, daß ich, wenn ich die Bauart und Funktion des Fotoapparats in den Griff bekomme, viel über viel komplexere Apparate lernen kann. Und zwar nicht nur bildermachende Apparate, sondern Apparate im allgemeinen. So waren für mich die Überlegungen zur Fotografie die Einleitung zu der von Apparaten beherrschten Welt, in der wir leben.

Es gibt ja sehr wenige interessante Fototheorien mit Ausnahme von Roland Barthes, Susan Sontag und Walter Benjamin. Ihr Buch ist bestimmt auch in diese Reihe einzuordnen. Wie erklären Sie sich, daß es nach gut 150 Jahren Fotomedium noch praktisch keine überzeugenden Theorien der Fotografie gibt?

Ich glaube nicht, daß ich schon eine Fototheorie aufgestellt habe, und habe mich in meinen Überlegungen an Benjamin angelehnt. Aber ich habe mich eben nicht um das fotografische Phänomen gekümmert, sondern um die Geste des Fotografierens, die uns durch den Apparat vorgegeben ist. Ich habe mich für das seltsame Zusammenspiel interessiert, das hier zwischen Mensch und Apparat zustande kommt; ein Zusammenspiel, für das wir in der Vergangenheit kein Beispiel haben. Der Apparat ist ein Werkzeug. Wir kennen aus der Geschichte nur zwei Verhältnisse zwischen Mensch und Werkzeug: das vorindustrielle, in dem das Werkzeug in Funktion des Menschen handelt, und das industrielle, in dem der Mensch in Funktion der Maschine handelt. Beim Fotoapparat kommt aber eine ganz neue Relation auf, in der sich Mensch und Apparat gegenseitig vervollständigen und zu einem unentwirrbaren Ganzen werden. So finden wir zu einer neuen Form von Arbeit. Die vorindustrielle Arbeitsform ist die des Handwerkers, die industrielle die des Arbeiters und die gegenwärtige die des Funktionärs. Dabei ist das Wort »Funktionär« sehr wichtig, weil es ausdrückt, daß der Mensch in Funktion des Apparats vorgeht, ebenso wie der Apparat in Funktion des Menschen, nach dem bekannten Satz: »Der Apparat macht, was der Mensch will, aber der Mensch kann nur wollen, was der Apparat machen kann.« Diese neue Struktur der Arbeit scheint mir für die Gegenwart und für die Zukunft sehr entscheidend zu sein.

Sie gebrauchen auch oft den Begriff »Programm«, und dieses muß man doch kennen, damit man hinter den Apparat kommt.

Ganz richtig. Der Apparat ist doch, wie man so sagt, geronnener Geist. Aber im Apparat materialisiert sich der Geist anders als im Werkzeug oder in der Maschine. Im Werkzeug materialisiert sich ein den menschlichen Körper empirisch simulierender Geist; in der Maschine materialisiert sich ein auf wissenschaftliche Theorien stützender Geist, und im Apparat materialisiert sich ein programmierender Geist, ein Geist, der mit Wahrscheinlichkeiten spielt, ein Geist, der sich von Kausalitäten befreit hat und der in der Gegend der Wahrscheinlichkeitsrechnung angesiedelt ist. Der Apparat ist eine materialisierte Wahrscheinlichkeitsrechnung.

Sie haben sich immer auch um die Bilderwelten gekümmert, zugleich mit der Schrift. Die Schrift heute ist eine andere geworden; auf jeden Fall hat sie sich verändert zugunsten oder in Richtung auf die Bilder. Wie sehen Sie diesen Wettkampf zwischen Schrift und Bild heute?

Man kann die Frage entweder genetisch oder funktionell aufrollen. Ich werde Ihnen eine genetische Antwort geben. Es ist ersichtlich, daß die Schrift, wenn man sich die frühesten Texte, wie sie auf mesopotamischen Ziegeln sind, ansieht, aus Bildern und gegen Bilder entstanden sind. Die Absicht der linearen Schrift und vor allem die des linearen Alphabets war die, Bilder zu beschreiben, um sie zu erklären. Also ist das lineare Schreiben eine aus dem Bild entstandene und gegen das Bild gerichtete Bewegung. Es hat Jahrtausende gedauert, bevor sich die Schrift vom Bild emanzipiert hat, und zwar, weil sich ein Feedbackbogen zwischen Bild und Schrift gespannt hat, dank dessen die Bilder, die von den Texten beschrieben werden, sich in die Texte wieder hineinzwängen, um die Texte zu illustrieren. Durch dieses Feedback, das die Struktur der westlichen Geschichte bis zur Erfindung des Buchdrucks hin ausmacht, durch diese Dialektik zwischen Text und Bild hat sich das textliche Denken mit bildlichen Elementen aufgeladen; es ist imaginärer geworden, und das bildliche Denken ist von den Texten mit dem linearen historischen Denken aufgeladen worden, so daß die Bilder immer historischer, anekdotischer, erzählender wurden. Mit der Erfindung des Buchdrucks erfolgte ein Schnitt. Die Texte machten sich von den Bildern unabhängig; die Bilder wurden aus dem Alltag in die sogenannte Kunst verdrängt, und der Weg der Texte stand jetzt offen für eine Entwicklung des diskursiven Denkens, das heißt für Wissenschaft und Technik. Die neuen Bilder stehen auf einem anderen Bildungsniveau als die alten Bilder; sie sind technische Bilder. Die alten

Bilder entstehen, als der Mensch von seiner Umwelt zurücktritt, um sie sich anzuschauen; infolgedessen sind diese Bilder Abstraktionen von der gegenständlichen Welt. Die neuen Bilder hingegen entstehen aus Kalkulationen. Das ist der Fotografie noch nicht genau anzusehen. Aber bei synthetischen Computerbildern sieht man ganz klar, daß diese Bilder aus Kalkulationen entstehen, denn es werden Algorithmen in den Computer gefüttert, diese werden digital umcodiert, und diese umcodierten mathematischen Ausdrücke erscheinen dann als Bilder auf den Schirmen. Infolgedessen bedeuten diese Bilder die Kalkulationen und nicht mehr die Welt. Es sind keine Abbilder, sondern Projektionen aus Kalkulationen. Das hat mich zu dem für mich sehr grundsätzlichen Satz geführt, daß wir dank dieser neuen Bilder nicht mehr Subjekte der Welt sind, sondern Projekte auf die Welt, daß wir nicht mehr subjektiv, sondern projektiv leben.

Sie haben noch zwei wichtige Begriffe, mit denen Sie gerade in den letzten Schriften operieren, den des »Einbildens« und den der »Telematik«. Wie hängen diese beiden Begriffe zusammen, und in welchen Dimensionen möchten Sie diese weiterdenken?

»Einbildung« habe ich natürlich von Kant entlehnt. Dieser Begriff paßt mir sehr gut in meinen Kram. Das Wort »Einbildung« zeigt, daß Sie etwas, das außerhalb des Bildes steht, ins Bild stellen. »Einbilden« heißt: ins Bild hineingeben. Das unterscheide ich von »Imagination«; diese ist: sich vor die Welt stellen und sie sich ansehen. »Einbilden« ist: irgend etwas aufklauben, zum Beispiel Kalkuliertes, und es ins Bild setzen. Also verwende ich das Wort »Einbildung« für die projektive Existenz und das Wort »Imagination« für die subjektive Existenz.

Was die technischen Bilder charakterisiert, ist, daß sie durch die modernen Kommunikationsmedien ausgestrahlt werden. Die Verteilung der Bilder kann auf zwei Arten erfolgen: Entweder gibt es zentrale Sender, die dann über Relais gehen und in die Privaträume der Empfänger dringen. Ich nenne das die »faschistische Schaltung«, weil diese Schaltung bündelweise vor sich geht. In solch einer Situation befinden sich die Entscheidungszentren bei den Sendern, und diese wiederum können die Empfänger mit den Informationen, die sie ausstrahlen, manipulieren. Es gibt aber auch dialogisch geschaltete Kabel, zweiseitige Kabel, solche, die mir erlauben, zugleich zu empfangen und zu senden. Eine solche dialogische Schaltungsform nennt man gewöhnlich die »telematische Schaltung«. Aufgrund dieser würde eine echte, direkte Demokratie möglich werden, ohne gewählte Vertreter. In der gegenwärtigen Kommunikationsrevolution sind also zwei vollkommen gegensätzliche Tendenzen angelegt, eine zur Zentralisation und eine zur totalen Dezentralisation. Welche überhand nehmen wird, weiß ich nicht, doch es sieht so aus, als würde die zentralisierende gewinnen. Aber im technischen Geist der Sache liegt im Gegenteil so etwas wie das Telefon, eine Gesellschaft, die sich telefonnetzartig gliedert.

Ein weiterer wichtiger Begriff in Ihren Gedanken ist derjenige des »Komputierens«. Das ist eigentlich ein Neologismus, hinter dem auch ein neuer Gedanke stecken müßte.

Ja, ich danke Ihnen dafür, daß Sie mich das fragen. Die Frage ist, warum hat man Computer erfunden. Computer sind Rechenmaschinen, und man hat sie erfunden, als ersichtlich wurde, daß komplizierte Differentialgleichungen nicht leicht rücknumerisierbar sind. Damit Sie eine Differentialgleichung in der Praxis anwenden können, müssen Sie sie numerisieren. Bei komplizierten Prozessen stellt sich jedoch heraus, daß dieses Numerisieren außerordentlich langwierig ist, und deshalb wurden die Differentialgleichungen in den 20er und 30er Jahren praktisch unnütz. Computer wurden erfunden, um derartige Gleichungen zu numerisieren; es waren also schnelle Rechenmaschinen. Dabei hat sich aber auch herausgestellt, daß die Computer etwas ganz anderes auch noch können, nämlich die Nummern wiederum zu Gestalten zusammensetzen. Sie können nicht nur rechnen, kalkulieren, sondern auch komputieren. Diese Fähigkeit dieser Maschine, von ihr Zerzähltes wieder zusammenzusetzen, ist natürlich kein Zufall, war aber nicht vorauszusehen von den Erfindern, glaube ich. Die Macht, die von den Computern gegenwärtig ausgeht, ist, daß es »Zusammensetzmaschinen« sind. Das öffnet Horizonte für die Einbildungskraft, womit uns heute eine Tätigkeit des Bildermachens, des Erzeugens von Vorstellungen von Bildern offensteht, mit der wir träumen können.

Somit würden Sie »Komputieren« als verspielten Begriff – »Spiel« kommt bei Ihnen auch häufig vor – bezeichnen, als Spiel im Umgang mit der neuen Technologie?

Ja, ich würde sagen, der Computer ist nicht nur eine Simulation des Gehirns, das aus dem Schädel in die Außenwelt hinausprojiziert wurde, so daß wir daher einige Funktionen unseres Gehirns von außen her beobachten können, sondern der Computer ist auch eine Maschine, dank derer wir unsere Träume aus unserem Inneren in die Außenwelt herausprojizieren und zusehen können, wie wir träumen, und nicht nur die Träume auf den Schirmen vor uns ablaufen lassen, sondern in sie auch eingreifen können. Es ist eine Traumwelt im Entstehen, in der wir völlig engagiert sind und in der wir gleichzeitig eine kritische und ironische Distanz haben. Darum ist mir das Wort »Simulieren«, das Baudrillard so oft anwendet, nicht so sympathisch. Es geht nicht so sehr um eine Simulation als vielmehr um ein aus unserem Inneren herausgetretenes Träumen. Es entsteht eine Traumwelt um uns herum, die aus uns quillt, die sich von uns im hohen Grad selbständig macht, in die wir aber immer wieder eingreifen können. Das ist ein Abenteuer ersten Ranges. Schon bei Filmen hat man dieses Gefühl, den Traum von außen zu erleben; beim TV kann man sich des Gefühls nicht erwehren, daß uns die Träume anderer aufgesetzt werden, aber bei synthetischen Bildern erst wird klar, daß wir nicht nur tätig träumen können, sondern daß wir den Träumen die Formen eingeben können, die unsere reine Vernunft ihnen aufsetzt. So daß ich immer wieder in diesem Zusammenhang den Satz Pascals folgendermaßen ergänze: »Nicht nur ist es wahr, daß das Herz eine Vernunft hat, von der die Vernunft keine Ahnung hat, sondern ebenso wahr ist, daß die Vernunft ein Herz hat, von dem das Herz keine Ahnung hat.« Plötzlich entdecken wir in den Computerschirmen das Herz der Vernunft! Oder wenn Sie wollen: die Ästhetik der reinen Vernunft, oder – um es kantisch zu sagen – die reine Vernunft wird zur Urteilskraft in den Computern.

Sie haben auch von »reiner Ästhetik« gesprochen. Das hat mich positiv geschockt, denn ich sage auch, wir leben nur noch in der Ästhetik drin. Wie verstehen Sie die »reine Ästhetik«?

Nehmen wir an, ich füttere eine Fraktalgleichung in einen Computer, der Computer zeigt mir die möglichen Gestalten dieser Fraktalgleichung auf dem Schirm, ich färbe diese Fraktalgleichung, was heißt dann färben? Das heißt: Quantitäten qualifizieren. Was mir der Computer da zeigt, sind die Quantitäten einer Gleichung, die aus Symbolen besteht, welche Mengen bedeuten. Infolgedessen ist das ein quantifizierbarer Ausdruck; ich habe ein quantifiziertes Bild. Wenn ich färbe, qualifiziere ich es, denn eine Farbe ist ja ein Symbol für Qualitäten. Was ich dann vor mir habe, ist ein Bild, das die reine quantitative Vernunft darstellt; es ist die reine Vernunft, es ist das, was Platon eine »Idee« nannte. Was Platon »Theorie« genannt hat, sehe ich als Bild, aber gleichzeitig ist es ein Kunstwerk, denn ich sehe die Qualität des quantitativen Denkens, die Ästhetik der reinen Vernunft, was ich »reine Ästhetik« nenne. Was da auf dem Bildschirm erscheint, ist das, was meine reine Vernunft erlebbar macht, es ist erlebbare reine Vernunft. Durch die Technik hindurch dringen wir zur platonischen *Kalokagathie* vor. Wir können sozusagen dank Maschinen zur Weisheit gelangen.

Und nun möchte ich noch einen Sprung in die Futurologie machen. Was mich kolossal fasziniert, vielleicht weil ich technisch nicht genug informiert bin, ist die Entwicklung der Hologramme. Um ein synthetisches Bild in ein Hologramm zu übertragen, also von zwei auf drei oder vier Dimensionen zu bringen, muß man noch immer ein Interface haben, etwas zwischen dem Computer und dem Holografen muß eingefügt werden, zum Beispiel Fotografien, damit sich die Laserstrahlen daran brechen können. Jetzt gibt es aber schon Techniken, wie ich gehört habe, die es gestatten, direkt aus dem Computer drei- und vierdimensionale Volumina herauszuspucken. Wenn das wahr sein sollte und wenn sich diese Techniken weiter entwickeln sollten, dann werden wir in Zukunft von Gegenständen umgeben sein, die völlig der reinen Vernunft entstammen. Wir würden dann nicht nur Bilder der reinen Vernunft haben, sondern eine gegenständliche Welt, die von der reinen Vernunft erzeugt wurde. Und wenn die Technik perfekter wird, wird es mit der Zeit ein Unsinn werden, zwischen den Gegenständen, an die wir gewöhnt sind, und diesen holografischen Gegenständen unterscheiden zu wollen. Das ist meine Futurologie, daß wir in Zukunft in einigen Welten leben werden, die dem reinen Denken entsprungen sind.

KARLSRUHE, 1988

Vom 10. bis 13. März 1988 fand im Badischen Kunstverein Karlsruhe ein Kolloquium unter dem Titel »Die Künste im Aufbruch« statt. Komponisten, bildende Künstler, Wissenschaftler und Politiker waren eingeladen, um einen visuellen, akustischen und sprachlichen Dialog über die Veränderung der Künste durch den Computer zu führen. Am Rande der Veranstaltung sprach Florian Rötzer mit Vilém Flusser.

Das erste Buch, das von Ihnen auf deutsch veröffentlicht wurde, trug den Titel »Für eine Philosophie der Fotografie«. Ihre nächsten Bücher haben den Namen Philosophie nicht mehr im Titel geführt, während Sie immer mehr betont haben, daß Ihr Denken eher den Sinn einer Fabel hat, also den einer indirekten Theorie und einer moralischen Kritik. Warum diese betonte Ablösung von der Philosophie?

Ich bin nicht vollständig mit dem Begriff der Fabel einverstanden. Wie viele andere versuche ich, von der gegenwärtigen Lage zurückzutreten, um sie kritisieren zu können. Hier stellt sich natürlich die Frage, in welche Richtung und wie weit man zurücktritt. Die Praxis lehrt, daß sich die Kriterien der Kritik spontan anbieten, wenn man die Richtung und die Entfernung gewählt hat. Das, was man Philosophie nennt, ist ein Rücktritt in die theoretische Ebene. Von dort aus kann man einen allgemeinen Überblick gewinnen über das zu Kritisierende. Dabei lassen sich zwei Entfernungen einnehmen: die hautnahe Entfernung, das *close reading* der minutiösen Kritik, oder die distanzierte Entfernung der panoramischen Perspektive. Nach einer gewissen Zeit hat mich das ermüdet. Dieses Hinausklettern aus den Phänomenen in die Ebene der theoretischen Termini, also der Klassen von Klassen, hat mich gelangweilt. Es gibt aber eine andere Möglichkeit, nämlich seitlich vom kritisierenden Phänomen zurückzutreten. Wenn es beispielsweise um die Frage geht, die gegenwärtige Kulturlage zu kritisieren, kann man seitlich in benachbarte Kulturen oder in vorangegangene Kulturen abbiegen. Der Vorteil einer solchen Einstellung ist, daß man dadurch Vergleichskriterien gewinnt, aber der Nachteil besteht darin, daß man natürlich niemals aus der eigenen Kultur in eine andere hinausklettern kann, ohne die eigene mitzuschleppen. Eine dritte Möglichkeit ist das

Hinunterkriechen, um die Sache von unten nach oben wahrzunehmen. Das ist der Standpunkt aller Tiefenanalysen, der Psychoanalyse oder der Etymologie, kurz und gut, der Wurzelforschung, der radikalen Forschung. Die ausgeprobten Wege nach unten reizen mich allerdings nicht sehr, weil man dort hinunterkriecht, um etwas zu fischen, mit dem man wieder auftaucht. Man verharrt nicht im Standpunkt des Unten.

Was wäre denn das Unten der gegenwärtigen Kultur, an dem man verbleiben sollte, wobei sich hier ja auch wieder das Problem stellt, daß man aus der eigenen Perspektive nicht völlig aussteigen kann wie bei der seitlichen Kritik?

Der theoretische Standpunkt steht über dem Subjektiven und will einen objektiven und transsubjektiven Blick einnehmen. Die seitlich abbiegende Kritik versteht sich intersubjektiv, während die Perspektive des Unten zu einem untermenschlichen Standpunkt zu gelangen sucht. Der Mensch und seine Situation soll von einem vormenschlichen Standpunkt aus reflektiert werden. Das ist eine alte Taktik, die tatsächlich Fabel heißt. Leute, die Fabeln erzählt haben, und besonders solche, die philosophische Fabeln erzählt haben, haben versucht, den Menschen vom Standpunkt des Tieres her zu kritisieren. Wenn man es näher betrachtet, so geht es natürlich gar nicht um die Tiere, sondern um zu Tieren verkleidete Menschen. In den Fabeln der Tradition wird zwar den Tieren das Wort gegeben, aber der das Wort führt, ist der als Tier verkleidete Kritiker. Wäre es möglich, wirklich einen tierischen Standpunkt zu uns einzunehmen und auf diesem Standpunkt zu verharren, uns also mit den Augen eines Tieres zu sehen – aber keines Fabeltieres, sondern eines Tieres, wie es uns die Biologie schildert? Diesen Versuch habe ich unternommen. Ich war mir bewußt, daß dieses Tier, wenn ich ihm das Wort erteilen konnte, eine zumindest mit uns vergleichbare Komplexität haben muß. Es muß mit einem vergleichbaren Nervensystem ausgestattet sein.

In Ihrem neuesten Buch haben Sie für diese Fabel eine Tiefseekrake, den »Vampyroteuthis infernalis«, gewählt, eine mörderische, gefräßige Krake, die zudem symbolhaft die Tiefe des Meeres bewohnt. In einer Art Theorie-Fiktion haben Sie dabei versucht, die biologischen, genealogischen, perzeptiven und sozialen Elemente zusammenzudenken, um in diesem Tier den Menschen zu spiegeln, insofern er jetzt durch seine neuen Technologien auch in eine neue Zeit hinübertritt. In welcher Weise ist denn die Existenzform der Krake mit dem Übertritt in die Zeit der immateriellen Informationen verbunden?

Ich habe nach einem Tier aus der Perspektive unserer gegenwärtigen Lage gefischt. Tintenfische spiegeln bis zu einem gewissen Grad unsere gegenwärtige Lage. Laut Mythos sollen es verlogene Tiere sein. Sie scheiden beispielsweise eine Flüssigkeit aus, in der sie den eigenen Körper oder den eines Feindes imitieren. Sie sind so trügerisch, wie die Kunst trügerisch ist. Es sind Tiere, die lügen, und dazu benutzen sie etwas, was man immateriell nennen kann, also sind es Tiere, die uns die Kunst der immateriellen Simulacren vorspielen. Eine andere Charakteristik der Tintenfische ist, daß sie über Lichtorgane auf der Haut verfügen, die sie individuell vom Gehirn aus kontrollieren. Infolgedessen ist anzunehmen, daß sie eine Licht- und Farbensprache haben. Das erinnert natürlich sehr an die elektromagnetischen Kommunikationscodes, die wir anfangen auszuarbeiten. Eine dritte Eigenschaft, die mich an diesen Tieren gefesselt hat, ist, daß bei ihnen Mund und After nahe beieinanderliegen, daß also das Orale und das Anale schwer zu unterscheiden sind. Wenn gegenwärtig in unserer Konsumgesellschaft das Oral-Anale als Ziel des Lebens begriffen wird, dann sind diese Tiere gewissermaßen Modelle des Konsumlebens. Das ist eine richtige Verbrauchergesellschaft. Ein weiterer Punkt ist die kannibalistische Tendenz dieser Tiere. Es ist eine der wenigen Spezies, die nicht nur einander, sondern auch sich selbst umbringen. Ich brauche nicht auf Auschwitz oder Hiroshima anzuspielen, damit Sie sehen können, warum mich diese Tiere gefesselt haben. Diese Tiere habe ich mir nicht deliberat ausgesucht, sondern ich bin auf eine Entdeckungsfahrt gegangen. Ich bin den Lebensbaum von uns aus hinuntergeklettert und auf einen kolossalen Zweig gestoßen, nämlich auf den der Weichtiere, auf dem ich dann entlanggekrochen bin. Dabei bin ich zu immer komplexeren Wesen gekommen. Ich habe gewußt, daß Cephalopoda außerordentlich komplexe Tiere sind, aber während ich mich ihnen genähert habe, habe ich innerlich die Spannung erlebt, die diesen Zweig vorantreibt. Diese Spannung ist mit einem Wort zu fassen: Verschrobenheit. Es sind Tiere, die immer verschrobener werden. Die philosophische Verschrobenheit, der philosophische Schwindel wird da zu Fleisch.

Wie bringen sie denn eine körperliche Verschrobenheit mit einer geistigen zusammen? Was kennzeichnet ganz allgemein die Verschroben-

heit des philosophischen Denkens? Ist es die Ablösung von den Phänomenen, von der Sie vorhin sprachen?

Nehmen Sie zum Beispiel eine Molluske, die Schnecke. Das ist ein Tier, das sich in seine Schale hineinschraubt, wobei es die Hälfte seines Körpers verliert. Das sind eigentlich nur halbe Tiere. Bei Kopffüßlern besteht die Verschrobenheit darin, daß der Mund den After auffrißt. Die Verschrobenheit hat mich schon immer fasziniert. Sie ist eine Form der menschlichen Entfremdung. Und diese Tiere sind noch weit entfremdeter als wir. Beim philosophischen Denken taucht die Verschrobenheit in der Frage auf, wie man ein Problem stellt. Ich spiele dabei auf die sogenannte Sic-et-non-Methode der Scholastiker an. Man stellt das Problem, dann behauptet man das Gegenteil, dann vergleicht man die Position mit der Negation und versucht, daraus eine Synthese zu finden. Die Dialektik ist eine ganz spezifische Verschrobenheit des menschlichen Denkens.

Verschroben aber in bezug auf was? Auf eine richtige, dem Sachverhalt angemessene Methode, um Probleme zu lösen?

Verschroben in bezug auf die natürliche Links-Rechts-Orientierung des Wirbeltierlebens. Wir haben eine Längsachse und unterscheiden deutlich zwischen rechts und links. Bei der Menschwerdung, insbesondere bei der Aufrichtung des Körpers, verschiebt sich diese Längsachse, und es gelingt uns, uns um diese Achse herumzudrehen. Diese Drehbewegung, diese Schwindelbewegung, diese Schraubenbewegung ist die Bewegung des Denkens. Ich habe also diese Tendenz zur Verschrobenheit, zur Schraube, zur Helix, selbst erlebt, während ich den Zweig der Cephalopoda entlanggekrochen bin. Dabei bin ich natürlich an einer Reihe von ausgestorbenen Spezies vorbeigekommen und bei jetzt lebenden Tieren angekommen. Aber ich bin nicht umhingekommen, mich von diesem Elan vorantreiben zu lassen und also zu projizieren. Das stellte mich vor das Problem der Morphogenese. Ich habe mich zunächst mit den biomorphen und dann ganz allgemein mit den Formen beschäftigt und bin mir darüber klargeworden, daß ich das ohne Computer nicht machen kann. In der Nähe des Dorfes, in dem ich wohne, lebt ein Computerkünstler, der zugleich biologisch geschult ist und Erkenntnistheorie studiert hat. Es ist Louis Bec, einer der hervorragendsten Menschen, die ich je kennengelernt habe. Mit dem habe ich die Sache besprochen, und wir haben uns gegenseitig weiter in die Problematik hineingeführt. Ich habe ihn in den Versuch eingeführt, von unten zu kritisieren, und er mich in das Problem, Biomorpha zu projizieren. Diese Zusammenarbeit hatte ein Resultat, das mich geradezu bestürzt hat. Von einer anderen Perspektive aus kritisiere ich nämlich die gegenwärtige Situation als einen Konflikt zwischen linearem schriftlichen und bildlichem Denken. Die Dialektik zwischen Schrift und Bild ist bislang immer negativ gewesen. Wenn ich einen Text schreibe, erkläre ich damit ein Bild, ich beschreibe es. Damit erkläre ich das Bild weg. Während ich das tue, schiebt sich das Bild in meinen Text und illustriert ihn. Es läßt also meinen Text verschwinden. Das ist der typische Fall einer negativen Dialektik. In dieser Zusammenarbeit mit Louis Bec entstand eine von mir vorher nicht geahnte Synthese, weil meine Texte Becs Bilder nicht erklären und seine Bilder meine Texte nicht illustrieren, sondern das Vieh, die Krake, ist als eine Synthese von Becs Bildern und meinen Texten überhaupt erst entstanden. Das Vieh ist ein Antimensch, es ist ein Unmensch, und es ist – auch wenn ich nicht theologisch werden will – natürlich der Teufel, aber es ist zugleich auch eine Synthese dieser Spannung, die uns in die gegenwärtige Krise getrieben hat. Sie werden sagen, daß ich das daraus entstandene kleine Büchlein außerordentlich überschätze. Für mich aber, ich bin natürlich kein Richter, ist es ein Phänomen des Bruchs. Es ist eine neue Art zu philosophieren. Das Neue ist nicht das Vieh, es ist auch nicht die Methode, sondern es ist das Erlebnis einer möglichen Zusammenarbeit zwischen diskursiver und imaginärer Vernunft, aus der etwas Neues entsteht.

Diese Koalition von Rationalität und Imagination erhebt aber keinen Anspruch auf Wahrheit, wenn Sie, wie jetzt oft geschehen, von einer Projektion sprechen, weil damit empirisch feststellbare Sachverhalte etwa aus der Biologie in einen Raum projiziert werden, den man den einer exakten Phantasie nennen kann. Welchen erkenntnistheoretischen Wert haben denn solche Fabeln und Projektionen, die verschiedene Diskursarten mit unterschiedlichen Geltungsbereichen vermischen?

Das ist eine philosophische Frage. Darf ich philosophieren? Wir können mit verschiedenen Wahrheitsbegriffen operieren. Der traditionelle Wahrheitsbegriff, nämlich das Angleichen der denkenden Sache an die ausgedehnte Sache, ist heute nicht mehr operativ. Wir müssen andere Wahrheitsbegriffe ausarbeiten. Ich will nicht auf Heidegger zurückgehen, den ich aus verschiedenen Gründen kritisiere und der Wahrheit definiert als

»die Stimmung, die stimmt«. Trotzdem will ich auf diese Vorstellung anspielen. Wahrheit ist das nicht weiter ausdrückbare Bewußtsein, daß das, was gesagt wird, auch so ist, wie es gesagt wird. Es hat, um das mit Wittgenstein auszudrücken, keinen Sinn zu sagen: »Es regnet, und das ist wahr.« Ob die Aussage »Es regnet« wahr ist, stellt sich heraus. Ich hoffe, daß mein Buch in diesem Sinne wahr ist: Es wird sich herausstellen.

Mein Interesse an der gegenwärtigen Krise hat sich auf zwei oder drei Aspekte konzentriert. Immer war mir, das vorneweg, schon fraglich, ob wir uns tatsächlich in einer Krise befinden, denn jeder Mensch glaubt, in einer kritischen Zeit aus dem einfachen Grund zu leben, weil es die Zeit ist, in der man lebt. Es spricht aber doch einiges dafür, daß wir auch von einem intersubjektiven Standpunkt aus in einem Umbruch leben. Jaspers meinte, in der Geschichte der Menschheit und insbesondere in der Geschichte der westlichen Kultur eine Achsenzeit konstatieren zu können, eine Zeit also, in der sich das Dasein des Menschen von Grund auf geändert hat. Er lokalisiert diesen Umbruch im 8. oder 7. Jahrhundert vor Christus. Seine Kriterien, die nicht die meinen sind, gehen dahin, daß es die Zeit ist, in der überall die Menschen aus dem magischen in ein anderes Denken ausgebrochen sind. Als Beispiel nennt er die jüdischen Propheten und die Vorsokratiker. Im Unterschied zu Jaspers möchte ich hierfür eine faktische Grundlage finden. Ich dachte mir, daß es die Zeit ist, in der die Verwendung des Eisens allgemein und in der die Schrift einer Elite zugänglich wird. Ich bin davon überzeugt, daß alle tatsächlichen Revolutionen technische Revolutionen sind. Daher wollte ich das ausarbeiten. Wenn unsere Denkart aus der magisch-mythischen in dieser Zeit herausbricht und das mit der Erfindung der linearen Codes und insbesondere mit der des Alphabets zusammenhängt, so kann von unserer Zeit tatsächlich von einer vergleichbaren Krise gesprochen werden, weil heute nicht nur die Metallkultur von der elektromagnetischen Kultur abgelöst wird, sondern auch die Schrift von neuen Codes. In dieser Parallele kann man mit einer gewissen Berechtigung behaupten, daß wir am Ende einer ganzen majestätischen Entwicklung stehen und am Anfang einer anderen, von der wir nur ahnend voraussagen können, was da im Spiel ist. Ich behaupte das nicht, was ich jetzt sage, ich stelle das immer wieder in Frage, aber je mehr ich darüber nachdenke und je mehr Symptome für das Neue ich sammle – und andere mit mir –, desto mehr bin ich davon überzeugt, daß wir dazu berechtigt sind zu sagen, wir leben an einer Bruchstelle. Das ist ja das Schöne und Begeisternde, wenn es uns gegeben ist, nicht nur das Alte untergehen zu sehen, sondern beim Beginn des Neuen dabei sein zu dürfen. Ich verstehe die Kulturpessimisten überhaupt nicht, die fortwährend nach hinten schauen und beklagen, was da zugrunde geht. Selbstverständlich geht viel zugrunde, aber das Schöne ist doch, daß wir bei der Ankunft des Neuen dabei sein können.

Wenn Sie von der These ausgehen, daß alle wirklichen Revolutionen von der Erfindung neuer Technologien ausgehen, dann könnte man entgegnen, daß etwa die technischen Erfindungen der Neuzeit fast immer mit überzogenen Hoffnungen und auch mit eschatologischen Ängsten verbunden waren: der Buchdruck, die Dampfmaschine, die Verwendung von Gas, die Eisenbahn . . . Der von einigen befürchtete Untergang der Welt stellte sich als graduelle Veränderung von Formen der menschlichen Existenz etwa in der beschleunigten Wahrnehmung oder in der Produktionsweise heraus, die aber nicht alles verändert haben. Würden Sie denn wirklich behaupten wollen, daß jede neue Technologie die gesamte Existenz des Menschen und sein Selbstverständnis verändert, also die Geschichte sich als diskontinuierliche Entwicklung von Revolutionen darstellt, die von zwei großen Brüchen eingerahmt wird, der Erfindung der Schrift und der Erfindung der digitalen Informations- und Bildmedien?

Wenn ein neues Werkzeug hergestellt wird, dann wird es aus Gründen hergestellt, die die zur Zeit herrschende Lage erfordert. Die Absicht, mit der ein Werkzeug erfunden wird, geht diesem also voraus; aber wenn das Werkzeug einmal hergestellt ist und sich der Geist in dieser Form objektiviert hat, so entsteht ein Feedback. Zuerst imitiert der Mensch sich in der Welt, und dann imitiert er seine eigenen Imitationen. In diesem Kreis verändert sich der Mensch. Das Werkzeug beginnt, in einer ganz anderen Funktion gesehen zu werden als jener, für die es ursprünglich hergestellt wurde. Diejenigen, die an die ursprüngliche Absicht sich klammern, sehen im Werkzeug nur Gefahren, aber diejenigen, die ein wenig darüber hinaussehen, erkennen im Werkzeug auszubeutende Möglichkeiten. Sie führten als Beispiel die Eisenbahn an, das hätte ich nicht getan, aber denken Sie allein an die Veränderung der Weltanschauung, die die Eisenbahn zur Folge hatte. Die Vereinigten Staaten erscheinen Ihnen dann plötzlich als eine Funktion der Eisenbahn. Bedenken Sie, was die Eisenbahn in Indien hergestellt hat. Europa ist zu klein, um sie wirklich würdigen zu können. Ich hätte zum Beispiel die Fotografie gewählt oder den Telegraf. Für mich jedenfalls häufen sich von allen möglichen Horizonten herkommende Symptome, die mir zeigen, daß wir beginnen, auf eine ganz andere Weise da zu sein als vorher. Das ist mindestens so radikal anders, als der historisch lebende Mensch anders auf der Welt ist im Vergleich zum magisch-mythisch lebenden Menschen. Wir sind in einer Wende, die radikaler ist als die Achsenzeit Jaspers'.

Ich glaube, um es bildlich zu sagen, daß in unserer Zeit eine Entwicklung entsteht, die sich wie eine Schlinge zurückwindet und sich beginnt zu schließen. Darf ich ein bißchen ausholen? Der Mensch unterscheidet sich von den übrigen Lebewesen durch die Tatsache, daß er erworbene Informationen speichert und weitergibt. Das widerspricht der Biologie, die sagt, daß nur genetische Informationen weitergegeben werden können. Der Mensch ist also ein Tier, das seine Tierheit verneint, wie ja die Tiere Wesen sind, die die Dingheit verneinen. Das Universum, als geschlossenes System betrachtet, neigt dazu, Informationen zu verlieren. Das nennt man bekanntlich Entropie. Die biologische Entwicklung neigt dazu, Informationen zu bewahren und zu bereichern. Der Mensch ist also in einem doppelten Sinne eine Verneinung der Natur: Als Tier verneint er die physische Natur, und als Speicher von erworbenen Informationen, als ein kultursekretierendes Wesen, verneint er seine Tierheit. Damit die erworbenen Informationen vererbt werden können, müssen sie zuerst in einem Gedächtnis gelagert werden. Die erworbenen Informationen werden durch Individuen gespeichert, sie sind also subjektiv, und sie werden durch Sinnesorgane erworben, sie sind also überdies vorübergehend. Damit sie gelagert werden können, müssen sie anderen zugänglich gemacht und daher intersubjektiviert werden. Überdies müssen sie fixiert werden. Wer intersubjektivieren sagt, sagt kodifizieren, das heißt, sie müssen in Symbole verschlüsselt werden. Und dann müssen sie irgendwo gelagert werden. Der Mensch hat dies bisher auf zwei Arten getan. Er hat seine erworbenen Informationen in Luftschwingungen, in Phoneme, verwandelt und sie der Luft anvertraut. Das ist die gesprochene Sprache. Die zweite Möglichkeit bestand darin, die Informationen in harte Gegenstände einzuprägen, zum Beispiel in Knochen. Daraus entstanden die Werkzeuge. Die Entwicklung der Werkzeuge und der gesprochenen Sprache verläuft parallel. Es sind Versuche, Kultur herzustellen, das heißt erworbene Informationen zu speichern und weiterzugeben. An einem bestimmten Punkt, vielleicht an jenem Punkt, an dem unsere Spezies Homo sapiens entstand, machte der Mensch aus seiner Kulturtätigkeit einen Schritt zurück, um sie zu überblicken. Dieser Schritt zurück heißt »Imagination«. Der Mensch machte sich durch sie zuerst ein Bild von der Welt, bevor er daranging, sie mit seinen erworbenen Informationen zu informieren. Aus dieser neugewonnenen Subjektivität, die wir Ek-sistenz nennen können, weil der Mensch zu ek-sistieren begann, anstatt nur immer zu insistieren, kam der Mensch in einen ontologischen Zweifel. Von der Distanz aus war die Welt nicht mehr manifest, denn die menschlichen Arme sind nicht lang genug, um die Kluft dieses Abstandes zu überbrücken. Der Mensch sah sich also nicht mehr Gegenständen gegenüber, über die er stolperte, sondern er sah sich eingebildeten Dingen, Vorstellungen gegenüber, wobei der Zweifel entstand, ob die Gegenstände, denen er sich gegenüber sah, tatsächlich die Gegenstände sind oder nur die Bilder, die sich der Mensch von ihnen macht. Die Bilder, die sich der Mensch macht, sind Bilder von Phänomenen, nicht von Gegenständen. Es sind Abstraktionen, die aber als Orientierungstafeln für ein späteres Handeln fungieren. Mit der Zeit ging das Vertrauen in diese Bilder verloren – und das ist der Punkt, den Jaspers als Achsenzeit ansieht. Das Vertrauen ist aus drei Gründen verlorengegangen. Die Bilder sind ontologisch zweifelhaft. Man weiß nicht, ob Eingebildetes oder Fiktives mit Gegenständlichem, Hartem, uns Widerstehendem übereinstimmt. Das ist das vorhin erwähnte Erkenntnisproblem des Angleichens der denkenden an die ausgedehnte Sache, der *adaequatio intellectus ad rem.*

Das aber ist doch eine Formel, die in dieser Form erst in der Philosophie der Neuzeit verhandelt wurde und in der sich heute tatsächlich nicht mehr angemessen die Wahrheitsfrage für eine operativ-konstruktive Wissenschaft stellen läßt. Diese Formel hat die Entwicklung der technischen Wissenschaften als Problem des Realitätsbezugs begleitet, auch wenn sie ursprünglich aus dem Konflikt zwischen Nominalismus und Realismus hervorging. Bei den Vorsokratikern existiert das Problem der Realität noch nicht so wie in der Neuzeit, zumal die Frage nach dem Sein überdies eine umfassendere Wirklichkeitsvorstellung einschließt als die nach dem Realen, dem Ding.

Sie haben es nicht so gekannt, wie ich es gesagt habe, aber Aristoteles kennt dieses Erkenntnisproblem und ich glaube auch Platon. Implizit aber ist es schon bei Heraklit und sogar schon bei Thales erkennbar. Ich will jetzt aber nicht ins Detail gehen.

Der zweite Grund für den Verlust des Vertrauens ins Bild rührt daher, daß es eine Vermittlung ist. Es ist ein Medium zwischen dem entfremdeten Subjekt und der von ihm verlassenen objektiven Welt. Wie jedes Medium leidet das Bild an einer inneren Dialektik: Es stellt sich vor das von ihm Vorgestellte, an die Stelle des von ihm Vorgestellten. Das führt zu einer ganz spezifischen Alienation. Anstatt das Bild zur Orientierung in der Welt zu verwenden, beginnt man, die Erfahrung in der Welt auf das Bild zu wenden, und anstatt die Welt zu verwandeln, das Bild zu verwandeln. Diese Idolatrie ist das magische Handeln.

Der dritte Grund des Glaubensverlustes ist etwas raffinierter. Bilder sind notwendigerweise in konnotative Codes verschlüsselt, denn was tue ich, wenn ich ein Bild entziffere? Ich betaste die Oberfläche des Bildes mit meinen Augen und verfolge dabei bestimmte Bahnen, die kreisförmig sind und immer wieder in sich zurückkehren. Das erklärt das kreisförmige magische Denken. Bezeichnend für diese Bahnen ist, daß ich die vom Bilderhersteller erzeugten Bahnen verfolge, ich aber darüber hinaus meine eigenen Intentionen ins Spiel bringen kann, wodurch das Entziffern der Bilder zum Interpretieren wird. Ich kann die Botschaft des Bildes auf verschiedene, manchmal auch widersprüchliche Art interpretieren. Orientierungstafeln, die interpretiert werden müssen, sind nicht verläßlich. Deswegen stand folgende Herausforderung vor dem Menschen am Anfang des Jahres 1000 vor Christus: Bilder machen war notwendig, es half nichts, wenn die Juden und Platon das Bildermachen verbieten wollten, da ich mich nur orientieren kann, wenn ich mir ein Bild mache. Aber dem Bild ist nicht zu trauen. Darin haben sowohl Propheten wie Philosophen recht. Ich muß das Bild also ontologisch festigen: Ich muß es kritisieren. Zweitens muß ich es durchsichtig für das von ihm Vorgestellte machen, und ich muß drittens einen Code denotieren, der klar und deutlich ist. Zu diesem Zweck verfügen wir über eine uralte Geste, die im Knüpfen von Muschelketten zum Ausdruck kommt. Man muß die einzelnen Elemente, die Pixels, aus dem Bild herausreißen und dann wie Muscheln aufketten. Das ist die Geste des linearen Schreibens, das den Bildinhalt kritisiert, indem sie ihn aufzählt und erzählt. Damit bekämpft es die ontologisch zweifelhafte Stellung des Bildes. Durch das Herausreißen der Bildelemente und durch ihr Einfügen in neue lineare Regeln, die Regeln der Orthografie, der Grammatik oder, kurz, der Logik, wird das Bild durchsichtig für das von ihm Bedeutete. Dieser Code ist viel denotativer als der eines Bildes, denn wenn ich ihm folge, so folge ich notwendigerweise der Zeile. Mit der Erfindung der Schrift entsteht eine neue Bewußtseinsebene, die einen Schritt weiter zurücklegt als die Imagination, eine die Imagination kritisierende, disziplinierte, lineare, aufklärerische Ebene. Darin ist der Keim der ganzen westlichen Kultur enthalten, darin ist der Keim für die Wissenschaft und Technik enthalten. Das ist die große Revolution, die große Umwendung des Daseins, die damals geschah. Das magisch-mythische Bewußtsein wurde nicht ausgeschaltet, sondern verdrängt.

Aber als Kritik der Bilder, die von der Imagination erzeugt werden, bleibt die wissenschaftliche Rationalität, die in sich ikonoklastisch ist und auf die Reinheit des Begriffs zustrebt, verbunden mit dem Bild. Man braucht ein Bild, um in Ihrem Sinne kritisch zu sein. Dadurch wäre die Rationalität auch in ihrem Fortschreiten immer wieder auf die Produktion neuer Bilder angewiesen. Das Bild wäre also nicht verdrängt, sondern geradezu konstitutiv für die Dynamik der Rationalisierung.

Sie haben vollkommen recht. In dem Moment, in dem die Aussagen der Wissenschaft unvorstellbar werden, also in der Mitte des 19. Jahrhunderts, und in dem die Wissenschaftler von denen sagen, die sich unter ihren Aussagen irgend etwas bildlich vorstellen wollen, diese Aussagen nicht verstanden zu haben, also in dem Moment, in dem die Bilder vollkommen wegerklärt sind und die Aufklärung siegt, entsteht eine Krise. Sie resultiert aus dem Autonomwerden der Rationalität von der Imagination. Das ist eine der Wurzeln unserer Krise, denn eine erklärte, aber unvorstellbare Welt ist nicht befriedigend. Wenn man beispielsweise die Einsteinschen Formeln in ein Weltbild verwandeln will und sagt, es geht um einen dreidimensionalen und in die vierte Dimension gekrümmten Raum, dann sagt Ihnen ein Mathematiker, daß das, was Sie da reden, ein vulgarisierter Unsinn ist. Wenn so eine Situation eintritt, dann ist die lineare Vernunft tatsächlich in einer Krise.

Warum aber wäre die lineare oder diskursive Vernunft darauf angewiesen, daß ihre Theoreme oder Einsichten noch vorstellbar sein sollten?

Das Bedürfnis nach Veranschaulichung unterschreitet die erreichte Stufe der Rationalität . . .
 Ja, aber Sie kommen jetzt in einen Widerspruch mit sich selbst. Zuerst sagten Sie, textuelles Denken hängt vom bildlichen ab. Darauf sagte ich, daß Sie recht haben, weil in dem Augenblick, in dem das textuelle Denken das bildliche überholt, es den Boden unter den Füßen verliert. Und jetzt sagen Sie, daß man trotzdem ohne Bilder denken soll. Sie sind jetzt durch Ihre Fragestellung schon zu einem Spielball unserer Krise geworden.
 Mich erinnert Ihre Fragestellung an die des Philosophen und Poetologen Gaston Bachelard, der versucht hat, aus dem von Ihnen skizzierten Gang der Rationalität in eine »Wissenschaft der Effekte«, die die Welt nicht mehr beschreibt, sondern sie aus abstrakten Theorien als Phänomen realisiert und damit erklärt, daß sie also immer abstrakter wird und andererseits immer mehr mit Simulacren hantiert, um die dadurch entstehende freie, aber gegenläufige Dimension der Imagination freizulegen. Für Bachelard verwirklicht sich die Imagination unter den Bedingungen fortgeschrittener Rationalität in der Form von »Träumereien«, die noch die metaphysische Ebene der Kosmologie zum Ausdruck bringen, die durch die sich in regionale Rationalitäten verstreuende Aufklärung unmöglich und sinnlos wurde. Wäre das auch für Sie die Ursache der Krise, weil uns Kosmologien, also Totalentwürfe der Welt, in deren Ordnung sich der Mensch widerspiegeln und sich orientieren kann, heute nur noch als poetische Träumereien, als irrealisierte Bilder erscheinen?
 Ich bin froh, daß Sie Bachelard erwähnt haben, denn dadurch können Sie mein Vieh, den Vampyroteuthis, einreihen. Ich glaube, Bachelard ist als Übergangsphänomen zu interpretieren zwischen dieser Art zu denken und der jetzt heranbrechenden. Die phänomenologische Einstellung ist überhaupt die Endphase der eben von mir beschriebenen Bewußtseinsebene und zugleich die Geburt des jetzt sich Anbahnenden. Bachelard ist wichtig, Husserl vielleicht noch wichtiger, um zu verstehen, wie wir von der einen Ebene in die andere springen. Ich möchte Sie auf einen nicht immer beobachteten Umstand aufmerksam machen. Der lineare Code, der das kritische und aufklärerische Denken gestattet und es diszipliniert und der letztlich zu Technik und Wissenschaft führt, ist kein reiner, sondern ein in sich widersprüchlicher Code. Er besteht nicht nur aus Symbolen, die Phoneme bedeuten, sondern schon immer auch aus Ideogrammen, die

Mengen bedeuten, aus Zahlen also. Ich bin lange, wie eine Katze um den heißen Brei, um die Frage, warum das so ist, herumgegangen, weil sie eigentlich eine andere stellt. Die tiefere Struktur der dinglichen Welt scheint das Quantifizieren, das Zerlegen in Bits zu verlangen, um erfaßt zu werden, so als ob die Tiefenstruktur nicht heraklitisch wäre, wie es der Fluß des Diskurses erfordert, sondern als ob sie demokritisch wäre. Es war mir klar, daß die Steine mit geometrischer Beschleunigung fallen, weil unsere Denkart eine Geometrisierung erfordert – das gefällt uns so, so soll es sein. Oder, um es mit Wittgenstein zu sagen, wenn die Steine nicht mit geometrischer Beschleunigung fallen würden, dann wären sie keine Steine. Sie hatten mich vorhin nach unserer Neigung zum Schwindel und zur Schraube gefragt. Jetzt haben Sie dafür ein Beispiel, in welcher Spirale wir uns drehen, wenn wir versuchen, über die Tiefenstruktur der Welt nachzudenken, wie wir immer wieder auf uns zurückgeworfen werden.

Es läßt sich aber nicht leugnen, daß im alphanumerischen Code nicht nur immer Zahlen anwesend waren, seien sie auch nur verkappt als Buchstaben, sondern auch, daß, je mehr wir auf dem Weg zur Aufklärung und logischen Erklärung vordrangen, die Zahlen immer mehr Bedeutung gewonnen haben. Das geht bis zu dem Punkt, an dem Kant erklären konnte, daß ein Buch, in dem keine Zahlen vorkommen, wegzuwerfen sei.*
Die Tatsache, daß sich in den alphabetischen Code Zahlen hineingeschmuggelt haben, ist ein tiefes Problem, weil der Zahlencode ein ganz anderes Bewußtsein zum Ausdruck bringt als der Buchstabencode. Um Algorithmen zu entziffern, braucht man eine ganz andere Disziplin, als um Buchstabentexte zu entziffern. Die Algorithmen sind innerhalb der Texte Fremdkörper. Natürlich versucht man, diesen Widerspruch auszugleichen. Der letzte gigantische Versuch in dieser Richtung war, die Regeln des Buchstabendenkens, das heißt die Logik, mit den Regeln des Zahlendenkens, das heißt mit der Mathematik, in Deckung zu bringen. Das ist Rus-

---

* Tatsächlich war es Hume, der sich in dieser Weise geäußert hat: »If we take in our hand any volume; of divinity or school metaphysics, for instance; let us ask, *Does it contain any abstract reasoning concerning quantity or number?* No. *Does it contain any experimental reasoning concerning matter of fact and existence?* No. Commit it then to the flames: for it can contain nothing but sophistry and illusion.« Aus: David Hume, Enquiries Concerning the Human Understanding and Concerning the Principles of Morals, Oxford: The Claredon Press, 1902.

sells und Whiteheads Absicht gewesen. Es hat sich dabei herausgestellt, daß das nicht möglich ist, weil die Zahlen den Buchstaben in ihrer Grundstruktur widersprechen. Da aber das vorherrschende Denken das lineare, prozessuale war, mußte man die Zahlen dazu zwingen, Prozesse auszudrücken, was ihrem quantischen Charakter widerspricht. Dieses Problem – und damit setze ich unsere Krise an – stellte sich zuerst ganz deutlich bei Descartes. Für Descartes war die Frage des aristotelischen Angleichens der denkenden an die ausgedehnte Sache folgendermaßen gegeben: Die denkende Sache muß, um erkennen zu können, klar und distinkt sein, das heißt, sie muß in Zahlen ausdrückbar sein. Nun ist der Zahlencode ebensosehr von den Intervallen charakterisiert, die zwischen den Zahlen klaffen, wie von den Zahlen selbst, und diese Intervalle sind nicht füllbar. Wenn Sie zwischen 1 und 2 beispielsweise 1.1 einfügen, dann klafft das Intervall zwischen 1 und 1.1 genausoweit wie zwischen 1 und 2. Daher versuchte Descartes, diese Leere des Zahlencodes nicht mit der ausgedehnten Sache, wie er glaubte, sondern mit der Linie, dem Diskurs, durch seine analytische Geometrie zu überwinden. Hier müßte man natürlich jetzt exakter vorgehen, was in diesem Rahmen nicht möglich ist. Das ist ihm trotz Gottes Hilfe, trotz des *concursus dei*, nicht gelungen. Newton und Leibniz sind dieses Problem erneut angegangen, indem sie versuchten, die Intervalle zwischen den einzelnen Zahlen zu integrieren. So ist der Kalkül entstanden. Das schien unseren Ahnen eine ideale Lösung zu sein.

Wenn Sie sich einmal von dieser formalen Perspektive die Geschichte ansehen und nicht, wie man dies immer von den Kulturkritikern gewöhnt ist, von den Phänomenen her, dann ist das 18. und 19. Jahrhundert durch einen unglaublichen Optimismus an den Fortschritt gezeichnet, weil nämlich möglich geworden ist, alle Prozesse in Differentialgleichungen auszudrücken. Alle Prozesse sind jetzt kalkulierbar, infolgedessen sind jetzt alle Probleme lösbar. Nichts steht dem menschlichen Fortschritt noch im Weg. Das ist der tiefe Grund für den Optimismus – abgesehen von den Romantikern, die dadurch definierbar sind, daß sie nicht Mathematik lernen wollen. Das aber funktioniert nicht sehr lange, denn um eine Differentialgleichung zur Lösung eines Problems zu verwenden, muß sie rücknumerisiert werden. Sie müssen sie in diese widrigen, leeren Zahlencodes zurückbringen. Jetzt ist das theoretisch zwar immer möglich, man kann eine Differentialgleichung immer numerisieren, aber wenn das Problem komplex ist, dauert das lange. Nehmen wir an, Sie haben ein hydraulisches Problem. Die Wissenschaft bietet Ihnen eine Ideallösung in einer Differentialgleichung. Sie geben es dann einem Ingenieur, der tausend Rechner in seinem Büro einsetzen kann, die Tag und Nacht die Gleichung ausrechnen – und trotzdem dauert es 200 Jahre, bis die Rechnung gelöst ist. So stellte sich heraus, daß die Integration theoretisch sehr schön und elegant ist und das historische Denken befriedigt, denn es numerisiert tatsächlich alle Prozesse, aber daß sie tatsächlich nicht anwendbar war. Das ist einer der Gründe, warum der Computer erfunden wurde. Computer sind Maschinen, um Algorithmen numerisieren zu können und damit Algorithmen unnötig zu machen. Computer können es sich durch ihre Geschwindigkeit erlauben, wieder mit den Fingern nur zwei Zahlen zu rechnen, nämlich 0 und 1. Die ganze elegante Entwicklung der Mathematik, die der Triumph des Westens ist, ist unnötig geworden. In dieser Beziehung sind wir wieder zurück zu den Muschelketten gefallen, noch hinter die Magie und den Mythos. Vorher sprach ich von einer Schlinge. Es sieht ja so aus, als ob die künstlichen Intelligenzen uns zu dem Denken jener Kulturen zurückführen würden, die einfach nur zählen, zum Abakus.

In Ihren Büchern haben Sie die gegenwärtige Krise so charakterisiert, daß mit den digitalen Techniken der Übergang von der Schrift ins Bild erfolgt. Die Schrift und das sich durch die Schrift organisierende Bewußtsein verschwinden und werden von einem anderen Bewußtsein abgelöst, das archaischer noch als das imaginierende ist. Aber Sie tragen diese Geschichte wieder in eine Geschichte ein, nämlich die vom Ende unserer Geschichte, wobei in Ihrer Enderzählung noch einmal das lineare Geschichtsmodell der diskursiven Vernunft triumphiert. Noch aber ist mir der genaue Drehpunkt für die von Ihnen als allgemeine Veränderung begriffene Wende von der Schrift zum Bild, das nun ja auch ein anderes Bild sein müßte als das der Imagination, nicht ganz deutlich.

Wenn ich kalkuliere, wenn ich mich des Zahlencodes bediene, dann kritisiere ich die lineare Schrift, indem ich sie in Punkte und Intervalle zerreiße. Ich bin also einen Schritt vom linearen, historischen und logischen Bewußtsein zurückgetreten und sehe die Linearität aus dieser Distanz aus der Perspektive eines nulldimensionalen Codes. Ich bin in die äußerste Abstraktion getreten. Der Fortschritt ist damit, wenn man ihn dimensional sieht, erledigt. Ich bin aus der konkreten vierdimensionalen Welt zuerst ins

Volumen, also in die Bearbeitung von Werkzeugen, getreten, dann in die Fläche, also ins Bildermachen, dann in die Linie, also in das Textschreiben, und jetzt in den Kalkül, also in das Nulldimensionale. Das ist die Wende, von der ich spreche. Die Computer sind ja nicht nur Maschinen, die kalkulieren, sondern sie komputieren auch, das heißt, sie können diese Punkte, die sie manipulieren, auf Bildschirmen als Linien, Flächen, Volumina und sogar als bewegte Volumina erscheinen lassen. Wenn Sie sich überlegen, was das heißt, dann dreht sich Ihnen wahrscheinlich so wie mir der Kopf, denn es geht jetzt nicht mehr darum, von der Welt zu abstrahieren, was die Geschichte des menschlichen Fortschritts gewesen ist, sondern jetzt geht es darum, die Abstraktionen zurückzuprojizieren. Plötzlich werden wir aus Subjekten zu Projekten. Wir sind nicht mehr Subjekte, die der Welt unterworfen sind, sondern Projekte auf die Welt. Wir gehen von der totalen Abstraktion zurück in die Konkretion. Anstatt zu abstrahieren, konkretisieren wir. Ich glaube nicht, daß man diesen Umbruch, den wir jetzt erleben, radikaler fassen kann als so, wie ich es eben sagte: Wir hören auf, Subjekte zu sein. Die Welt ist uns nicht mehr ein Gegenstand, gegen den wir stoßen, die Welt ist uns jetzt eine Unterlage, ein Schirm, ein Feld von Möglichkeiten, auf das wir Sinn projizieren. Wir neigen uns nicht mehr über die Welt, um sie zu entziffern, sondern wir entwerfen im Gegenteil auf die Welt unsere eigene Bedeutung.

Wäre das Erzählen von Fabeln in diesem projektiven Sinn eine Konsequenz aus dieser Veränderung?

Jetzt sehen Sie die innere Verbindung zwischen dem Buch über das Fabeltier und meinen Büchern über die Schrift und die technischen Bilder. Dieses Fabeltier ist ein Vieh, das seine eigene Bedeutung in die Absurdität des ozeanischen Abgrunds hinein entwirft. Dieses Vieh ist der Mensch nach dem Umbruch. In der *Schrift* versuche ich zu zeigen, wie das in uns vor sich geht, wenn wir aufhören, uns von der Welt zu distanzieren, und beginnen, uns auf die Welt hin zu entwerfen. Ich glaube, das ist der kritische Punkt. Vorhin sagte ich, daß Werkzeuge mit Absichten hergestellt werden, daß diese Absichten aber von ihnen überholt werden und sie neue Möglichkeiten eröffnen. Dafür ist der Computer ein glänzendes Beispiel. Er ist hergestellt worden, um die Krise der Numeration zu überwinden, um es möglich zu machen, Differentialgleichungen zu numerisieren. Dazu ist der digitale Code erfunden worden. Plötzlich hat sich herausgestellt, daß der Computer keine schnelle Muschelkette ist, sondern daß er etwas kann, was die Muschelkette nicht kann, nämlich die Bits, mit denen er arbeitet, wieder zusammenfügen, also komputieren. Als man das herausfand, obgleich man das bis jetzt noch gar nicht richtig erfaßt hat, kam man zu dem Schluß, daß der Computer es erlaubt, Linien, Flächen, Volumina aus Kalkulationen zu projizieren. Inzwischen hat sich gezeigt, daß auch für das kalkulierende Denken die sogenannte Wirklichkeit aus Punkten besteht, daß also alle Objekte, die wir sehen, auch Komputationen sind. Der Tisch, auf dem wir unsere Hände haben, ist beispielsweise auch eine Komputation aus Punkten. Infolgedessen ist es, wie ich immer mit Baudrillard streitend sage, ein Unsinn, von den Dingen, die wir auf den Computerschirmen zeigen, als von »Simulacren« zu sprechen. Sie haben dieselbe ontologische Würde wie die Welt um uns herum, es sind aus Punkten komputierte Objekte. Sehr bald wird es Unsinn sein, zwischen dem, was wir mit dem Computer erzeugen, und dem, was wir mit den Sinnen ohne Computer erleben, ontologische Unterschiede festmachen zu wollen. Der Computer stellt uns die Möglichkeit zur Verfügung, eine unübersichtliche Reihe von möglichen Welten zu verwirklichen.

Aber dies bleibt dennoch eine Verwirklichung auf der Ebene des Bildes, nicht auf der der materiellen Wirklichkeit.

Da sehe ich keinen Unterschied. Warum sagen Sie Bild, warum nicht Hologramm? Es wird in Kürze unmöglich sein, zwischen einem Menschen und dem Hologramm eines Menschen sinnvoll unterscheiden zu wollen. Das ist so, als ob Sie fragen wollen, ob Sie im Fernsehen wirklich den Reagan sprechen hören. Die Frage, ob das Reagan ist oder ein Schauspieler, der den sprechenden Reagan darstellt, wo doch schon Reagan selber ein Schauspieler ist, ist Unsinn. Worauf es ankommt, ist ja nicht, ob das der Reagan oder ein anderer ist, sondern es kommt auf die Wirkung der Ansprache an. Das ontologische Interesse richtet sich nicht mehr auf die Wirklichkeit, sondern auf die Wirkung. Das kann man im Deutschen gut ausdrücken. Die sogenannten »Simulacren«, die wir auf dem Fernseh- oder Computerschirm sehen, sind wirklich in dem Sinn, daß sie wirken. Wir müssen endlich aufhören, ewig nach dem »Ding an sich« zu fragen statt nach der Effektivität. Die durch Computer hergestellten Welten sind ebenso effektiv wie diese eine armselige Welt, in die wir angeblich hineingeworfen wurden, ohne gefragt zu werden, als wir geboren wurden.

In der europäischen Tradition der Neuzeit, das ist bei Ihnen ja schon angeklungen, galt immer das als Realität, wogegen man stoßen konnte, was physischen Widerstand leistet und Materialität an sich hat, im Gegensatz zu dem, was Erkenntnis oder Bild ist. Dieses Unterscheidungskriterium ist eine der Hauptachsen der europäischen Philosophie bis hin zu den modernen analytischen Sprachphilosophen, in welche Richtung hin, also empirisch oder idealistisch, diese Differenz auch immer interpretiert worden ist.

Ich habe schon versucht zu sagen, daß diese traditionelle Einstellung von der Physik her nicht mehr haltbar ist. Wer von der Materialität dieses Tisches spricht, klammert absichtlich das Wissen aus, daß es sich tatsächlich um ein sich überschneidendes Feld handelt, in dem Partikel in eine ganz spezifische Relation zueinander treten. Der Materialbegriff ist zumindest seit Einsteins Relativitätstheorie in seiner alten Form nicht mehr aufrechtzuerhalten. Man kann das aber auch von einer ganz anderen Seite anschneiden. Ich stelle noch einmal die Frage, was mich dazu berechtigt zu sagen, das da ist ein materieller Tisch. Ich empfange in meinen Nerven ganz bestimmte Reizungen. Wenn ich diese Reizungen analysiere, stelle ich fest, daß sie alle auf dem 0/1-Code aufgebaut sind: Der Reiz wird empfangen, oder er wird nicht empfangen. Diese Reize gehen in die Nervenbahnen über und werden während dieses Übergangs prozessiert. Schließlich werden sie im Gehirn zu der Einbildung deprozessiert. Der Tisch ist also das Produkt eines Prozessierens von Daten innerhalb des Nervensystems und vor allem innerhalb des Gehirns. Wenn man sagt, daß dieser Tisch objektiv ist, dann meint man, daß die Nerven eine bestimmte Prozessierung durchgeführt haben, also nicht nur visuell, sondern auch haptisch. Bei Computerbildern haben Sie nur die visuelle, noch nicht die haptische Empfindung, aber wir sind nahe daran, auch diese haptische Empfindung erzeugen zu können. Deshalb wird es ein Unsinn werden, zwischen diesem Tisch und einem nach irgendeinem Computerprogramm von einem dichten Holografen hergestellten Tisch unterscheiden zu wollen. Die Arbeit des Komputierens zum Objekt wird unser Nervensystem in beiden Fällen auf die gleiche Art leisten.

Nur läge der Unterschied doch darin, wenn man wie Sie von der Lebens- oder Alltagswelt ausgeht, daß wir als immer noch körperliche Wesen auch physische Gegenstände in dem natürlichen Sinne benötigen, daß wir uns an Tische setzen, mit den Fingern an den Tastaturen der Computer spielen, mit jemand eine sexuelle Beziehung eingehen oder einfach etwas essen müssen, was uns als natürliche Körperwesen erhält. Es sei denn, die körperliche Dimension würde sich auflösen und wir zu Wesen mutieren, die ganz körperlos und nur als Rezeptoren innerhalb vernetzter Systeme von Daten und Informationen existieren, als körperamputierte Gehirne.

Dazu muß man ganz verschiedene Dinge sagen. Die Tatsache, daß wir uns von sogenannten materiellen Objekten ernähren, ist eine Tatsache, die wir nach der Verarbeitung dieser Information in unserem Gehirn behaupten. Das ist von einem epistemologischen Standpunkt aus also eine fragwürdige Tatsache. Eine andere Tatsache ist, daß wir uns immer mehr bewußt werden, daß es unser Nervensystem und unser Gehirn sind, durch die wir etwas erleben. Der gegenwärtige Kult des Körpers ist ein Zeichen der Dekadenz des Körpers. Wenn etwas angebetet wird, ist es ein schlechtes Zeichen für dieses Etwas. Nehmen wir die Grünen, die ja nicht nur den Körper verherrlichen, sondern auch das Grüne. Das tun sie in dem Augenblick, in dem Chlorophyll synthetisiert werden kann. Die grünen Wälder werden erst dann Objekt von Rettungsversuchen, wenn klar geworden ist, daß man sie künstlich herstellen kann. Sie sprachen jetzt aber nicht mehr von der Dinglichkeit, sondern von der Körperlichkeit, und wenn Sie »physikalisch« sagen, dann meinen Sie in Wirklichkeit »physiologisch«. Es wird immer klarer, daß unsere Erlebnisse im Nervensystem vor sich gehen und nicht im Körper und daß diese Erlebnisse besser vonstatten gehen ohne den Körper. Beispielsweise ist der Orgasmus ein Erlebnis, das kurzfristig ist und uns ermüdet. Es ist aber durchaus denkbar, einen permanenten Gehirnorgasmus zu haben. Da der Orgasmus wahrscheinlich überschätzterweise als eines der höchsten Erlebnisse angesehen wird, habe ich das als Beispiel erwähnt. Infolgedessen ist die Tendenz zu einem Schrumpfen des Körpers und dadurch zu einem Schrumpfen der Notwendigkeit, ihn zu ernähren, verständlich. Ich sage nicht zu einem vollständigen Verschwinden des Körpers, weil ich nicht so phantastisch werden will.

Sehen Sie denn in dieser Perspektive eine Parallele zwischen dem Aufkommen des Computers und der Gentechnologie, die ja auf diese Manipulation hinzielen könnte, also nicht »bessere« Körper herzustellen, sondern ihn zum Schrumpfen zu bringen?

Natürlich. Kennen Sie die gegenwärtig laufenden Versuche mit den nassen Computern? Schon vor zehn Jahren wurde versucht, anstatt auf Silikonchips die Computer auf Neuronen zu fundieren. Unsere Gehirne funktionieren nicht wie Computergehirne. Wenn man sagt, daß der Computer unter anderem den Vorteil hat, die Denkprozesse nach außen zu projizieren und er infolgedessen Denkprozesse von außen ansichtig werden läßt, dann ist das nicht ganz exakt, denn der Computer simuliert nur eine unserer Denkfunktionen, nämlich die rechnerische oder aufzählende. Aber es gibt darüber hinaus etwa die metaphorische Denkfunktion. Damit sind wir beim Problem des Erkennens. Wenn Sie einem Computer eine Fotografie zeigen, so wird er sie nicht im ganzen erkennen, sondern er wird sie zuerst in Pixel zerlegen müssen. Neuronen sind so chemisch und elektromagnetisch durch Synapsen miteinander verbunden, daß sie auf eine noch nicht durchsichtige Art und Weise das metaphorische Denken ermöglichen. Die Metapher ist übrigens zu einem Zentralproblem der Gegenwart geworden. Es gab also die Hoffnung, wenn ich Computer aus Neuronen, sagen wir, aus einem Schafgehirn gewonnene Neuronen, zusammensetze, daß ich ihn dazu bringen kann, daß er Bilder, Gesichter oder Stimmen erkennen kann, ohne große Kalkulationen durchführen zu müssen. Das ist fehlgeschlagen, aber es ist, soweit ich weiß, vor einem Jahr in Cornell gelungen, eine Theorie der Metapher auszuarbeiten, also eine Methode des Prozesses, auf dem die Metaphern beruhen. Diese Theorie gestattet, jetzt neuerdings nasse Computer zu entwickeln. Man spricht von »Wetware« im Gegensatz zur Hardware und Software, weil diese Computer in Nährsuppen getaucht sind, also sozusagen lebendige Sachen sind. Diese Computer beginnen jetzt also tatsächlich, metaphorisch zu denken.

Ich sage das aus zwei Gründen. Erstens, daß wir Abstand zu unserem eigenen Denken gewinnen, weil unsere Denkfunktionen zum Teil aus unserem Schädel ausgewandert sind und beobachtet werden können. Zweitens zeigt das die von Ihnen vermutete Verbindung von Informatik und Genetik. Einerseits ist die Manipulation der genetischen Codes nur mit Computern möglich, denn man muß die genetische Information kalkulieren können, andererseits erlaubt die genetische Manipulation die Erzeugung von Nervensystemen, die uns simulieren und in gewisser Weise überholen. Wenn ich das in Deutschland sage, klingt das entsetzlich, weil es auf diesen Wahn der Eugenik der Nazizeit und auf die Erzeugung des

Übermenschen anzuspielen scheint. Aber gerade dieser Vergleich zeigt den Bruch, von dem ich spreche. In den 30er Jahren ging es darum, Hybriden zu machen. Ich nehme zwei Lebewesen, kreuze sie, und es kommt ein besseres heraus. Das ist ein fortschrittliches Denken. Vielleicht waren die Nazis damit nicht einverstanden, denn sie waren gegen Kreuzung, weil sie von Biologie nichts verstanden. Darwinistisch würde man sagen, man beschleunigt die natürliche Selektion durch eine künstliche. Von uns aus gesehen, ging es um eine brutale und primitive Art zu denken. Heute geht es nicht um Hybriden, sondern um Chimären, also um das Einbauen von Geräuschen in eine genetische Information. Ich hoffe, Sie sehen den Unterschied zwischen der linearen Denkart, die auf die Erzeugung von Hybriden zielt, und der neuen komputierenden und synthetisierenden Denkart, die auf die Erzeugung von Chimären abzielt.

Deswegen wäre, Sie hatten vorher Baudrillard kritisiert, man könnte jetzt auch Virilio hinzufügen, die Metapher des Beschleunigens oder des Verschwindens nicht geeignet, um die Dimension des Entwerfens neuer Wirklichkeiten zu erfassen. Dieser Bruch, der durch die Synthetisierbarkeit gekennzeichnet ist, entzieht sich den pessimistischen oder melancholischen Verlängerungen der Geschichte, die immer noch im Bann der Kontinuität stecken, auch wenn sie deren Ende markieren wollen.

Wenn ich wieder etwas exakter sein kann, würde ich es so formulieren: In der herkömmlichen Denkart, in der man zwischen Fortschritt und Rückschritt unterscheiden mußte, also zwischen Beginn und Ende eines Prozesses, der in Krisen seinen Charakter verändert, stellt sich das Problem der biologischen Entwicklung eben als das Problem einer Entwicklung. Das können wir heute nicht mehr so sehen. Wenn wir uns das biologische Universum ansehen, so sehen wir es doch nicht mehr als eine Entwicklung von Organismen, sondern als ein Übertragen von Informationen von Zelle zu Zelle, wodurch Fehler entstehen, die für die Mutationen verantwortlich sind. Die einzelnen Organismen sind Epiphänomene, Phänotypen, durch die diese Zellen durchlaufen, aber auf die sie keinen Einfluß haben. Von einer Evolution kann man also gar nicht sprechen. Wir haben ein Spiel mit Steinchen vor uns, mit Genen. Wenn man davon ausgeht, so entsteht das Problem der Chimärisation nicht mehr durch Hybridisierung. Die Zukunft ist chimärisch, aber nicht mehr in dem früheren pejorativen Sinn, in dem eine Chimäre eine Ziege mit einem Löwenkopf und einem

Schlangenschweif ist, sondern es ist ein Wesen, das völlig Ziege, völlig Löwe und völlig Schlange ist, ein synthetisches Wesen, eine Synthese von Systemen. Eine Chimäre entsteht durch ein Überdecken von Zonen. Daher zielt eines der Interessen heute auf die grauen Zonen, also darauf, Felder sich überschneiden zu lassen. Die grauen Zonen können sich auf verschiedene Arten schneiden. Sie können sich überdecken, oder sie können ineinander wie Finger greifen. Das erklärt das Interesse an der fraktalen Denkart. Was ich Ihnen jetzt gesagt habe, ist chaotisch. Von einer früheren Perspektive aus gesehen, würde man sagen, daß die chimärische Metapher eine chaotische darstellt. Ja, aber es ist ein Chaos, das numerisiert und mit den fraktalen Gleichungen in Bildern und Formen entworfen werden kann. Ich gebe Ihnen dafür ein einziges Beispiel, das mich kolossal beeindruckt hat. Wenn man das Verbreiten der Aidsepidemie in Algorithmen formuliert und es dann auf Schirmen komputiert, dann stellt sich heraus, daß sich Aids in einer fraktalen Form verbreitet, die große Ähnlichkeit mit der Art hat, wie sich Ölflecken auf Wasseroberflächen verbreiten. Es wäre also eine Methode der Aidsepidemiebekämpfung, etwas herzustellen, das die umgekehrte Form der fraktalen Gleichung der Aidsepidemie hat und sie stoppt, also wie eine Schraube in eine Mutter hineinpaßt. Das ist eine topologische Denkart. Man bekämpft Aids nicht medizinisch, sondern formell. Das historische Denken wird von einem topologischen Denken ersetzt. Das ist das Schlüsselwort. Ich glaube, ich habe aufgezeigt, daß wir an einer Kulturwende stehen, in der wir die meisten unserer Begriffe umdenken müssen.

Sofern das Erkennen nur metaphorisch realisierend ist, dann gehen die vormals abgetrennten Bereiche von Kunst und technischer Wissenschaft eine Synthese ein. Die Wissenschaften sind dann selber künstlerisch. Daraus würde folgen, daß die traditionellen Künste einer abgelebten und überholten Denk- und Arbeitsweise entsprechen. Die Künste müssen die Symbiose mit der technischen Wissenschaft eingehen, heben sich aber dadurch als autonome oder freie Künste auf.

Gut, daß Sie das jetzt sagen. Ich habe gesagt, was uns jetzt interessiert, sind graue Zonen, in denen sich Felder überdecken. Natürlich hat es schon immer Überdeckungen zwischen dem gegeben, was in der Neuzeit »Kunst« und »Technik« genannt wurde, aber jetzt können wir das lenken, wir können fraktale Ineinandergriffe zwischen Kunst und Wissenschaft oder zwischen Kunst und Technik herstellen. Wir können sie komplementär und dialektisch machen und damit spielen. Dabei entsteht nicht nur eine Synthese, sondern eine ganze Reihe von Synthesen, die wir um uns herum erwachen sehen. Die traditionelle Unterscheidung zwischen wertenden und wertfreien Disziplinen hat sich aufgehoben, weil klar geworden ist, daß ein Erkennen ohne vorangegangenes Werten gar nicht möglich ist und daß aus den sogenannten künstlerischen Disziplinen Erkenntnisse entstehen.

Wenn man davon ausgeht, daß jedes Erkennen Komputieren ist, also ein Zusammenfügen von Punktmengen zu Gestalten, dann geht doch darin schon ein, daß es eine ästhetische Dimension besitzt und keine reine Wissenschaft mehr ist.

Sie haben recht. Angesichts einer zu einem farbigen Bild verschlüsselten fraktalen Gleichung kann ich mit gleicher Berechtigung sagen, es handele sich um ein Modell der Erkenntnis oder um ein Kunstwerk. Diese Worte werden vollständig synonym. Das Kunstwerk wird dann ein Modell der Erkenntnis und das Modell der Erkenntnis ein Kunstwerk. Darum sind an der Ausarbeitung dieser Zukunft zugleich Wissenschaftler, Techniker, Künstler, Philosophen und Politiker beteiligt, denn das sind alles überholte Spezies. Der neue Mensch, der aufkommt, ist alles und doch deswegen etwas anderes.

Das ist doch wieder das Bild der Renaissance vom universalen Menschen, in dem ja auch bereits die Synthese des Künstlers, des Wissenschaftlers und des Philosophen ins Auge gefaßt worden ist?

Da bin ich ganz Ihrer Meinung. In der Renaissance hat unsere heutige Krise eingesetzt, die vom Barock unterdrückt wurde. Der Barock, die Industriegesellschaft, überhaupt die bürgerliche Gesellschaft und die darauf folgende sozialistische Gesellschaft ist eine blinde Gasse, die aus der Renaissance herausgegangen ist. In gewisser Weise kehren wir zur Renaissance zurück. Darum sagte ich, die Phänomenologie sei ein Ansatz für die Revolution, weil es die Einstellung der Renaissance ist, die Erscheinungen selbst zu Wort kommen zu lassen.

In Ihren Büchern haben Sie einige verstreute kritische Angriffe auf die gegenwärtige Kunst gemacht, die mit den traditionellen Medien produziert. Das Herstellen von Skulpturen, das Malen von Bildern auf Leinwände folgt einer Ästhetik des dauerhaften Erscheinens. Sie propagieren dagegen das Eintauchen in die immateriellen Informationsnetze, in denen sich sowohl der Werkbegriff wie auch der Status des Künstlers als Autor auflöst, der dauerhafte Werke produziert, die eine Wahrheit zur Erscheinung bringen. Sie stellen sich eher ein kollektives, anonymes Produzieren vor. Gegenwärtig läßt sich ja wieder in den Künsten eine Faszination am Raum, an der Materialität, an den großen Formaten feststellen. Ist das denn nur als eine nostalgische Reaktion auf den Verlust von Materialität, Dauer und Individualität zu interpretieren, während es heute darum ginge, die neuen interaktiven und prozessualen Technologien zur Kunstproduktion einzusetzen?

Ich werde Ihnen von zwei Seiten aus versuchen zu begründen, warum ich scheinbar Angriffe auf die alte Kunst gemacht habe. Meine erste Überlegung geht davon aus, daß die Kunst sich im modernen Sinne von der Technik im Quattrocento abgespalten hat. Die Weltveränderung wurde auf zwei Zweige aufgeteilt, jenem, der sich von theoretischen Erkenntnissen nährt, und jenem, der weiterhin empirisch vorgeht. Der auf Erkenntnis beruhende Zweig wurde Technik genannt und der auf Empirie, also auf Inspiration oder Intuition beruhende, wurde mit einer benjaminischen Aura versehen und aus dem täglichen Leben in Museen verbannt. Die Kreativität, also das Schaffen neuer Formen, ging viel disziplinierter und schneller auf dem Gebiet der Wissenschaft und Technik vor sich als auf dem der sogenannten Kunst. Wenn man das kreative Potential des Menschen betrachten will, ist es besser, ein ganz ordinäres Auto anzuschauen als die größten Kunstwerke der Neuzeit. Das muß man zuerst einmal zugeben. Wir müssen gestehen, daß die Kunst, abgeschnitten von der Erkenntnis, an Kreativität verloren hat. Wenn also die Künstler auf ihre Inspiration pochen, dann pochen sie auf ihren primitiven Empirismus. Die zweite Überlegung geht davon aus, daß die Versuche, Ewigkeit und Beständigkeit im Widerspruch zum zweiten Prinzip der Thermodynamik zu erringen, dazu führten, ewige Werte in Kunstwerken aufzustellen, die – *aere perennius* – länger dauern als Bronze. Das heutzutage in Stein, Öl oder anderen Materialien herzustellen, ist ein hanebüchener Unsinn, da wir diese Informationen einerseits ins elektromagnetische Feld stellen können, wodurch sie beliebig und praktisch auf ewig reproduzierbar werden, und andererseits über eine Materie verfügen, nämlich die Biomasse, die die Information nicht nur für sehr lange Zeit bewahrt, sondern sie auch variiert. Das sind zwei Herausforderungen an die menschliche Kreativität: die Biotechnik und das elektromagnetische Feld. Wenn man, anstatt sich mit Bakterien zu befassen, Steine haut oder, anstatt seine Informationen ins elektromagnetische Feld zu tragen, Öl auf Leinwände aufträgt, dann ist das eine technisch und strategisch unnötige Verarmung, wenn es darum geht, kreativ zu sein, das heißt, der stupiden Tendenz der Welt zum Verlust der Information den Willen zum Erzeugen von neuen Informationen entgegenzusetzen. Es ist doch ein Unsinn, sich nicht der neuen Techniken der Kreativität zu bedienen, die Kreativität ja sozusagen produzieren. Sagte man nicht früher romantischerweise von der Kunst, sie sei eine Aktivität, die Leben spendet? Das war damals metaphorisch, heute kann sie das buchstäblich tun, sie kann tatsächlich Leben schaffen. Sie kann dabei nicht nur mit Gott in Konkurrenz treten, sie kann es besser als Gott machen, denn Gott hat das Prinzip des Zufalls für seine Kreativität verwendet, während wir es absichtlich, deliberat, machen können. Infolgedessen können wir die Evolution beschleunigen und die vielen Fehler, die passiert sind, vermindern.

Ihre Schilderung der gegenwärtigen Entwicklung geschieht insgesamt aus einer fatalistischen Perspektive: Sie findet statt und wird weitergetrieben werden. Die Automaten und Technologien setzen eine immanente Dynamik in Gang, an der die Menschen nur angeschlossen sind. Die technische Entwicklung ist aber doch auch eine Geschichte der Problemlösung, die ganz stark von ökonomischen, strategischen und rüstungstechnologischen Interessen bestimmt wird. Die größten Computer werden immer noch in diesem Bereich eingesetzt und stehen etwa den sogenannten Künstlern nicht zur Verfügung, die in einem freien Einbilden mit ihnen arbeiten könnten. Ist die Utopie, mit der Sie die gegenwärtige Entwicklung der Technologien vortragen, nicht auch bedingt durch ein Übersehen der tatsächlichen Machtkonstellationen, in die diese Technologien eingebunden sind? Müßte die technologische Revolution also nicht doch von einer sozialen begleitet werden?

Ich wehre mich virulent gegen Ihren Vorwurf, daß ich das fatalistisch sehe. Ich sehe alle Möglichkeiten, auch die, daß nichts daraus wird. Erstens ist es möglich, sogar sehr wahrscheinlich, daß diese ganze Entwicklung von der Dritten Welt unterbunden wird. Die Dritte Welt, die gerade aus dem Mythischen und Magischen ausbricht, während wir das Historische verlassen, kann uns in die Geschichte zurückzwingen. Es besteht die Möglichkeit, daß sie bei uns invadieren wird und unsere Spiele mit den Maschinen verdirbt. Diese Wahrscheinlichkeit ist größer als die, daß sich die neu anbrechende Wirklichkeit stabilisieren wird. Zweitens gibt es in der gegenwärtigen Gesellschaft zwei Tendenzen. Die eine weist hin auf die Zentralisation. Es scheinen sich die Dinge immer mehr bündeln zu wollen, und an diesen Bündeln scheinen sich die Entscheidungszentren ausbilden zu wollen. Aber es gibt eine entgegengesetzte Tendenz, die jünger ist und stärker wird, eine dezentralisierende Tendenz zu einer dialogischen Schaltung, die zu einem Zersplittern der Entscheidungszentren führt. Das läßt nicht nur die Macht, sondern überhaupt den Begriff des Staates zerfallen, indem die Unterschiede zwischen dem öffentlichen und dem privaten Raum verwischt werden. Es gibt ja jetzt schon kaum mehr öffentliche Räume, weil sie alle von sichtbaren oder unsichtbaren Kabeln belegt sind, die Informationen übertragen, und es gibt kaum noch Privaträume, weil diese Kabel von allen Seiten in diese Räume eindringen. In dem Moment, in dem der Unterschied zwischen privat und öffentlich, also zwischen Ökonomie und Politik, verschwindet, wird diese Zerstückelung der Entscheidungen erleichtert. Sollte sich diese telematische Tendenz bestätigen, dann hätte man nicht mit einem totalitären Programmieren zu rechnen, sondern, im Gegenteil, mit einem in ein Mosaik zerfallenden Dezisionsnetz. Das wäre eine direkte Demokratie ohne gewählte Vertreter und mit einem sich kybernetisch herstellenden Konsensus, wie sich das Rousseau vorgestellt hatte, mit einer *raison d'état* ohne état. Ich bin überhaupt nicht fatalistisch. Ich bin kein Prophet, ich habe keine Gabe, die Zukunft vorauszusehen. Ein Beispiel: Der Börsenkrach im Oktober vorigen Jahres kam zustande, weil die Börsenleute alle ihre eigenen Computer haben, mit denen sie schnell berechen konnten, welche Unterschiede entstehen, wenn sie in Tokio kaufen und in New York verkaufen. Der Unterschied ist klein, aber wenn es sich um große Beträge handelt, kann dabei viel Geld verdient werden. Jeder tut das also für sich. Die Börse diente als spontaner Grund, aus diesen einzelnen Dezisionselementen ein System aufzubauen, das von niemandem vorausgesehen und gewünscht wurde, das aber funktionierte und zum Börsenkrach geführt hatte. Das ist ein Beispiel, wie Systeme, ganz jenseits aller Machtüberlegungen, autogen entstehen und wieder verfallen. Das ist eine wahrscheinlichere Tendenz als die der Ballung der Gesellschaft in Washington und Moskau.

NÜRNBERG, 1989

Hörfunkinterview für den Bayerischen Rundfunk, geführt von Katharina Teichgräber am 20. Februar 1989 in Nürnberg. Am nachfolgenden Tag hielt Flusser an der dortigen Akademie der Bildenden Künste einen Vortrag über »Neue Urbanität«.

Wir werden bald kaum mehr schreiben und lesen, sagen Sie. Träger von Information werden bald ausschließlich technische Bilder und Computercodes sein. Da es ja nach wie vor wir selbst sind, die Computer füttern – was würde sich ändern?
Was sich verändert, ist unsere Denkart. Die Codes, in denen wir uns ausdrücken, schlagen auf unsere Denkart zurück. Seit wir linear schreiben, denken wir zu einem Großteil linear. Bildliches Kommunizieren setzt eine völlig andere Mentalität voraus als schriftliches. Wenn ich mir ein Bild ansehe, dann taste ich die Bildoberfläche mit den Augen ab. Und folge dabei ungefähr der Intention desjenigen, der das Bild hergestellt hat – aber auch meiner eigenen Intention –, so daß das Ablesen des Inhalts eines Bildes das Resultat sowohl der Intention des Senders als auch des Empfängers ist. Die Bewegung des Auges auf der Bildoberfläche ist zirkulär: Ich kann immer wieder zu einem bereits abgelesenen Punkt zurückkehren. Infolgedessen denke ich auf diese zirkuläre Art. Ich sehe nicht eine Folge von Ursache und Wirkung, sondern ich denke szenisch. Das heißt: Kommunikation, die sich auf Bilder stützt, leitet zugleich zum magischen Denken an. Wenn ich hingegen einen Text lese, dann gleiten meine Augen die Zeile entlang von links nach rechts: Das ist eine dem linearen Zeitablauf folgende Lesart. Auf der Mentalität, die diese Art von Ablesen in mir hervorruft, beruht das kausale und historische, antimagische Denken.

Wir haben bis vor kurzem über zwei grundsätzliche Codes verfügt: den Bildercode, der uns zum magischen Denken, und den Schriftcode, der uns zum kausalen, prozessuellen, sagen wir: aufklärerischen Denken geführt hat. Und die Geschichte kann als ein Kampf zwischen Bildern und Texten angesehen werden.

Mittlerweile wird fast so selektiv gelesen, als ob man Bilder mit den Augen überfliege. Nicht so ideal, wie Sie das eben vorgestellt haben, Zeile für Zeile, und jeder Gedanke würde aufgenommen ...

In dem Moment, wo ich die Linie nicht mehr befolge, scheine ich mich vom Zwang der Linie befreit zu haben. Das Gegenteil ist der Fall – ich verliere den kritischen Abstand. Eine der Charakteristika des linearen Lesens ist, daß es in mir eine kritische Mentalität hervorruft. Ich krieche sozusagen dem Sender der Botschaft nach, ich will ihm auf die Spur kommen.

Wenn wir heute auf die Art lesen, wie Sie sagen, so ist das ein Hinweis auf die Dekadenz der Schrift durch Inflation des Gedruckten. So verlieren wir das nötige Interesse, um es auch zu kritisieren.

Lesen und Kritik basieren – wie Sie in Ihrem Buch »Die Schrift« dargelegt haben – notwendig zum Beispiel auf so etwas wie dem »Glauben« an den linearen Ablauf der Zeit. Den hätten wir verloren ...

Wir sind uns beim Schreiben und Lesen irgendwie bewußt, daß wir uns eines Codes bedienen, der für das gegenwärtige Denken nicht mehr angebracht ist. Es hat sich zu Beginn der Neuzeit herausgestellt, daß die Natur unbeschreiblich, aber zählbar ist. Daß infolgedessen der Buchstabencode für das Verständnis der Natur nicht adäquat ist, sondern der Zahlencode. Mindestens seit Cusanus – bei Descartes wurde es zu einer Methode erhoben. Für Descartes ist die »denkende Sache« eine arithmetische Sache, die Natur eine geometrische, ausgedehnte Sache. Das Verständnis der Natur setzt voraus, daß sich die klare und deutliche arithmetische Sache an die konkrete konfuse, geometrische Sache anpaßt. Mit anderen Worten, wir können die Natur nur dank analytischer Geometrie erkennen. Als immer klarer wurde, daß alle Erkenntnis auf einem Zahlendenken beruht, begannen die Zahlen aus dem alphanumerischen Code auszuwandern. Bis dahin waren sie ja in diesen Code völlig integriert. Die Zahlen wurden als Buchstaben geschrieben.

Mit der Einführung der arabischen Zahlen, dann mit der Einführung der sogenannten »höheren Mathematik« – welche ja nichts anderes als ein Versuch ist, die Intervalle zwischen den sogenannten natürlichen Zahlen zu integrieren – und schließlich mit der Einführung des digitalen Codes der Computer hat sich das Zahlendenken vom Schreibdenken vollkommen emanzipiert. Und es ist deutlich, daß dieses kalkulatorische, kombinatorische und komputatorische Denken für unser Erkennen viel wichtiger ist

als das beschreibende, literarische Denken. Und das hat natürlich immer weitere Kreise gezogen, so daß wir jetzt Bilder nicht mehr aufgrund irgendeiner magischen Intuition machen, sondern aufgrund einer vorangehenden kalkulatorischen Analyse und Synthese.
Ja, Sie kalkulieren mit einer Idee im Kopf, einem Vorhaben, einer Phantasie...
Ihr Einwand ist mir nicht gänzlich verständlich. Wenn ich prozessuell denke, also in Buchstaben, dann ist für mich die Welt ein Strom, sie fließt. Und ich passe mich diesem Strom an und schwimme in ihm. Aber wenn ich kalkuliere, dann ist für mich die Welt ein Haufen von Körnern, aus denen ich die einzelnen Körner herauspicke, um sie dann in kleine Häufchen anzuordnen. Wenn ich buchstäblich denke, sehe ich die Welt »heraklitisch«, und wenn ich kalkuliere, sehe ich sie »demokritisch«. Für den Schreibenden ist die Welt ein Vorgang, für den Kalkulierenden ist die Welt ein Kontext von Elementen, von Atomen, von Partikeln...
Das Huhn: Es pickt nicht wahllos, sondern gemäß einer Ordnung. Zum Beispiel: die besten Körner...
Wie denkt denn Descartes? Descartes sagt, ich mache mir ein Achsenkreuz, das stelle ich mir irgendwo in den Raum, dann nehme ich mir wahllos irgendeinen Punkt aus dem Raum und definiere diesen Punkt dank seiner Koordinaten. Dann verbinde ich diese Punkte mit Linien und daraus entstehen geometrische Formen. Das ist noch sehr weit von den synthetischen Bildern entfernt, aber Sie sehen darin schon das Embryo. Die Wahl ist nicht eine Wahl, es ist ein wahlloses Picken; das großartige am Kalkulieren ist, daß es wirklich wertfrei ist. Jeder Punkt ist ebensoviel wert wie jeder andere. Ich picke wahllos, oder wenn Sie es moderner ausdrücken wollen, aleatorisch, auf der Basis des Zufalls.
Im Gegensatz dazu macht die zeilenförmige Struktur von Texten alle Schreibenden zu Autoritäten. »Texttreues Lesen«, sagen Sie in Ihrem Buch, sei »eine hinterlistige Form der Sklaverei«. Na und? Wie könnte man sonst etwas dazulernen?
Der Stichpunkt in dem zitierten Satz ist das Wort »Autorität«. Eine Zeile ist der Ausdruck aus irgendeiner Innerlichkeit einem anderen gegenüber. Obwohl die Schrift erst ihren Sinn erhält, wenn sie gelesen wird – jeder Text ist eine Botschaft, die erst, wenn entziffert, ihre Bedeutung gewinnt –, so geht der Text doch von irgendwo aus. Er hat einen Anfang

und einen scheinbaren Schlußpunkt. Dieser Anfang, von dem die Schrift ausgeht, ist der Autor des Textes. Wobei das Wort »Autor« völlig ernst zu nehmen ist im römischen Sinn von »augere«, so wie Romulus der »Autor« von Rom ist: Er setzt einen Samen in die Erde, und daraus wächst die Stadt und das Reich. Dasselbe gilt für jeden Text.

Vergleichen wir es mit dem kalkulierenden Kommunizieren. Die Reaktion auf die Botschaft einer Gleichung ist eine ganz andere, weil das kalkulierende Denken dialogisch ist in seiner Struktur, also jede Autorität ausschließt, während das lineare Denken seiner Struktur nach einen Autor voraussetzt. Ich glaube, daß der Begriff »Autorität« in der Wissenschaft deshalb verfallen ist, weil die Schrift durch die Zahl ersetzt wurde. Anders hätte man sich von Aristoteles gar nicht befreien können. In der Wissenschaft sehen Sie doch die Begrenzung, die dem Denken durch die Autorität aufgesetzt wurde. Man kann ja sagen, daß die moderne Wissenschaft überhaupt erst als Reaktion auf die Autorität der klassischen Schriften – nicht nur Aristoteles', sondern vor allem der Bibel – zu verstehen ist, und daß der Ausbruch der Zahlen aus den Buchstaben unter anderem erfolgt ist, weil man sich von den autoritären Texten befreien wollte.

Mit dem Schreiben geht es also langsam dem Ende zu . . . ?

Es wird sicher immer Spezialisten des Schreibens geben, so wie es ja immer noch Leute gibt, die Sumerisch lernen.

Nur wird mehr geschrieben und gedruckt denn je zuvor.

Die inflatorische Dekadenz! Solange es ganz wenig Texte gegeben hat, wie zum Beispiel im 11. und 12. Jahrhundert, wo man sich über jeden Text ein Leben lang gebeugt und jeden Anfangsbuchstaben liebevoll illuminiert hat, solange waren die Texte mächtig.

Insofern konstruieren Sie mit ihrem Buch der Schrift auch ein Museum.

Sie haben recht. Wenn man etwas verteidigen will, so ist es schon sehr schlecht um dieses Etwas bestellt, nicht?

Was sind die Konsequenzen, wenn die alten Codes von den neuen abgelöst werden?

Als die lineare Schrift erfunden wurde – bevor sie sich in der gegenwärtigen Form kristallisierte und dominant wurde, hat es mehrere Jahrtausende gedauert –, hat sich damit die Kultur der Menschheit und das Denken des einzelnen grundlegend verändert. Aus einem vorgeschichtlichen, magischen, mythischen Bewußtsein wurde insbesondere seit dem 7. und 6. Jahrhundert vor Christus ein historisches, prozessuales, wissenschaftliches, kritisches, philosophisches Bewußtsein. Welche Veränderungen die gegenwärtige Revolution in den Codes haben wird, ist selbstverständlich verfrüht zu sagen. Aber sie wird mindestens einen ebenso tiefen Einschnitt darstellen wie damals.

Bereits die Fotografie mit ihrer körnigen Oberfläche – Silbersalzmoleküle – baut auf kalkulatorischem Denken auf. Nicht nur, weil die Fotografie auf Theorien beruht, die Kalkulationen voraussetzen, sondern weil sie selbst eine kalkulierte Oberfläche ist. Mit ihrer Einführung verschob sich langsam das dominierende »historische Denken« in ein anderes. Wir haben dafür noch nicht die richtigen Worte. Denn man kann es ja nicht richtig »magisch« nennen. Und technische Bilder wirken auf den Empfänger anders als traditionelle Bilder, sie üben nicht denselben Einfluß auf das Denken aus. Die Serie von Apparaten zwischen Sender und Empfänger, die ein Bild herstellen oder verteilen, verändern dessen Wirkung.

Wir können beobachten, daß sich das Denken eines mehr von Bildern Informierten im Verhältnis zum literarisch Denkenden verändert hat. Es ist unkritischer und passiver. Je weiter die Bilder in das alltägliche Leben dringen, desto mehr verändert sich auch unser Fühlen, Erleben, Wollen und Handeln. Es geht sehr weit! Es wird damit eine neue Form von Imagination in Bewegung gesetzt, die ich »Einbildungskraft« nennen möchte. Zum Beispiel sind wir jetzt daran gewöhnt zu futurieren, anstatt zu prophezeien. Man füttert Daten in den Computer und informiert ihn über deren Entwicklung von der Vergangenheit in die Gegenwart. Dann verlangt man die Projektion dieser Kurve in die Zukunft. Was dabei herauskommt, sind »Futurationen«, dargestellt in Flächen oder Volumina, so daß Sie die mögliche Zukunft im Raum vor sich stehen haben. Diese Futurationen können beliebig verbessert werden, es bleibt immer eine Fehlermarge offen. Aber durch Einfütterung weiterer Daten kann ich immer besser futurieren. Ein solches futurierendes Denken ist völlig unpolitisch, denn Sie nehmen ja die Zukunft vorweg. Ein Beispiel: Es hat sich darum gehandelt, eine Eisenbahnbrücke zwischen São Paulo und Campinas zu bauen. Es galt also herauszufinden, wie man die Brücke bauen soll, wo man sie bauen soll und so weiter. Was man früher eine Entscheidungsfrage genannt hat. Also fütterte man dem Computer alle verfügbaren Daten, zum Beispiel Verkehrsdichte, Rentabilität der Brücke oder Kosten der verschiedenen Materialien ein. Und immer wieder antwortete der Computer: »Das genügt mir nicht« und verlangte weitere Daten, er konnte sich nicht entscheiden. Also fütterte man weiter. Dazwischen äußerte der Computer immer wieder: »Diese Daten widersprechen einander, bitte erklären Sie das.« So ging man der Sache nach, fand tatsächlich, daß es zwischen den ökonomischen, ökologischen und konstruktiven Daten Kontradiktionen gab, und schließlich entschied sich der Computer und sagte: »Die Brücke hat aus diesem Material dort aufgebaut zu werden und so und so in der Gegend zu funktionieren.« Diese Entscheidung legte man dem Parlament des Staates São Paulo vor, damit die Volksvertreter jetzt ihre Entscheidung betreffs der Entscheidung des Computers treffen sollten. Und sie sagten: »Das paßt uns überhaupt nicht.« Denn sie hatten natürlich geheime Interessen und verschwiegen diese Interessen wie immer. Und hatten »ästhetische« oder andere Einwände. Daraufhin haben die Ingenieure gesagt: »Erlauben Sie bitte, daß wir Ihre Argumente in den Computer hineinfüttern.« Und der Computer antwortete: »Diese Gegenargumente sind aus diesen und diesen Gründen nicht stichhaltig.« Infolgedessen mußte das Parlament wohl oder übel die Entscheidung des Computers annehmen.

Fürchten Sie solche Entscheidungen nicht! Denn diese Entscheidung ist vom Computer getroffen, aber aufgrund von Daten und Entscheidungsstrukturen, die typisch menschlich sind.

Vorhin sprachen Sie über die »Autorität des Autors«. Hier hätten wir die Autorität des Computers.

Der Computer hat überhaupt keine Autorität. Die Entscheidung des Computers wird aus dem Konsensus aller ihn Fütternden getroffen. Der Computer ist – wenn das Rousseau gewußt hätte! – die *raison d'état*. So wie er sich das vorgestellt hat. Da sitzen Leute um einen Tisch, jeder hat seine private Vernunft, man diskutiert so lang, bis man auf einen gemeinsamen Nenner kommt, das ist dann die Staatsraison, und die entscheidet. Der Computer erweitert diesen Begriff ins Astronomische. An der Computerentscheidung sind alle, die Zugang zu seiner Fütterung haben, beteiligt. Es ist tatsächlich eine kollektive, dialogische Entscheidung. Ohne Computer wird in Zukunft Demokratie nicht möglich sein. Der Computer ist der tatsächlich demokratische Entscheider.

Wie stellen Sie sich die Zukunft der Literatur vor?
Bevor das Alphabet erfunden wurde, waren Dichter Barden, die sprachen und sangen, es kam auf den Tonfall und Akzent an. Als man Homer oder die Psalmen des Königs David niederschrieb, mußte man damals den Eindruck einer mechanisierenden Vereinfachung und Barbarisierung haben. Eine ganze Reihe von Parametern der Dichtung ging beim Schreiben verloren, eine ganze Reihe von Parametern kam hinzu. Denn als man sich der Buchstaben bediente – also Symbole, welche Phoneme, Laute bedeuten –, hatte man gegen die Sprache auf eine Art und Weise zu kämpfen, wie es vorher nicht der Fall war. Man begann, an der Sprache zu meißeln. Und dieses Arbeiten an der Sprache kann außerordentlich kreativ sein, man holte beim Schreiben mehr aus der Sprache heraus. Etwas Ähnliches wird geschehen, wenn man vom Schreiben in andere Codes übergehen wird. Eine ganze Reihe insbesondere linguistischer Parameter in der Dichtung werden verlorengehen. Was an Reichtum dabei gewonnen wird – und das können wir bei synthetischen Bildern anfangen zu ahnen –, wird hoffentlich das Verlorene weitaus überbieten.

Abgesehen davon wird man ja weiter schriftlich dichten können. Nur wird einem das so archaisch vorkommen, wie wenn heute einer ins Radio hineinsingt.

Wenn Sie so begeistert von der poetischen Kraft synthetischer Bilder sprechen, die die Dichtung jedenfalls teilweise ersetzen werden, möchte ich einwenden, daß belletristische Texte sich ja nur sehr begrenzt bildhaft ausdrücken. Die Möglichkeit von »Transpositionen« erscheint mir ziemlich gering.

Wenn ich mich des Alphabets bediene, um Informationen zu prozessieren und neu zu gestalten, dann arbeite ich gegen die Sprache. Mallarmé sagte, ein Gedicht bestehe nicht aus Gefühlen, sondern aus Worten und Buchstaben. Damit habe ich mich abzugeben.

Wenn ich statt der Buchstaben Algorithmen verwende und die in den Computer füttere, zeigt er mir in atemberaubender Folge Bilder auf seinem Schirm, die ich nicht voraussahen konnte. Jedes einzelne kann ich im Gedächtnis festhalten. In dieser Ausarbeitung der Algorithmen und in der Bearbeitung der mir so gelieferten Bilder ist eine schöpferische Kraft und ein Kampf gegen die sture Denkstruktur des Computers und die Härte des kalkulatorischen Denkens – der Widerstand ist unverhältnismäßig viel größer als der Widerstand einer Grammatik, einer Syntax und einer Sprache. Die wenigen produktiven synthetischen Bilder, die ich Gelegenheit hatte zu sehen, öffnen mir tatsächlich Horizonte der Kreativität, die ich mir vorher nicht vorgestellt habe. Und bei der Herstellung von synthetischen Bildern bin ich nicht alleine: Der Computer vor mir ist ein Akkumulator von höchster menschlicher Intelligenz, in dem Imagination, Geistesschärfe und Gedankenkraft vieler Menschen kondensiert sind. Ich kann ihn nicht selbst programmieren, sondern brauche einen Softwarespezialisten oder irgendein Institut, mit dem ich es zusammen mache. Infolgedessen verliere ich vollkommen die Illusion, »Autor« dieser Bilder zu sein. Es geht um ein kollektives, dialogisches Schaffen. Ein Schneeballeffekt wird in Gang gesetzt von einer bisher noch nicht ausgekosteten Kreativität. Ich bin einer der wenigen Menschen, die Gelegenheit hatten, die kolossale poetische Kraft, die hier erst ansatzweise zutage tritt, mitzuerleben. Es macht sich ein neuer Horizont auf.

Wenn Kafka heute leben würde, wie würde er sich dieser Mittel bedienen?

Unlängst las ich einen Satz von Kafka, und der lautet: »Wenn man Baumstämme sieht, die auf dem gefrorenen Boden im Schnee liegen, so hat man den Eindruck, sie sind entwurzelt und können bewegt werden. Aber wenn man hineinstößt, merkt man, das ist nicht so, die sind ganz fest im Boden verankert. Aber auch das stellt sich dann als Fehler heraus.« Also dieser Satz, der mir das Entwurzeltsein des Menschen so nahe bringt, den hat der Kafka in einer trockenen, österreichischen Kanzleisprache artikuliert und hat damit einen Kontrast zwischen der existentiellen Qual und der Trockenheit der k.u.k. Administration hervorgebracht, die bei uns einen kolossalen Effekt auslöst. Daß dasselbe entwurzelte Gefühl in einen Computer-Künstler hineingerät – das ist eine Phantasie, die ich habe. Darum suche ich nach jemandem, der meine Texte in Bilder übersetzen und erweitern könnte. Ich kann mir »philosophische Clips« vorstellen. Im Augenblick werden Clips noch von Idioten für Idioten gemacht. Aber die kreative Gewalt, die in diesem Medium steckt, ruft, schreit geradezu danach, anders ausgekostet zu werden.

Trotzdem haben Sie Ihrem Buch über die Schrift das Motto vorangestellt: »scribere necesse est, vivere non est« – »Schreiben ist notwendig, leben nicht« . . .

Eine autobiografische Konfession. Mir gelingt es trotz meiner Versuche nicht, aus dem alphabetischen Code auszubrechen. Mein Geist ist vom Alphabet vollständig verformt, und ich kann mich nur im Schreiben realisieren. Das mag natürlich ein Irrtum, Faulheit, eine Ausrede meinerseits sein, aber ich hab' es dem Buch vorausgeschickt, damit die Leute nicht meinen, daß ich dem Schreiben leichtfertig ein Ende voraussage – ich sage mir selbst ein Ende voraus.

Was ja auch realistischer ist, als dem Schreiben eins vorauszusagen.

Das ist sehr scharf, was Sie jetzt gesagt haben! Vielleicht bleibt etwas übrig von dem, was ich schreibe.

Ich meinte eigentlich Ihre physische Person . . .

Davon sprech' ich ja nicht.

Wenn Sie sagen »vivere non est«, ist das auch sehr scharf.

Der Satz ist die Karikatur eines Satzes von Heinrich dem Seefahrer: »navigare necesse est, vivere non est«. Nach uns werden sicher Menschen kommen, die die Notwendigkeit des Schreibens nicht mehr so wie wir spüren werden, weil sie sich in anderen Codes werden realisieren können. Kafka sagt irgendwo: »Erstens: Man kann nicht leben, ohne zu schreiben. Zweitens: Man kann nicht schreiben. Drittens: Man kann nicht deutsch schreiben. Viertens: Man kann nur deutsch schreiben.« Ich weiß nicht, ob ich ihn richtig zitiert habe . . .

Ich hatte auch beim Lesen Ihres Schrift-Buchs den Eindruck, Sie seien hin- und hergerissen zwischen Euphorie und Trauer über eine schriftlose Zukunft. Dem Untergang des »historischen Denkens«, der in Ihren Augen damit verbunden ist, weinen Sie hingegen keine Träne nach. Schwer nachvollziehbar ist es, daß Sie dieses »historische Bewußtsein« für verheerende Greueltaten der jüngeren Geschichte verantwortlich machen.

Ich habe erlebt, welche Folgen das historische Denken hatte: die Stalinschen Prozesse, Auschwitz, Hiroshima. Der höchste Punkt historischen Denkens ist wissenschaftliches und technisches Denken. Auschwitz und Hiroshima sind Folgen einer Technikalisierung, die auf Wissenschaft beruht. Die westliche Zivilisation hat sich hier vollkommen demaskiert. Es hat sich herausgestellt, was in der Anlage dieses Denkens ist. Also sollten wir eigentlich tränenlos davon Abschied nehmen können.

Sie meinen, daß lineares, kausales, historisches Denken zu derartig verheerenden Schlüssen geführt hat?

Der sogenannte Fortschritt, der mit der Erfindung des Alphabets eingeleitet wurde, mit der industriellen Revolution einen Höhepunkt erreicht hat und dann in immer schnellerem Tempo vorwärts drängte, wurde in der ersten Hälfte des 20. Jahrhunderts als verbrecherisch demaskiert. Unserer Kultur hat man nicht nachzuweinen – trotzdem bin ich von ihr ernährt. Alle meine Werte und alle meine Modelle stammen aus dieser jüdisch-christlichen, lateinischen Kultur. Obwohl ich einsehe, daß sie erkenntnistheoretisch und moralisch zu überholen ist, bin ich in ihr verkettet. Und das ist meine Tragödie, wie die vieler meiner Generationsgenossen.

Aber die Vernichtung in Auschwitz hatte ihren Grund doch nicht im wissenschaftlich-technischen Denken. Und Hitler und seine Umgebung beriefen sich nicht auf Schlußfolgerungen aus irgendeiner Theorie. Kennzeichnend für die Nazis war doch ein phänomenaler Mangel an historischem Bewußtsein – das »Dritte Reich« sollte ja quasi als Sprung aus der Geschichte realisiert werden!

Als »historisches Bewußtsein« bezeichne ich ein Bewußtsein, das voraussetzt, daß jede Tatsache eine Ursache hat und Folgen haben wird. Dieses Bewußtsein führt zum wissenschaftlichen und technischen Denken. Und dieses Denken führt zu solchen Dingen wie Gaskammern, zur technischen Lösung von Problemen oder Pseudoproblemen. Die Einstellung, daß sich alle Probleme wertfrei technisch lösen lassen, ist eine Höchstleistung des Westens.

Das entsetzlichste am Nazismus war ja nicht die menschliche Brutalität und Gefühllosigkeit, die emotionale Dummheit der Menschen, sondern die Tatsache, daß eine Funktionärskaste an die Spitze kam, die eine der fortgeschrittensten Wissenschaften und Techniken zur Verfügung hatte. Ich glaube, das ist das Neue, und das ist das Entsetzen. Es zeigt sozusagen, was in nuce nicht erst seit der Renaissance angelegt war, sondern schon in der griechischen Theorie, schon bei den jüdischen Propheten.

Meinen Sie, daß vom Computer vorgegebene Entscheidungen dieses Grauen verhindern würden?

Nein, das glaube ich nicht. Aber in dem Maße, in dem Menschen lernen werden, sich in anderen Codes auszudrücken und zu denken, in dem Maß, in dem sie zum Beispiel zuerst kritisieren werden und dann herstellen, wird diese ganze westliche, politische, ästhetische und erkenntnistheoretische Problematik überholt sein und eine neue auftauchen. Ich glaube, wir sind tatsächlich daran, das Entstehen eines neuen Menschen zu sehen – nicht nur in Kalifornien. Überall beginnt sich eine neue Mentalität herauszubilden – wir können das an den Kindern beobachten –, die uns vollkommen fremd ist. Der Abgrund der Generationen war nie so groß wie heute. Wir sind verleitet, diese neue Mentalität zu verachten, weil sie uns fremd ist – ebenso, wie die Kinder uns verachten. Aber ich glaube, daß hier etwas Neues entsteht – und so wie Moses, der nie in das Heilige Land kommen konnte, es aber von außen gesehen hat, versuche ich, es von außen zu sehen. Ich versuche, daran das Positive ebenso wie das Negative zu sehen. Obwohl ich damit mich selber aufgebe.

GRAZ, 1989

Das Gespräch zwischen Vilém Flusser und dem Pressereferenten des Kulturfestivals »steirischer herbst«, Thomas Trenkler, fand am Vormittag des 26. April 1989 im Grazer Schloßberghotel während des Frühstücks statt.

Sie beschäftigen sich seit langem intensiv mit dem Chaos und der Chaos-Philosophie. Warum ist das Chaos ein so zentraler Begriff in ihren Arbeiten?

Ich glaube, daß uns das Weltbild der Wissenschaft immer deutlicher macht, daß das, was wir früher die Gesetzmäßigkeit nannten, tatsächlich die Summe statistischer Auszüge aus notwendig werdenden Zufällen ist, daß wir uns also die Welt vorzustellen haben als eine Serie von Zufällen, die auf der allgemeinen Tendenz zur immer unförmigeren Streuung basieren. Ich glaube, daß jeder einzelne dieser Zufälle zwar unvorhersehbar ist, daß sie aber statistische Notwendigkeiten sind und daß infolgedessen die Ordnung als ein statistischer Sonderfall des Chaos anzusehen ist. Dieses Thema interessiert mich vom theoretischen Blickwinkel aus, denn das ist ein Begriff des Chaos, an den wir nicht gewöhnt sind, aber auch in der praktischen Umsetzung.

Ich sage Ihnen, warum mich das Chaos aus einem theoretischen Grund interessiert: Wenn ich in einer Welt zu leben habe, die irgendwie gesetzmäßig geordnet ist, dann kann ich die Gesetze aufdecken. Diese Aufdeckung der Gesetze kann ich »Wahrheit« nennen. Aber in einer Welt, in der die Gesetze statistische Zusammenfassungen sind, hat das Wort »Wahrheit« jeden Sinn verloren und muß durch den Begriff »Wahrscheinlichkeit« ersetzt werden. Infolgedessen fordert uns diese Welt heraus, statt der klassischen Suche nach Wahrheit – was ja eigentlich Philosophie ist – die Wahrscheinlichkeitsrechnung einzusetzen und die Wahrheit als einen nie erreichbaren Horizont der Wahrscheinlichkeit anzusehen.

Aber diese Sichtweise revolutioniert unser gesamtes Denken, stellt unsere Werte in Frage...

Natürlich. Wenn ich die Wahrscheinlichkeitsrechnung als die *mathesis universalis* unserer Welt ansehe, dann komme ich zu folgendem theoretischen Paradoxon: Wenn ich sage, die Welt wird immer wahrscheinlicher, und meine Erkenntnis der Welt dieses Wahrscheinlichwerden begleitet, dann habe ich die Wahrheit jenseits des Horizonts. Aber andererseits ist ja Wahrscheinlichkeit etwas, das uns nicht zusagt. Der Mensch ist nicht ein Tier, das sich von Wahrscheinlichkeiten, sondern von Unwahrscheinlichkeiten nährt. Uns interessiert das Unwahrscheinliche, also jenes Element, das zu einer Formation führt. Im Unterschied zu den früheren Ansichten der Philosophie und Wissenschaft haben wir uns gegen die Welt zu stellen und Unwahrscheinlichkeiten zu suchen, wir denken also negativ entropisch, gegen die Tendenz der Welt. Dieser Begriff des Chaos, den ich hier angedeutet habe, übt eine theoretische Faszination auf mich aus. Auf der anderen Seite steht folgende Überlegung, die mehr mit meiner praktischen Arbeit zu tun hat: Wenn ich mir die Welt als einen Haufen von Punktelementen vorstelle, die sich immer gleichmäßiger und wahrscheinlicher streuen, die also immer schütterer werden, dann muß sich in der Welt die umgekehrte Tendenz – zur Klumpenbildung – feststellen lassen. Und ich muß betonen, daß alles, was früher als Fortschritt und als Tendenz zur Komplexität angesehen wurde, jetzt als Epizyklen anzusehen sind, die zum Schütterwerden, zum Wahrscheinlichwerden tendieren, die zu komplexen Formationen führen, um dann wieder in diese allgemeine Tendenz zurückzukehren. Das gilt von den Wasserstoffatomen bis hin zur Biomasse und unserem eigenen Leben. Alles, was wir machen, ist der Tendenz zur Wahrscheinlichkeit entgegengesetzt, wird aber in Wahrscheinlichkeit, ins Vergessen münden. Dieses formale Ad-absurdum-Führen aller unserer kreativen Tendenzen, dieses formale Vor-Augen-Führen, daß jede unserer Gesten absurd ist, ist in den Computern seltsamerweise verkörpert. Ich kann die Computer als Folgen der Weltauflösung in Körner ansehen, es sind Kalkuliermaschinen. Aber überraschenderweise hat sich herausgestellt, daß diese Kalkuliermaschinen nicht nur kalkulieren können, sondern auch komputieren. Das heißt, diese Maschinen sind nicht nur fähig, die scheinbaren Prozesse in ihre tatsächlichen punktuellen Elemente aufzulösen – also zu kalkulieren im etymologischen Sinn: in Steinchen zu zerlegen –, sondern sie sind auch fähig, diese Steinchen zu neuen Gestalten zusammenzufügen. Ich kann also die Computer ansehen als Instrumente zum Erstellen unwahrscheinlicher Situationen. Wenn ich die ganze Welt als einen Zufallswurf sehe, dann kann ich den Computer als ein Instrument zum Erstellen alternativer Welten verwenden, die eine ebensolche – oder ebenso geringe – Berechtigung auf Wirklichkeit haben wie die sogenannte gegebene Welt.

Mit diesem Gedanken beschäftige ich mich schon sehr lange und führe über ihn auch einen Dialog mit Baudrillard. Baudrillard behauptet, daß unsere komputierten Welten Simulacren sind. Ich stelle dem entgegen, daß es ja nichts gäbe, was zu simulieren wäre, und daß diese von uns hergestellten komputierten Welten den ebenso hohen Wirklichkeitsgrad haben wie zum Beispiel dieser Tisch, an dem wir sitzen. Wenn ich ein Hologramm dieses Tisches herstelle und die Teilchen im Hologramm genauso dicht streue, wie sie in diesem Tisch gestreut sind – denn ich weiß ja, daß dieser Tisch ein ebenso komputierter Punktschwarm ist wie das Hologramm –, wenn ich also zwischen dem Hologramm des Tisches und dem Tisch weder durch meine Sinne noch durch meine Erkenntnis einen ontologischen Unterschied treffen kann, dann hat es überhaupt keinen Sinn zu sagen, daß das Hologramm eine Simulation des Tisches ist. Infolgedessen ist zwar die Kreativität in einer solchen Welt eine absurde Geste, aber sie ist zum erstenmal eine tatsächlich kreative Geste. Denn sie erlaubt uns zum erstenmal, alternative Welten aufzustellen.

Von einem Hologramm kann man optisch getäuscht werden, aber haptisch merkt man den Unterschied ...

Weil das Hologramm vorläufig noch nicht dicht genug gestreut ist. Das ist nur eine Frage der Streuung. Warum haben wir denn beim Abtasten des Tisches das Gefühl, auf Materie zu greifen? Weil die Partikel so dicht gestreut sind, daß unsere taktilen Nerven das als ein Ganzes fassen. Wir wissen ja, daß dieser Tisch ein Schwarm von Partikeln ist. Sobald Sie eine solche Streuung herstellen können, zum Beispiel in Videobildern oder in Hologrammen, dann werden nicht nur die Augen getäuscht, sondern auch die Finger. Der Tisch ist eine Täuschung. Das Materielle ist nicht materiell. Deshalb bin ich nicht so glücklich mit dem Begriff »immaterielle Kultur«. Denn wir wissen ja, daß die Materie nichts anderes ist als eine Anhäufung von Energie. Die Materie ist eine Täuschung. Nur ist dieses Wort »Täuschung« nicht mehr ganz richtig verwendet. Wenn alles täuscht, hat das Wort »täuschen« keinen Sinn mehr.

Ich glaube, wir müssen mit der Epistemologie des Aufgebens der Wahrheit auch eine Ontologie ausarbeiten, in der das Wort »Wirklichkeit« zugunsten von »Konkretion« aufgegeben wird. Wir können mit den Begriffen

»Wirklichkeit« oder »Realität« nicht mehr arbeiten. Wir müssen eher mit »konkret« arbeiten. Wir müssen sagen, ein Erlebnis ist etwas Konkretes, infolgedessen ist das Computerbild ebenso konkret wie das, was wir im Umraum sehen, und es gibt Grade von Konkretion und Abstraktion. Das ist die Ontologie, die wir auszuarbeiten haben. Wobei »konkret« genauso ein nie zu erreichender Grenzwert wird wie »Wahrheit« in der Epistemologie. Und das beschäftigt mich. Ich arbeite an dem Übergang aus der Schriftkultur in die kalkulatorische Kultur, in die komputierende Kultur. Mir geht es um den Übergang aus einem linearen, eindimensionalen in ein mosaikartiges, nulldimensionales Denken, Fühlen und Handeln. Ein wichtiger Aspekt dieses nulldimensionalen Denkens ist das Aufgeben der Norm, die Akzeptierung der Enormität, ich sage lieber Enormität als Chaos, die aus jedem *law and order* herausfallende Enormität ... An dieser Enormität interessiert mich der Aspekt, daß sie die Kreativität zwar ad absurdum führt, aber überhaupt erst ermöglicht. In dem Augenblick, in dem wir fähig sind, das kalkulatorische Denken ins Konkrete zu setzen, ist es möglich, Dinge zu erzeugen, die in dieser Welt nicht möglich sind, zum Beispiel mehrdimensionale Körper oder fraktale Formationen. Alles das kann ich jetzt darstellen und herstellen. Und zugleich mit dieser an die göttliche Kreativität erinnernden Fähigkeit kommt auch das Bewußtsein über das Absurde des Unternehmens. Das ist, glaube ich, die Folge der chaotischen Empfindung. Dieses Zusammentreffen der zwei Elemente Allmacht und Absurdität fasziniert mich. Deshalb arbeite ich mit dem Computerkünstler Louis Bec an der Herstellung alternativer Welten. Ich mache die Thesen, Bec die Algorithmen, und der Computer stellt sie her.

Und wie funktioniert die Erstellung alternativer Welten in der Praxis?

Wir nehmen an, daß alles Leben – so wie wir es mit unseren Sinnen wahrnehmen – auf ganz wenigen genotypischen Informationen beruht und daß diese genetischen Informationen durch Übertragungsfehler – also durch Zufall – zum Entstehen der Arten und Genera geführt haben.

Bec und ich kalkulieren jetzt alternative genetische Informationen, die vorläufig noch auf den gleichen Molekularstrukturen beruhen, aber anders strukturiert sind. Dadurch entstehen Lebewesen, die in der Natur selbst nicht vorkommen. Praktisch machen wir folgendes, wobei meine Mitarbeit nur theoretischer Natur ist: Wir kalkulieren die genetische Information und übertragen diese in Algorithmen. Dann macht ein Programmierer der Straßburger Universität die Software daraus. Diese Software füttern wir in einen speziellen Computer, den die französische Regierung Louis Bec zur Verfügung gestellt hat. Auf dem Bildschirm erscheinen nun Organismen. Wir untersuchen, ob diese Organismen allen biologischen Gesetzen – vor allem den Mendelschen – entsprechen, und unterwerfen diese Formen, die da entstehen, der Darwinschen Morphogenese, wir lassen sie also sich entwickeln. Wir beschleunigen natürlich die Evolution und versuchen das, was in den letzten drei, vier Millionen Jahren geschehen ist, in einem Monat nachzuvollziehen. Das ist nicht einfach, aber es geht. Und es entsteht ein ganzer Lebenszweig. Nun suchen wir uns einen Organismus heraus, der uns am interessantesten erscheint, und beginnen, sein Erscheinungsbild zu variieren, zu animieren. Wir drehen und wenden ihn, füllen ihn mit Organen, und die Organe füllen wir mit Funktionen und Sekretionen. Wenn dann das Lebewesen mehr oder weniger auf dem Schirm lebt, machen wir – wir sind leider Gottes noch dazu gezwungen – ein Interface, wir übertragen es in eine provisorische Materie, um dann ein Hologramm daraus zu machen. Das Interface wird nicht mehr lange nötig sein, in naher Zukunft wird man das Hologramm direkt an den Computer ankoppeln können. Dieses Hologramm produzieren wir zuerst in der Fläche, dann erst stellen wir es in den Raum und beginnen, es zu animieren. Und dann lebt das Vieh. Eines dieser Viecher vermehrt sich schon, es macht Koprolithen – das ist Kupferstein. Wir haben in seinem Metabolismus eine kleine Veränderung durchgeführt, statt Eisen haben wir Kupfer in die Polymere eingesetzt. Sollte es das Charakteristikum des Lebens sein, fremde Materie zu eigener und eigene zu fremder zu machen: die Ernährung ist einfach zu besorgen. Die Vermehrung ist das Problem. Wir haben es noch nicht geschafft, eine genetische Teilung herbeizuführen, es ist uns nur gelungen, nach der Art von Kristallen eine Vermehrung herauszufordern. Genauso wie sich ein Salzkristall im Wasser vermehrt, vermehren sich diese »Tiere« durch Koprolithen. Und diese Koprolithen, die es ausscheidet, bilden dann wieder, sozusagen spontan, das neue Wesen. Wir haben aber noch nicht sehr viel geleistet.

Diese neuen Lebewesen werden logischerweise ganz andere Eigenschaften haben?

Diese – unter Anführungszeichen – »Lebewesen« haben ganz andere Eigenschaften als die uns von der Erde her bekannte Biomasse. Zum Bei-

spiel haben wir intersubjektive, ausschließlich elektromagnetische Kommunikationen hergestellt, so daß die »Lebewesen« miteinander in elektromagnetischen Codes kommunizieren können. Wie Radiosender und Radioempfänger.
Äußerlich schauen sie natürlich ganz anders aus, vollkommen anders. Ein »Lebewesen« zum Beispiel, das wir ziemlich ausgearbeitet haben, ist praktisch nur eine Zunge mit einem daranhängenden Verdauungsapparat. Es ist eben ein Wahrnehmungstier, wenn Sie das ein »Tier« nennen wollen.
Soviel zu der gemeinsamen Arbeit von Louis Bec und mir. Ich habe es wirklich ernst genommen, daß ich, wenn ich die Welt kalkulieren und danach komputieren kann, imstande bin, alternative Welten herzustellen. So haben wir mit der Biologie begonnen, aber wir können überall beginnen.

Wenn ich darüber Vorträge halte, zitiere ich meistens einen Vers aus dem Rubáiyát*, der lautet:»Oh Liebe, könntest Du Dich mit mir und dem Schicksal so verschwören, daß wir diese armselige Gesamtheit der Welt erfassen. Würden wir sie nicht in Stücke reißen, um sie dann näher dem Herzenswunsch zusammenzufügen?« Die Menschen, die die Computerrevolution mitansehen, sehen nur dieses »In-Stücke-Reißen«, dieses Kalkulieren, diese Katastrophen, sie sehen ja nicht die andere Seite, eben daß man es auch nach »Herzenswunsch wieder zusammenfügen« kann. Das fasziniert mich an der Komputation: aus dem Chaos die Ordnung herauszuschöpfen. Das ist ja gerade das, was mit »Schöpfung« gemeint ist. Ein Schöpfer ist ja ein Schöpflöffel. Aus dieser Suppe des Chaos die Ordnung herauszuschöpfen – in welcher Form auch immer – und somit der allgemeinen Tendenz entgegenzuarbeiten. Wissend, daß man damit diese Tendenz nicht besiegt, sondern nur hinauszögert, und daß alles, was wir tun und sind, verdammt ist, in Vergessenheit zu geraten.

Aber ist es nicht generell der Wunsch des Menschen, jedes Chaos zu ordnen?
Zu den meisten Zeiten wurde geglaubt, daß man die Ordnung entdeckt. Man hat gemeint, daß die Wahrheit eine Entdeckung – *aletheia* –, eine Entdeckung der Ordnung ist, daß die Welt, oberflächlich gesehen,

---

* Gemeint ist hier: *The Rubáiyát of Omar Khayyám* in der englischen Übersetzung von Edward FitzGerald (1809–1883). Omar-i Chajjam (1048–1131) war ein persischer Dichter, Mathematiker und Philosoph.

chaotisch ist, aber daß ihr eine Ordnung zugrunde liegt, die wir durch irgendwelche Fähigkeiten entdecken können. Jetzt sind wir der umgekehrten Meinung. Wir meinen, daß die Welt im Grunde chaotisch ist und daß wir diese Ordnungen jetzt nicht entdecken, sondern zuerst in die Welt hineinprojiziert haben, um sie dann wieder herauszufischen, und dabei vergessen haben, daß wir sie hineinprojiziert hatten. Wir haben zum Beispiel lange geglaubt, daß die sogenannten Naturgesetze irgendwie in der Natur verankert liegen, daß die Natur aus mysteriösen Gründen mathematisch organisiert ist. Jetzt beginnen wir einzusehen, daß diese mathematische Ordnung von uns selbst in die Natur hineinprojiziert wurde und daß die Naturgesetze von uns zurückgeholt werden, daß wir sie nicht entdecken, sondern bestenfalls wiederentdecken. Das ist eine andere Einstellung. Wenn wir darauf kommen, daß das Gesetz des freien Falls der geometrischen Progression gehorcht, weil diese eine Kategorie unseres Denkens ist, können wir uns die Aufgabe stellen, es ebensogut anders zu machen. Es ist ja nirgendwo gesagt, daß die Naturgesetze genau so sein müssen, wie wir sie schon formuliert haben. Wir können ja andere Naturgesetze machen. Wir können alternative Ordnungen herausfischen. Wir ziehen zum Beispiel das heliozentrische Sonnensystem dem geozentrischen vor, weil die Erklärungen einfacher sind. Aber es hat keine reale Basis. Die Ordnungen sind so, wie ich sie will. Und ich mache sie mir so bequem wie möglich. Kopernikus ist nicht wahrer als Ptolemäus, sondern lediglich bequemer.

BERLIN, 1989

Von der Fotografischen Akademie GDL war Vilém Flusser am 23. und 24. Mai 1989 nach Berlin eingeladen, um auf der Tagung »Dokument und Erfindung« einen Vortrag zu halten (»Im Stausee der Bilder – Fotografie und Geschichte«). Einen Tag später referierte er an der Bildo-Akademie für Mediendesign und Kunst über »Einbildung in technischen Bildern«. Während seines Aufenthalts in Berlin führte Angelika Stepken mit Flusser ein Hörfunkinterview für den Sender Freies Berlin.

Herr Flusser, was hat Sie als Wissenschafts- und Sprachphilosophen zur Beschäftigung mit technischen Bildern geführt?

Ich habe als Dozent für Wissenschaftsphilosophie zu unterrichten begonnen und mich vor allem für die Wissenschaft als einen Diskurs interessiert. Es hat mich interessiert, nicht was die Wissenschaft aussagt, sondern wie sie das aussagt. Das hat mich zu der Diskrepanz geführt zwischen schriftlichen und algorithmischen, also mathematischen Aufzeichnungen. Die Wissenschaft denkt immer mehr in Gleichungen und immer weniger in Sätzen. Und diese Entdeckung hat mich dazu geführt, Parallelen für diese Entwicklung in der Wissenschaft zu suchen. Und die habe ich in der Kunst gefunden. Ich habe also mein Blickfeld erweitert und bin über den wissenschaftlichen Diskurs ins Universum der Bilder gegangen, habe mich lange für Bilder interessiert. Ich war zum Beispiel lange Zeit Beirat der Kunstbiennale von São Paulo und habe zwangsläufig nicht nur Kunstkritik gemacht von diesem Standpunkt aus, sondern auch in Kunstereignisse eingegriffen. Und das hat mich dazu geführt, eine Schule zu gründen, und zwar eine Fakultät für Kommunikation und Geisteswissenschaften angeschlossen an die Universität, wo ich versucht habe, die Kommunikationstheorie zu einem wissenschaftlichen Forschungszweig auszuarbeiten.

Heute redet ja alle Welt von Mediengesellschaft, Informationsgesellschaft, und Personal Computer sind inzwischen in jeder Wohnungsausstattung inbegriffen, mit Video-Geräten fährt man in den Urlaub. Die Erfindung der Fotografie liegt mehr als 150 Jahre zurück. Wie kommt es, daß die Reflexion über diese Medien eigentlich erst seit ein paar Jahren den Kreis der Techniker und Marktstrategen durchbrochen hat?

Ich bin nicht von der Medienanalyse ausgegangen, wie ich Ihnen eben gesagt habe, sondern ich bin von der Analyse eines spezifischen Diskurses, nämlich des wissenschaftlichen, ausgegangen. Infolgedessen habe ich einen anderen Blick auf die Medien als diejenigen, die Sie »die Medienforscher« genannt haben. Ich verschließe mich diesem Blick nicht. Ich bin natürlich beeinflußt von Leuten wie McLuhan, aber mein Interesse ist anders gelagert. Ich interessiere mich für den Umbruch in der Struktur des Denkens, den eine Umcodierung, zum Beispiel aus Buchstaben in synthetische Bilder, zur Folge hat. Ich habe mich damit schon seit den 50er Jahren beschäftigt. Als ich nach Europa zurückkehrte, ungefähr im Jahre 1971, mich von der Last der Verantwortung in Brasilien befreit hatte und zugleich von meinem Lehrstuhl, von der Arbeit bei der Biennale und anderen Verpflichtungen, bekam ich ein weiteres Blickfeld.

Sie haben die Fotografie als »Zwitterwesen« bezeichnet. Könnten Sie das noch einmal ausführen?

Eben das ist das Interessante. Die Fotografie ist *avant la lettre*, zu früh erfunden worden. Infolgedessen sind weder die Erfinder der Apparate noch die Fotografen völlig sich dessen bewußt, womit sie es eigentlich zu tun haben. Die Fotografie ist einerseits noch immer ein Abbild. Das war ja die Ursache, warum man die Fotografie meinte erfunden zu haben: um den Malern Gelegenheit zu bieten, noch treuer als vorher die sogenannte Wirklichkeit abzubilden. Das ist also der vorapparatische Aspekt der Fotografie. Aber andererseits ist die Fotografie bereits ein Bild, das von einem Apparat hergestellt wird, und dieser Apparat hat ein Programm, um aus spezifischen Einflüssen Bilder zu machen. Es ist also eigentlich gar nicht notwendig, daß Fotografen da sind. Das Ziel der Erfindung der Fotografie ist, automatische Apparate herzustellen, die so programmiert sind, daß sie von selbst Bilder machen. Damit ist das Bildermachen eigentlich um einen Schritt zurückgegangen. Es geht beim Bildermachen nicht mehr darum, das Bild auszuführen, sondern das Bild zu programmieren. Das wollen natürlich die Fotografen nicht gänzlich wahrhaben. Andererseits wollen das die Erfinder der Apparate und die Industriekonzerne, in denen die Apparate hergestellt werden, nicht eingestehen. Sie wollen ja nicht sagen, daß sie Apparate herstellen, welche von selbst Bilder machen, die dann das Verhalten der Gesellschaft kontrollieren. Das hat mich so interessiert daran, dieses Zwittrige, das Hybride . . .

Meine Vorfrage zielte ja darauf, warum erst mit so ungeheurer Verzögerung ein Bewußtsein über diese apparativen Bilder entstanden ist.

Die Verzögerung kommt mir gar nicht so ungeheuer groß vor. Es dauert eine Zeitlang, bevor man sich selbst Rechenschaft davon ablegt, was im Bewußtsein vor sich geht. Ich glaube, es hat Jahrhunderte gedauert, bevor man sich davon Rechenschaft abgelegt hatte, daß das alphabetische Schreiben doch ein gänzlich anderes menschliches Dasein hervorgerufen hat, als es das voralphabetische Dasein war. Wir werden uns dessen ziemlich schnell jetzt bewußt, daß wir in einer Welt leben, die ganz anders verschlüsselt ist als die Welt unserer Väter. Die Fotografie hat dazu beigetragen. Aber die Fotografie allein hätte diesen Umbruch nicht bewirken können. Ich glaube, erst seit Computerbilder gemacht werden, wird den meisten Menschen klar, worum es hier eigentlich geht, nämlich – wie gesagt – um programmiertes Bilderherstellen.

Wie Sie sagten, ist der massenhafte Umgang mit den technischen Bildern, der Fotografie, noch weitgehend unkritisch. Eine Fotografie wird immer noch angesehen wie ein authentischer Augenblick auf die Welt. Sie verdeutlichen dagegen, daß der Fotoapparat eben auch ein Apparat ist, der seine Funktionen vorgibt, und daß der Fotograf damit auch ein Funktionär des Apparats ist. Mehr noch: Sie sagen, das Foto diene dem Funktionieren, indem es unser Funktionieren vergessen macht. Woher rührt diese Magie der technischen Bilder, und wie unterscheidet sie sich vom vorgeschichtlichen Bilderdenken?

Das ist eine grundlegende Frage, und sie kommt darauf zurück, was ich eben gesagt habe. Wenn Sie Fotografien empfangen, so wie sie uns überall umgeben, an allen Wänden, in allen Zeitschriften, so tun Sie, als ob es traditionelle Bilder wären, als ob es darum ginge, Ihnen Abbilder von der Welt oder festgehaltene Geschehnisse vor Augen zu führen. Aber die Absicht hinter der Fotografie ist ein Programm. Das heißt, die Fotografie ist nicht daran interessiert, Ihnen eine Information zu geben, nach der Sie sich – wie Sie wollen – richten. Sondern die Absicht hinter der Fotografie ist, Sie zu einem spezifischen Verhalten anzuleiten, zum Beispiel eine spezifische Marke Milch zu kaufen oder eine spezifische politische Partei zu wählen oder ein spezifisches Verlangen nach spezifischen Reisen zu haben. Diese Programmiertheit wird von uns meistens nicht empfunden, weil wir die Intention hinter den Bildern nicht entziffern. Und daß es so ist, liegt ja im Interesse der Bilderzeuger. Falls ich unter »Bilderzeuger« die Erzeuger der Apparate und der Industrien, die diese Apparate erzeugen, verstehe. Wir sind sozusagen Analphabeten gegenüber den Fotografien, wie vor 3000 Jahren die Leute Analphabeten waren in bezug auf die schriftlich festgelegten Gesetze. Die Leute fielen vor den Gesetzen auf die Knie und beteten sie an, weil sie Analphabeten waren. Ungefähr so ähnlich verhalten wir uns gegenüber den technischen Bildern. Die Lösung ist, daß wir die Sprachen, die hinter diesen Bildern stehen, erlernen, daß wir rechnen lernen.

Liest man Ihre Bücher hintereinander weg, hat man das Gefühl, die Fieberkurve eines Autors zu verfolgen, der einerseits infiziert ist von dem Keim zukünftiger schwindelerregender Möglichkeiten, andererseits angesichts dieses neuen Zeitalters zusammenzuckt wie ein aussterbender Dinosaurier. Sind das die Symptome unserer Gegenwart?

Ich will meine Symptome nicht verallgemeinern. Mein Fall ist etwa folgendermaßen zu schildern: Ich bin dem alphabetischen Schreiben wie einem Rauschgift verfallen. Ich kann ohne Schreiben nicht leben. Und zwar aus einem ganz einfachen Grund: Das Schreiben zwingt mich, meine Gedanken in Sprachen zu zwingen und diese Sprachen dann in die Regeln des Alphabets hineinzuzwingen. Ich schreibe in verschiedenen Sprachen, ungefähr in fünf. Also geht es darum, gegen die Sprachen, die ich ja liebe, zu kämpfen; die Sprache zu vergewaltigen und die Sprachen zu zwingen, aus sich neue Informationen zu gebären. Das ist die eine Seite. Sagen wir, mein emotionales Engagement. Aber andererseits bin ich von der Überholtheit des Alphabets als der kulturtragenden Information überzeugt. Ich versuche also, aus dieser drogierten Sucht auszubrechen, ich versuche, mir diese Droge abzugewöhnen. Und wenn Sie meine Bücher lesen, so werden Sie eine Folge darin sehen. Sehen Sie mal: In der *Philosophie der Fotografie* versuche ich schriftlich, das neue Bild zu erfassen. Im *Universum der technischen Bilder* versuche ich – noch immer schriftlich – zu zeigen, daß die Fotografie ja nur ein Anstoß war zu einer neuen Welt. In der *Schrift* gehe ich noch einen Schritt weiter. Ich schreibe zwar noch immer, versuche aber die Schrift mittels einer Computer-Diskette zu ersetzen. Ich schreibe über den Untergang der Schrift. Dann habe ich ein weiteres Buch geschrieben, das heißt *Vampyroteuthis infernalis*. Da habe ich – gemeinsam mit einem Computerkünstler – versucht, Denken und synthetische Bilder zu koppeln. Und mein letztes Buch, das vor vier Tagen herausgekommen ist, *Angenommen* heißt und bei Immatrix in Göttingen erschienen ist, ist ein Versuch, einen Text zu schreiben, der ein Prätext ist für synthetische Computerclips, die im Fernsehen ausgesandt werden sollen. Ich versuche also, meine Gedanken in Buchstaben so zu verschlüsseln, damit andere sie in synthetische Bilder umcodieren können. Sie sehen: Das ist meine existentielle Zwickmühle. Einerseits bin ich im Alphabet verfangen, andererseits versuche ich auszubrechen und habe vielleicht nicht die genügende Kompetenz, um diesen Ausbruch durchzuführen.

Ihre Kritik der technischen Bilder malt ja nicht etwa den Orwellschen Teufel an die Wand, Sie sprechen von den Gefahren und Verlusten, aber auch von den Chancen und Freiheiten des technischen Universums. Zum Beispiel davon, daß die Tasten der bilderzeugenden Apparate uns von dem Zwang befreien, die Welt zu verändern, sie zu überblicken und zu erklären und uns statt dessen befreien für die Aufgabe, der Welt und dem Leben darin einen Sinn zu verleihen. Könnten Sie diese Umkehr der Vektoren erläutern, und wie steht es dann um Kriterien wie Wahrheit und Wirklichkeit?

Wie lange kann ich darauf antworten? Das ist eine komplexe Frage. Zuerst möchte ich folgende Antwort versuchen: Die technischen Bilder im allgemeinen und die synthetischen Bilder im besonderen haben gerade die umgekehrte Intention wie jene, die hinter den traditionellen Bildern steht. Die traditionellen Bilder sind Versuche, Abstand von der Welt zu nehmen und die Welt von außen zu sehen, sei es die Welt als Szene, sei es die Welt als Geschichte. Aber die neuen Bilder versuchen im Gegenteil, aus abstraktesten Gedanken in die Welt Konkretes zu projizieren. Die Absicht hinter den alten Bildern ist Abstrahieren, und die Absicht hinter den neuen Bildern ist Konkretisieren. Das ist eine große existentielle Umstellung. Wir sind in den ersten Bildern Subjekte einer objektiven Welt, und in den zweiten sind wir Projekte für alternative Welten. Subjekt heißt deutsch: Untertan. Wir hören sozusagen dank dieser technischen Bilder auf, untertänig zu leben, und richten uns wie Entwerfer auf und entwerfen Entwürfe. Das ist die erste Seite.

Bisher, in der Neuzeit, hatten wir eine Arbeitsmoral. Wir glaubten, daß, wenn wir die Welt verändern, die Welt so werde, wie sie sein soll, aber zugleich auch wir uns verändern und wir werden, wie wir sein sollen. Um das marxistisch auszudrücken: Wir meinten, daß wir dank Arbeit die Welt humanisieren können und zugleich uns naturalisieren. Diesen Glauben an die Arbeit als Quelle aller Werte haben wir aus verschiedenen Gründen verloren. Einer der Gründe ist, daß wir feststellen, daß die Arbeit mechanisierbar ist und Roboter besser arbeiten als wir. Ein anderer Grund hat damit zu tun, daß wir nicht so sehr an die Wirklichkeit der veränderbaren Welt glauben, sondern den Verdacht hegen, daß diese uns angeblich objektiv gegebene Welt vielleicht schon von uns vorher hinausprojiziert wurde. Ein dritter Grund, warum wir an die Arbeitsmoral nicht mehr glauben, ist die Tatsache, daß wir dank Robotern viel weniger arbeiten und langsam darauf kommen, daß das Ziel des Lebens nicht Arbeit ist, sondern im Gegenteil Muße. Wir beginnen, eine Ethik der Muße auszuarbeiten. Das ist nichts Neues. Die Ethik der Muße war vor der Neuzeit allgemein. Bei den Griechen war *schole* Muße, also das Gegenteil von Arbeit, *ascholia*, und *ascholia* war etwas Negatives. Nach der jüdisch-christlichen Tradition ist die Arbeit eine Strafe für eine begangene Sünde. Das Ziel ist, diese Strafe loszuwerden, indem man nicht sündigt und infolgedessen in den arbeitslosen Himmel kommt. Wir haben sozusagen diese Periode der Arbeitsmoral überwunden und sind daran, eine neue Moral auszuarbeiten. Nicht so sehr eine Moral der Muße im griechischen Sinn der Theorie oder im jüdischen Sinne des Sabbat, sondern jetzt eher eine Muße als Spiel. Das Spiel ist definitionsgemäß sinnlos, zwecklos. Aber dieses zwecklose Dasein projiziert Bedeutungen, Sinne. Und das Bild, das uns jetzt vorschwebt, glaube ich, ist eine Gesellschaft, die die Weltveränderung den Maschinen überläßt – und diese Maschinen natürlich programmieren muß, damit sie die Welt verändern –, die aber den Großteil ihres Lebens mit Spielen verbringt, während derer sie vorübergehende Sinne nicht nur der Welt, sondern einander gegenseitig und damit dem Leben und dem Tod geben. Wir nehmen, sagen wir, mehr als während der Neuzeit das Absurde des Lebens auf uns, die Tatsache, daß wir zum Sterben verurteilt sind, daß wir nicht gewählt haben zu leben und nicht gewählt haben, in dieser oder jener Bedingung zu leben. Und diesem Absurden des Lebens stellen wir Sinngebung entgegen. Wir entwerfen auf die Welt eine Serie von Bedeutungen, die wir ins Gesicht des Todes werfen.

Meine nächste Frage kann ich streichen, die ging nämlich auf »Vampyroteuthis infernalis« ein, dazu haben Sie ja schon zu Anfang etwas gesagt.

Aber fragen Sie nur ruhig, ich spreche gerne darüber...
Mit ihrem Buch *»Vampyroteuthis infernalis«* haben Sie einen neuen Einsatz von Sprache gesucht. *Das Buch hat nicht mehr die Struktur einer historischen, detektivischen Beweisführung, sondern ist die Fabel von einer mörderischen Tiefseekrake. Was hat Sie zu diesem Standortwechsel als Schreiber veranlaßt?*

Drei Punkte. Erstens, wie gesagt, mit jemandem zusammenzuarbeiten, der eine neue Art von Bildern herstellt. Also ich habe mir vorgestellt: Was kommt heraus, wenn ich einen Text schreibe, der nicht Bilder illustriert, und mein Freund nicht Bilder macht, die Texte illustrieren, sondern wir gemeinsam das Problem von zwei Seiten aus angehen, von Textseite und Bildseite. Das zweite Motiv war eben das, wovon das Buch spricht. Ich habe mir gedacht: Wie kann ich die gegenwärtige Kultursituation kritisieren, ohne in einen transzendenten theoretischen Raum auszuweichen. Und so habe ich mir vorgestellt: Was, wenn ich mir einen Gegenmenschen vorstelle? Was, wenn ich mir das Gegenteil vom Menschen vorstelle und von dessen Standpunkt aus dann unsere Gesellschaft und unsere eigene Lebensweise betrachte? Und da habe ich nach einem Gegenmenschen gesucht. Und diesen Gegenmenschen habe ich in einem Lebewesen gefunden, das in vielen Hinsichten gerade umgekehrt lebt wie wir: also zum Beispiel statt auf der Oberfläche der Kontinente in der Tiefsee oder zum Beispiel statt mit dem Kopf nach oben mit dem Kopf nach unten oder zum Beispiel statt einem Halbkugelgehirn ein Ganzkugelgehirn hat oder zum Beispiel statt einer Doppelsymmetrie rechts-links eine Vierachsensymmetrie und so weiter, und dann habe ich mir dieses Lebewesen aufgrund biologischer Studien ein bißchen zurechtgebastelt. Und der dritte Grund, warum ich das geschrieben habe: weil ich Unwahrscheinlichkeiten suche. Und zwar suche ich Unwahrscheinlichkeiten nicht wie ein Science-fiction-Mensch, sondern ich versuche, wissenschaftlichen Aussagen treu zu bleiben, aber diese Aussagen auf die Spitze zu treiben. So habe ich, glaube ich, in diesem Buch die Erkenntnisse der Biologie und der Neuropsychologie nicht aufgegeben, sondern ich habe sie radikal so angewandt, damit sie ins Unwahrscheinliche münden. Das waren die drei Motive.

Alle Ihre Bücher verzichten eigentlich auf die übliche wissenschaftliche Form. Es gibt keine Fußnoten und kein Quellenverzeichnis. Und Sie lesen sich wie ein Kriminalroman und wie ein Schulbuch zugleich. Inzwischen werden Sie natürlich selbst schon als Fußnote angeführt und reisen von Symposion zu Symposion. Abgesehen davon, daß der »Spiegel« Sie jüngst unter der Rubrik Wirtschaft vorstellte, sind mir noch keine kritischen, widersprüchlichen Veröffentlichungen zu Ihren Thesen und Hypothesen bekannt. Sind Sie bislang noch unwidersprochen?

Also zuerst: Warum schreibe ich, wie Sie gesagt haben, ohne Fußnoten und so weiter. Ich glaube, es gibt zwei Arten von Möglichkeiten, seriös etwas zu schreiben. Ich würde die eine »Traktat« nennen und die andere »Essay«. Ein Traktat ist eine Abhandlung über ein Thema im Gespräch mit anderen Abhandlungen und hat daher die Pflicht, alle vorangegangenen Abhandlungen zu erwähnen, denn er führt den Dialog sozusagen weiter. Von daher die Masse von Fußnoten, welche das Lesen von wissenschaftlichen Texten so erschwert. Aber es gibt auch eine andere Art zu schreiben, nämlich essayistisch. Das ist ein Versuch, das ist eine Einstellung. Ich werde mal eine Hypothese formulieren, so als ob ich der einzige Mensch auf der Welt wäre, so als ob niemand vor mir daran gedacht hätte. Natürlich stimmt's nicht, denn ich habe ja alles, was die anderen vor mir gesagt haben, im Bauch. Aber ich habe allein dafür die Verantwortung zu übernehmen, in der Hoffnung, daß mir andere widersprechen. Und deshalb mache ich keine Kommentare und keine Fußnoten, soweit es mir gelingt. Ich zitiere ja doch. Man kann der Sache schwer entgehen. Sie wissen, Kant hat, ich glaube von Göttingen, gesagt: »Die Stadt der zitierenden Wiederkäuer.« Ich entgehe der Sache nicht. Ich wiederkaue auch hier und da. Aber wenigstens zeige ich das nicht, ich versteck's. Und jetzt zur zweiten Frage: Man beginnt, mich selbst wiederzukauen; man gibt mich selbst in Fußnoten. Das ist ein seltsames Erlebnis. Denn, wenn man Sie zitiert und kommentiert, erkennen Sie sich nicht wieder, sondern der andere, der Sie rezipiert, verfremdet Sie. Es ist wie ein verzerrter Spiegel. Das ist ein seltsamer Widerspruch: Einerseits bin ich erpicht darauf, daß man mir widerspricht; andererseits, wenn es geschieht, ärgere ich mich, weil ich mich darin nicht erkenne. Ich bin mir der optischen Täuschung in der Sache bewußt und bin noch nicht so weit, um Ihnen eine reife Antwort darauf zu geben. Ich bin unter dem Hagel der Kommentare, die jetzt auf mich einfallen und die zum Teil sehr ehrend sind, aber auch die ehrenden genauso wie die herabsetzenden, sind mir unverdaulich, weil ich mich ja weder in den ehrenden noch in den herabsetzenden wiedererkenne. Nichtsdestoweniger bin ich froh, diesen Schneeballeffekt zu haben. Ich bin ja nicht mehr dabei. Die Kugel rollt, und was damit geschieht, ist nicht mehr meine Sache. *Habent fatum libelli* – Die Bücher haben ihr eigenes Schicksal.

Aber es gibt Widerspruch zu Ihren Büchern? Denn ich finde mehr Fußnoten, wo Sie affirmativ zitiert werden, als fundamentale Kritik . . .

Ja, es gibt Widerspruch, höflichen Widerspruch. In Brasilien war ich brutalen Widerspruch mehr gewöhnt. Aber Widerspruch schadet mir nicht und tut mir nicht mehr weh, als wenn man mich lobt, ohne daß ich mich in dem Lob wiedererkenne. Es gibt ein Gedicht, ich glaube von Lessing, das sagt: »Wer wird nicht einen Klopstock loben? Doch wird ihn jeder lesen? Nein. Wir wollen weniger erhoben und fleißiger gelesen sein.«

Nehmen wir das als Schlußwort . . .

Ja, gut.

ROBION, 1990

Interview für die französische Zeitschrift *Calades*. Geführt und veröffentlicht wurde es unter dem Motto »3 Fragen an die Philosophie«. Mit Vilém Flusser sprach Nelly Bouveret.

Grenzen sind ein Schutz der Kultur. Hat man in einem Land oder zwischen Ländern Spannungen zu erwarten, wenn sich Grenzen öffnen oder verändern, wie es in Deutschland der Fall war?
Wenn Sie von Grenzen sprechen, denken Sie an geografische und politische Grenzen; das ist von einem theoretischen wie von einem konkreten Standpunkt aus interessant. Die Grenze ist eine Linie, die zwischen zwei Regionen verläuft. Aber in Wirklichkeit sind zwei Regionen nie durch eine Linie getrennt. Sie können auf zwei Weisen zueinander in Beziehung stehen: als *overlap* und als *fuzzy set*. Im ersten Fall überschneiden sie einander. Im zweiten Fall dringt eine der Regionen tiefgreifend ins Zentrum der anderen ein und umgekehrt. Ganz Luxemburg ist eine Frage von Grenzen. Es ist wahr, daß es eine bestimmte luxemburgische Sprache gibt, aber in Wirklichkeit wird in diesem Grenzgebiet zur selben Zeit Französisch und Deutsch gesprochen. Man spricht dort von Regionen, in denen Kulturen aufeinanderliegen. Schauen Sie jetzt um sich: Die Katalanen dringen tief nach Frankreich ein, in eine Region mit dem verlogenen Namen Languedoc. Toulouse war katharisch, und beiderseits ist das Land baskisch. Die Hypokrisie, von Grenzen zu sprechen, und die Lüge, von Nationalstaaten zu sprechen, sind Erfindungen des 18. Jahrhunderts. Ein Volk entspricht keiner kulturellen oder ökonomischen Wirklichkeit. Wenn Sie ein Grenzgebiet besuchen, wird diese Hypokrisie evident, weil in diesen Gegenden die Kulturen einander überschneiden. Die elsässische Küche ist zum Beispiel die deutsche Küche in französischer Form. Das ist nicht nur in der Politik so. Schauen Sie sich zum Beispiel die Physik und die Chemie an und dann das Gebiet, in dem sie sich überschneiden, das Gebiet der physikalischen Chemie oder umgekehrt. Dort werden Sie auf die physikalische Struktur der Chemie und auf den chemischen Aspekt der ganzen Physik kommen.

Ein anderes Beispiel: Die Grenze zwischen der Technik und der Kunst ist ebenfalls künstlich; eine Erfindung der Renaissance. Als die Bourgeoisie in Norditalien an die Macht kam, hat sie die Kunst zweigeteilt. Die nützliche Kunst wurde Technik genannt, und die andere, die den reichen Bürgern Freude machte, nannte man ganz einfach: Kunst. Die künstliche Trennung zwischen der Kunst und der Technik gibt es noch immer. Nehmen Sie das Problem des Design, gehört es zur Kunst oder zur Technik? Ist Kunst das, was in den Medien Kunst genannt wird? Innerhalb der Grenzgebiete entdecken wir, was das eine und das andere bedeutet. Wenn Sie Künstler bedenken, die Werke herstellen, die sich niemand anschauen will, dann werden Sie nie darauf kommen, was Kunst ist. Wenn Sie unter Technik das verstehen, was in den Laboratorien eines großen Unternehmens vor sich geht, dann werden Sie nie die Faszination der Technik entdecken. Wenn Sie aber darauf kommen wollen, was auf dem einen und auf dem anderen Gebiet fasziniert, müssen sie die Grenzen ansehen. Zwischen der Wissenschaft und der Philosophie: Es handelt sich tatsächlich um eine einzige Disziplin, die ursprünglich Philosophie genannt wurde. Von Anfang an gab es verschiedene spezifische Gebiete in der Philosophie. Man hat von der Philosophie der Natur gesprochen, und die wurde zur Naturwissenschaft; die Philosophie vom Menschen wurde zur Anthropologie, die Philosophie, die sich mit der Seele befaßt hat, zur Psychologie... Man würde meinen, daß es keine Philosophie mehr gibt, weil die Philosophie von den wissenschaftlichen Disziplinen ganz entleert wurde, und daß ihr nichts anderes übrigbleibt, als über die Wissenschaft nachzudenken. Wenn Sie näher hinsehen, werden Sie darauf kommen, daß es kein wissenschaftliches Gebiet gibt, ohne daß man sich dabei über die Philosophie Gedanken macht.

Es ist unmöglich, sich mit der Physik oder der Biologie zu befassen, mit der Psychologie oder Soziologie, ohne sich philosophische Gedanken zu machen. Und ebenso ist es nicht möglich, sich mit der Philosophie zu befassen, ohne wissenschaftlich über wissenschaftliche Probleme nachzudenken. Dort überschneiden sich die Gebiete.

Lassen Sie uns über den anderen Organisationstyp sprechen, den »fuzzy set«.

Das ist vielleicht noch interessanter. Als die Spanier den Atlantik überquerten, um nach China zu gehen, sind sie auf Mexiko gestoßen und haben selbstverständlich Mexiko für einen Teil von Indien gehalten. Als Cortés Montezuma auf seinem Thron mitten unter den aztekischen Kriegern entdeckt hat, war er überzeugt davon, einen indischen Prinzen vor sich zu haben. Im Buch *Angenommen* beschreibe ich in einer Reihe von phantastischen Szenarien, was hätte geschehen können, wenn die Geschichte anders verlaufen wäre. Als Cortés nach Mexiko kommt, versucht eine chinesische Expedition über das Meer nach Europa zu kommen. China braucht Europa ebenso wie Europa China. Aber die chinesische Flotte verliert sich; Sie wissen, daß es einen chinesischen Einfluß auf die Inka-Kultur gibt. Stellen Sie sich vor, die Chinesen hätten Mexiko zur selben Zeit entdeckt wie die Spanier. Stellen Sie sich vor, Cortés wäre nach dem Sieg über Montezuma plötzlich auf die Chinesen gestoßen! Es gäbe einen chinesischen Einfluß auf Spanien über Mexiko und umgekehrt. Die europäische Renaissance wäre tiefgreifend in die Ming-Kultur gedrungen, und von dort hätten wir sie wieder zurückbekommen. Beide Teile der Welt wären ganz anders. Das ist ein Beispiel für den *fuzzy set*: Zwei Regionen dringen tief ineinander. Damit das geschehen kann, muß es »weiße Stellen« geben, ein *no man's land*. Jetzt aber ist die Erde voll, es gibt keinen Platz mehr, und das ist für den Orient, der immer nach Westen gestrebt ist, ein Malheur. Die Ereignisse im Nahen Osten sind der Anfang vom Tod des Westens. In der Geografie haben wir also keine weißen Stellen mehr, es gibt sie aber auf anderen Gebieten. Nehmen wir einmal an, daß Sie das menschliche Benehmen studieren und daß Sie von zwei Standpunkten ausgehen: vom psychologischen und vom neurophysiologischen Standpunkt. Man weiß also, daß Sie sich mit psychosomatischen Phänomenen befassen. Das hat aber nichts zu sagen, denn es ist nicht alles im menschlichen Benehmen psychosomatisch. Wenn Sie an Liebeskummer leiden würden und wollten dagegen Antibiotika einnehmen, wäre das verrückt. Es gibt selbstverständlich ein Gebiet der Psychologie und ein anderes der Neurophysiologie. Sie überschneiden sich, kommen in Abschnitten vor. Auf dem Gebiet der Neurophysiologie gibt es psychologische Phänomene, und umgekehrt, in den Fragen, die sich die Psychologie stellt, wird man zum Beispiel sexuelle Hormone finden. Das ist eine viel interessantere Grenze. Nehmen wir die Malerei: Es gibt zwei Arten von einander ganz entgegengesetzten Bildern. Das eine entsteht, wenn sie sich von der Welt entfernen. Das erlaubt ihnen, den Kontext des Phänomens zu sehen ohne die Details. Der Mensch in Lascaux hat sich vom Pferd entfernt und hat es also im Kontext gesehen; und seiner Vorstellung nach, hat er es auf die Wände der Grotte gemalt. Ein solches Bild ist eine Darstellung: figurative Kunst. Wir haben nicht nur zwei Augen, sondern wir haben ein drittes Auge: die Theorie, und das erlaubt uns, vom theoretischen Standpunkt aus zu sehen. Wir sehen zum Beispiel die Form und die Art und Weise, wie ein Fluß fließt, und zugleich auch, wie er fließen könnte. Wir sehen nicht nur das Sein, sondern zugleich das Sein-Können und das Sein-Müssen, die die Projekte und Vorschläge ermöglichen.

Wir haben zwei Arten von Bildern. Die ersten sind figurativ, die anderen sind Modelle. Das sind also die Bilder, die zur Fotografie, zum Film und zur Geometrie führen – und zu Computern. Das sind *fuzzy sets*. Die eine Art Bild kann tief in die andere eindringen und umgekehrt. Die beiden Arten der Vorstellungskraft sind nichts als eine einzige.

Es gibt keine Grenzlinie. Es gibt auf der Welt keine zwei Phänomene, die durch eine Linie getrennt werden könnten. Das wäre immer eine schlechte und künstliche Trennung. Phänomene lassen sich auf diese Weise nicht teilen. Sie sind auch nicht nach geraden Linien zu organisieren. Phänomene überschneiden sich, sie kommen in Abschnitten vor. Es muß gesagt werden, daß im Französischen »Grenze« ein Kriegsausdruck ist: die Front. Hoffen wir, daß die Idee, überall Grenzen zu ziehen, verwischt wird: Das ist ein Mann, das ist eine Frau, das ist Deutschland, und das ist Frankreich. Es gibt keine Weißen, keine Schwarzen, keine reinen Kulturen und keine reinen Disziplinen. Jedes systematische Denken ist ein falsches Denken, jedes System ist eine Vergewaltigung. Die Wirklichkeit ist verworren, und dadurch ist sie interessant. Jedes kartesische Denken, das Ordnung stiftet, ist faschistisch.

Das Gedächtnis eines Volkes – ist das etwas, das man bewahren und beschützen sollte?

Man kann verschiedene Stellungen zum Problem des Gedächtnisses einnehmen. Der Körper hat ein Gedächtnis...Was mich aber interessiert, ist folgendes: Es gibt im Gedächtnis Informationen, die verfügbar sind, und andere sind verdrängt. Interessant ist, in den verdrängten Informationen zu suchen. Sie nahmen Deutschland als Beispiel...Wo liegt der Unterschied zwischen Deutschland und Österreich? Deutschland nimmt die Erinnerung an die Jahre '39 bis '45 auf sich, und Österreich verdrängt sie. Wo immer Sie in Österreich sind, haben sie das Gefühl, mitten in der Lüge zu sein. Nehmen sie Frankreich. Die Erinnerung an die Kriegsjahre ist teilweise verdrängt. Soll man also das kollektive Gedächtnis verteidigen? Ich bin nicht dafür; ich bin für das Stöbern, um herauszufinden, was verdrängt wurde. Wir haben vergessen, was wir angestellt, was wir verbrochen haben. In den Träumen steigen die Erinnerungen manches Mal auf. Das Gedächtnis ist etwas Schreckliches, es ist nicht schön; wir dürfen es nicht verteidigen, sondern wir müssen es auf uns nehmen.

BERLIN, 1990

Das folgende Interview wurde von Dorothee Wenner für *die tageszeitung* geführt. Anlaß war die »Europäische Sommerakademie '90« zum Thema »Film und Medien«, die unter der Leitung von Peter Lilienthal vom 21. Juli bis 18. August in der Akademie der Künste in Berlin ausgerichtet wurde. Das Gespräch fand am 22. Juli während des Frühstücks im Hotel statt, am Abend sollte Flusser an einer Podiumsdiskussion über »Das Kunstwerk im Zeitalter seiner elektronischen Reproduzierbarkeit« teilnehmen.

Haben Sie Samstag das große Medienspektakel beobachtet?

Ich habe nichts gesehen, es war hier eine Vorführung von einem Godard-Film, dann war eine sehr interessante Diskussion – ich habe überhaupt nichts zur Kenntnis genommen, ich habe nur so ein Brüllen gehört, und dann haben wir die Türen zugemacht. Aber ich habe davon gehört, daß eine Milliarde Menschen und so weiter . . . Wissen Sie, ab einer bestimmten Anzahl von Nullen interessiert mich die Sache nicht mehr. Es stellte sich heraus, daß man eine Einstellung zum Universum nehmen muß, die die Nähe mißt. Man kam irgendwie zurück zum Juden-Christentum: »Liebe Deinen Nächsten.« Und nicht: »Liebe die Menschheit.« Man kam darauf, daß es Inseln menschlicher Dimensionen gibt, in denen von Werten geredet werden kann, nehmen wir an: Dinge, die meßbar sind, in Metern und in Dollars und in Stunden, da kann man von Werten sprechen. Aber in dem Moment, wo es um Lichtjahre geht und um Milliarden von Dollar und um eine Milliarde Menschen, da ist von Werten keine Rede mehr. Das sind entwertete, wertlose Phänomene, die muß man mit einem ganz anderen, epistemologischen Geist angehen. Das gibt Ihnen eine Idee, was ich von Massenkommunikation halte.

Zur Sommerakademie: Betitelt ist die Veranstaltung »Film und Medien«. Geht es dabei mal wieder um das Verhältnis von Künstlern und Technikern?

Ich habe in meinen Schriften immer versucht, entweder das Wort »Kunst« gar nicht zu verwenden oder den Sinn wiederzufinden, den das Wort vor der Trennung von der Technik hatte.

Ich habe nicht nach dem Verhältnis von »Kunst und Technik« gefragt, sondern nach dem Verhältnis von »Künstlern und Technikern«.
 Im 19. Jahrhundert war ein Techniker jemand, der eine ganz bestimmte Schulung mitgemacht hatte und dann diese Schulung an irgendwelchen Zeugungen verwirklichte. Ein Künstler war ein Mensch, der außerhalb der Gesellschaft stand, weil er zu nichts gut war. Der entweder von dem lebte, was ihm die Kapitalisten zuwarfen, damit er den Betrieb nicht störte, dafür aber den Damen am Abend irgendwelche Vergnügen bereitete. Oder, wenn er sich nicht als Schoßhund anstellen ließ, machte er Schweinereien und starb an Tuberkulose oder in den Barrikaden, aber war nicht sehr ernst zu nehmen. Am Anfang des 20. Jahrhunderts wurden zwei Dinge deutlich: daß die Wissenschaft eine Fiktion ist, daß die Hypothesen fiktiv sind, und seitdem wurde immer klarer, daß die Wissenschaft eine Kunstform ist. Andererseits wurde immer deutlicher, daß Kunst auf Erkenntnis beruht. Wenn man ein Kunstwerk machen will, muß man über wissenschaftliche Erkenntnisse und technische Geräte verfügen. Also, seit den 50er Jahren hat es nur noch für Schöngeister Sinn, über Kunst und Künstler zu sprechen. Jeder Mensch, der halbwegs informiert ist, kann darüber nur noch lachen. Ich glaube, wenn man anständige Menschen Künstler nennt, sind sie beleidigt.
 Die Sommerakademie unterscheidet zwischen »Film« und »Medien«. Im allgemeinen zeichnen sich Filmemacher durch ihre künstlerische Individualität, eine »Handschrift« aus. Sind Filmemacher also qua Definition konservative Menschen?
 Immer, wenn ich mir die Stellung des Filmemachers vorstelle, bin ich von einem Schwindelgefühl erfaßt. Ein Filmemacher ist viel mehr als Gott! Er hat ein Band, darauf sind Szenen, die durch die Geschwindigkeit, mit der das Band vorgeführt wird, Geschichte sind. Also steht der Filmemacher über der Geschichte. Und er hat zwei ganz fürchterliche Werkzeuge: Schere und Klebstoff. Die Schere ist das Instrument der Vernunft, der Ratio. Er kann in die Geschichte eingreifen und sie zerschneiden. Das kann Gott nicht – nicht einmal durch Wunder. Und der Filmemacher kann kleben. Wissen Sie, was Klebstoff ist? Das ist die größte Gemeinheit. Er kann Verbindungen schaffen, die nicht wirklich sind...
 Das ist doch gerade das Schöne...

Zum Beispiel Herr Kohl. Jetzt dieses Zusammenkleben von West- und Ostdeutschland...

Ist Kohl ein Filmemacher?

Ja, aber nicht so gewaltig. Kohl ist ein schlechter Filmemacher. Was kann er damit machen? Er kann die Geschichte in einen Kreis umdrehen, er kann Geschichte beschleunigen, verlangsamen. Gott muß vor Neid zerspringen, wenn er einen Filmemacher sieht. Was haben Sie mich noch gleich gefragt?

Ob Filmemacher konservativ sind, weil sie Kunst und Individualität verteidigen müssen.

Dieser Herr da zum Beispiel (Herz Frank betritt den Frühstücksraum der Akademie, A.W.) ist ein tief religiöser Mensch. In einem seiner Filme sieht man, wie ein junger Mensch und seine Freundin beten. Es ist offensichtlich, daß sie zum Herrn Frank beten. Sie beten zur Kamera, zum Deus ex machina. Es ist das Medium selbst, das zu dieser übermenschlichen Position führt. Beim Video ist das anders. Wenn Sie Platon als Filmkritiker begreifen – wir sehen doch nur jene Schatten, die der Kreator will.

Der Filmemacher?

Ja, Gott.

Dann ist Gott also doch ein Filmemacher?

Der historische Gott ja, der jüdisch-christliche, ja. Buddha ist kein Filmgott.

Warum ist das beim Video anders?

Ich glaube, wenn wir anfangen, mit Computern Bilder zu machen, stirbt Gott. Denn dann wird ja deutlich, daß die Geschichte eine Illusion ist.

Sie meinen, daß die digitale Bildspeicherung das Ende der kommerziellen Filmindustrie bedeutet?

Es ist das Ende der Geschichte. »Post-histoire« meint ja vielleicht das. In dem Moment, wo wir das Geschichtsbewußtsein überholen, kann ich mir nicht vorstellen, daß jemand sich etwas anschaut, was Geschichte simuliert. Da wird doch der Film ein Unsinn. Der Film ist ein Produkt des historischen Bewußtseins. Der Clip ist ein Versuch, daraus auszubrechen.

Gibt es etwas, was schon auf das Gelingen dieses Versuchs hinweist?

Ich habe wenig prophetische Gabe. Aber ich kann Ihnen sagen: Der Film hat keinen Sinn für jemanden, der das Geschichtsbewußtsein überwunden hat. Natürlich, die meisten Menschen, diese verächtliche Masse mit den vielen Nullen dahinter, die ist vielleicht sogar noch prähistorisch. Dieses Brüllen, das wir gehört haben, das ist doch magisch-zirkulär. Für die gibt es noch keinen Film, für mich gibt es schon keinen Film mehr.

Noch mal zurück zum Unterschied zwischen Filmemacher und Videokünstler...

Sagen Sie nicht Videokünstler, das macht mich nervös.

... also: Ist der Videomensch, Ihrer Meinung nach, allein durch die Auswahl des Mediums auf einer anderen Bewußtseinsstufe als der Filmemacher?

Ja. Der Videomensch ist auf einer posthistorischen Bewußtseinsstufe, während der chemische Mensch auf einer historischen ist. Sagen wir: der Grobkörnige und der Feinkörnige. Der Grobkörnige ist ein Historiker, der Feinkörnige ein Strukturalist.

Gibt es unter den Videomenschen jemanden, in dessen Arbeit Sie dieses entwickelte, posthistorische Bewußtsein besonders deutlich ausgeprägt sehen?

Ich bin darauf gekommen, daß erst, wenn Sie mit dem Computer Bilder machen, wenn Sie in einer Gruppe arbeiten, daß Sie dann das Autorenbewußtsein überholen. Erst wenn es notwendig ist, daß Sie einen Mathematiker, einen Software-Menschen, einen Philosophen brauchen, erst dann kommt dieser schöpferische Dialog zustande. Erst wenn der Empfänger wieder in das Bild eingreift, im Schneeballeffekt, klappt das.

Mit wem arbeiten Sie zur Zeit?

Ich arbeite mit Louis Bec und Paul Virilio. Aber wir sind ja über die Namen hinweg. Wir können uns ja noch immer nicht gut vorstellen, daß etwas ohne Autor entsteht, weil wir ja noch Bauern sind: *cultivare* – das Feld bestellen. Solange wir kausal denken – und es ist sehr schwer, das zu überwinden –, wird es uns Autoren geben. Ein Beispiel: Mein Buch *Die Schrift*, in dem ich schriftlich versuche, die Schrift zu überwinden. Ich war mir dieses Purzelbaumes bewußt und habe deswegen das Buch auch als Diskette herausgegeben. Ich habe auf Kommentare gehofft, die meinem Verleger geschickt werden, daß sehr bald mein eigener Text verschwinden würde und der Schneeballeffekt einen ganz neuen, veränderten Text hervorbringt und selbst ein Autor wird. Hat aber nicht funktioniert.

Warum nicht?

Die Gefahr ist nicht, daß niemand es tut. In Karlsruhe gibt es eine Sache, angeschlossen an das Kernforschungszentrum, die heißt »Electronic text manipulation«. Die waren sehr beeindruckt von dieser Geschichte und haben ein elektronisches Buch über diesen Text herausgegeben, wo Leute in der ganzen Welt, die mit Kernphysik zu tun haben, hereingeredet haben. Da kam ein anderes Problem: Ich versteh's nicht mehr. Es sind nur noch Formeln, die bei mir ankommen, ich habe keine Ahnung, worum es da geht. Vielleicht ist das gut – ich habe die Sache nicht mehr im Griff.

Dann haben Sie es ja geschafft und die Autorenschaft glücklich überwunden?

Frau Flusser: Wir hatten Texte erwartet.

Stichwort »weltweit«. Sind an dieser Art Textproduktion nicht nur die westlichen Industrienationen beteiligt? Wird sie ethnozentrisch, weil alle anderen Länder, nehmen wir die Philippinen beispielsweise, kaum Zugang zu den Computern haben?

Das ist ein Punkt, der mich weniger stört, denn die telematische Kultur ist nicht okzidental, sondern sie ist zum ersten Mal eine Synthese zwischen Orient und Okzident. Sie ist ein Produkt unserer kalkulatorischen Denkart, andererseits ist sie ein Produkt der orientalischen Miniaturisation. Es ist kein Zufall, daß Japan an der Spitze ist.

Aber Japan ist nicht repräsentativ für die Länder, die ich angesprochen habe.

Ach, Japan ist ja auch nur provisorisch. Es geht ja nach China. China ist der künftige Träger der Sache. Das ist doch nur eine Frage von Jahren. Sobald dieser Blödsinn von Kommunismus überwunden ist, wird doch China die Zentralmacht der Welt. Es gibt nur zwei Zivilisationen, die westliche und die östliche. Alles andere sind Kulturen – im angelsächsischen Sinn des Wortes. Wahr ist, daß wir noch nicht begonnen haben, die Potentiale der Kulturen in die Zivilisation hinaufzuheben. Aber Sie können ja nicht verlangen, daß die Sache so schnell geht. Gott sei Dank beginnen wir, die westliche Kultur zu überholen, diese Schweinereien des Westens hinter uns zu bekommen . . .

Ist nicht der Westen gerade auf einem gigantischen Triumphzug Richtung Osten?

Nein, ich glaube, der Westen triumphiert nicht. Das wird wieder anders.

Das ist doch blanke Kolonisation!

Nein. Wir werden China nicht kolonialisieren.
Und Osteuropa?
Aber das ist ja nix! Wenn Sie das von etwas höher betrachten, ist das ja nur ein kleiner Vorgang. Das ist nur, weil wir kurz leben. Zwingen Sie mich nicht zu solchen Flügen.
Was glauben Sie, welche Rolle haben Ihnen die Veranstalter für das Podium heute abend zugedacht?
Es kommt Sloterdijk, den wollte ich immer schon kennenlernen. Und Bazon Brock, Robert Jungk, ein Mensch mit einem griechischen Vornamen, dann kommt ein Mensch, der bei Ihnen in Berlin Professor ist, der hat gestern zwei gescheite Sachen gesagt, der heißt Klemper oder so . . .
Lilienthal (hinzugetreten): Kamper . . .
. . . der hat zwei gescheite Sachen gesagt, hat sie aber nicht zu Ende gedacht. Vielleicht werde ich ihn zwingen, die Dinge zu Ende zu denken.
Und Ihre »Rolle«?
Lilienthal: Lehrer, Prophet.
Sagen Sie das nicht. Ich bin so uninteressant, angesichts der kolossal faszinierenden Dinge, die um mich herum geschehen, daß ich keine Zeit verlieren will, über mich nachzudenken. Ich atme nicht gut, ich sehe nicht mehr gut, und ich werde alt und impotent, der Körper wird immer wichtiger. Ich versuche, ihn zu ignorieren, und noch viel weniger als mein Körper interessiert mich meine Individualität. Was mich interessiert hat, nach Berlin zu kommen, ist, daß hier das Gegenteil von dem passiert, was man voraussetzt. Hier kommt eine Ballung statt einer Streuung zustande, eine reaktionäre Sache, das interessiert mich.

GRAZ, 1990

Das folgende Gespräch zwischen Klaus Nüchtern und Vilém Flusser fand am 6. Oktober 1990 in Graz statt. Anlaß war der Eröffnungsvortrag Vilém Flussers zum »steirischen herbst '90«. Nach seiner Veröffentlichung im Wiener Stadtmagazin *Falter* befand Flusser es als »das erste Interview, das mich wirklich wiedergibt.«

Herr Flusser, nehmen wir einmal an, in dem Saal, in dem Sie gerade Ihren Vortrag gehalten haben, wäre kein einziger Mensch, nur eine Videokamera gewesen, die hätte das Ganze aufgezeichnet, dann wären Sie rausgegangen, Hunderte von Menschen hinein, denen man anschließend den Videofilm Ihres Vortrags vorgespielt hätte. Was hätte das für uns als Publikum für einen Unterschied gemacht, vom Live-Charakter einmal abgesehen?

In meinem speziellen Fall hätte es keinen großen Unterschied gemacht. Sobald ich vorzutragen beginne, vergesse ich, daß jemand da ist, bin ich völlig in der Sache. Das Publikum stört mich eher. Ich kann nur richtig vortragen, wenn maximal zwanzig Leute da sind.

Worauf ich hinaus will, ist: Ihre Theorie, wenn ich Sie richtig verstanden habe, besagt doch, daß der technische Charakter dem Medium nicht äußerlich, sondern der sogenannte Inhalt weniger wichtig ist als das Faktum der prinzipiellen technischen Verfaßtheit der Bilder.

Ich sage nicht »weniger wichtig«, sondern auf derselben Wichtigkeitsebene, da haben Sie recht. Ich meine, Sie haben in Ihrem Beispiel ein Video erwähnt, auf das die Leute nicht reagieren können. Sie werden zu passiven Empfängern wie im Kino. In diesem Fall wäre kein Unterschied gewesen. Wäre jedoch das Video dialogisch geschaltet gewesen, das heißt, hätten die Leute während meines Vortrags den Apparat so manipulieren können, daß ich mich selbst von verschiedenen Seiten sehe, und hätte ich durch die Bewegung des Videos auf die Reaktion der Menschen schließen können, dann wäre der Vortrag ganz anders verlaufen, je nachdem, ob Leute da sind oder nicht.

Es waren Leute da, im Grunde genommen hätte das Ganze ja dialogisch verlaufen können. Man hätte ja dazwischenrufen können. Hätte Sie das gestört?

Es hätte mich sehr gefreut. Nur ist es bei dieser Menge nicht möglich. Aber wenn nur wenige Leute da sind, dann beginne ich so: Ich behaupte nichts, auch wenn es so klingt, als ob ich etwas behaupten würde. Alles, was ich sage, ist eine Provokation. Lassen Sie sich provozieren, und unterbrechen Sie mich.

Das Motto des »steirischen herbstes« lautet »auf, und, davon. Für eine Nomadologie der 90er Jahre«. Mir ist das Ganze immer etwas verdächtig, weil es so klingt, als wolle man wieder neue Schlagworte finden, die angeblich den Zeitgeist auf den Punkt bringen. Oder wäre Ihnen das selbst auch eingefallen, ist es wirklich ein Thema, das in der Luft liegt?

Ich bin innerhalb kurzer Zeit von zwei verschiedenen Veranstaltern zu einem ganz ähnlichen Thema geladen worden. Da habe ich mir gedacht, das kann kein Zufall sein. Ich habe aber festgestellt, daß die einen von den anderen überhaupt nichts gewußt haben. Also habe ich mir gedacht, ich akzeptiere beides, weil ich zwei Fliegen auf einen Schlag erwische. Und als ich mich darauf vorbereitet habe, erfahre ich plötzlich, daß das *Artforum* in New York, dessen Mitarbeiter ich bin, sich mit dem Projekt »Zelt« beschäftigt – also mit der Geschichte einer tragbaren, faltbaren Architektur. Und ich hatte auch einen Vortrag in Karlsruhe bei irgendeiner Architekturfakultät, die haben auch auf diese Hautarchitektur angespielt und darauf, daß man das Haus auf dem Rücken tragen soll, daß ein intelligentes Haus ja ein tragbares Haus zu sein hat. So sind von drei oder vier Seiten die Fäden zum Nomadismus für mich zusammengelaufen. Es liegt also offensichtlich in der Luft.

Sie haben aber schon noch ein stabiles Haus ...

Ich bin einmal vertrieben worden und das andere Mal freiwillig ausgewandert, und jetzt ist mein Motto: »A man is not a tree.«

Wieviel Tage im Jahr sind Sie zu Hause?

Die Hälfte der Zeit.

Und Sie könnten sich vorstellen, in so einem mobilen Haus zu leben?

Lange Zeit habe ich es gedacht. Ich habe mir immer gewünscht, einen Wohnwagen zu haben.

Sie haben darauf hingewiesen, daß es in der sogenannten postmodernen Architektur Hinweise auf so etwas wie ein Nomadentum gebe. Worauf beziehen Sie sich da konkret, auf welche Bauten und welche Architekten?

Ich will hier nicht die banalen Modelle anführen, wie zum Beispiel aufgeblähte und zusammenklappbare Hallen oder zum Beispiel diese Eckwinkelstruktur von Buckminster Fuller und von diesen Leuten, sondern ich will ein anderes Beispiel geben. Das Haus ist nicht nur fähig, Informationen aufzunehmen und zu speichern und weiterzusenden, sondern es beginnt auch, fähig zu sein, die Informationen zu prozessieren. In dem Moment, wo das Haus intelligent wird, wo es also zu einem Ort des Prozessierens von Daten wird, ist die Verankerung im Raum ein Hindernis. Es gibt erste Anzeichen dafür, daß sich das Haus entankert. Und hier haben wir doch nur drei Modelle: den Regenschirm – man beginnt, schirmartige Gebäude zu machen; das Segel – das Haus im Wind; und, was beides zusammenbringt – das Zelt. Und tatsächlich sehen Sie ja, wenn Sie um sich herumschauen, immer mehr zeltähnliche Gebäude. Es stellt sich heraus, daß ein Haus vor dem Einbruch nicht schützt, denn welche Schlösser Sie auch immer anbringen, sie können entschlüsselt werden. Es gibt keinen Code, der nicht decodifizierbar ist. Indem Sie zu Schlössern und Schlüsseln Ihr Vertrauen verlieren, wird ja das Absperren zu seinem Gegenteil. Sie sind dann eingesperrt. Man merkt, daß das Haus ein Gefängnis ist. In Städten wie São Paulo merken Sie das – ganze Viertel sind abgetrennt und bewacht. Die Bewohner der bürgerlichen Viertel sind Gefangene. Es zeigt sich immer mehr, daß das Haus vor dem Öffentlichen nicht schützt, im Gegenteil, daß der Hausbewohner ein Insasse ist, ein Gefangener. Zelte schützen vor Regen mindestens genauso wie Häuser. Aber wie Sie wissen, sind die Gefahr ja nicht mehr Regen und Tiger, sondern Steuerbeamte. Die Frage ist, inwieweit schützt ein Haus vor Steuerbeamten, vor dem Staat, vor dem verbliebenen öffentlichen Raum. Und ein zusammenklappbares Zelt ist für die Flucht besser geeignet. Wir sind ja auf der Flucht vor dem Staat. Die Grenzen fallen, weil ja der Staat als solcher die Freiheit beschränkt. Nomadismus ist Anarchie. Vergessen Sie bitte nicht, daß die Grenzen darum fallen, um die Bewegungsfreiheit im Kommen und im Gehen von Personen, Gütern und Gedanken zu erhöhen. Europa ist deshalb interessant, weil die einzelnen Staaten verschwinden.

In der Dritten Welt müssen sich die Menschen nicht vor dem Fiskus schützen, das ist dann schon ein bißchen ein Blick von den westlichen, industrialisierten Ländern aus.
In der Dritten Welt zelten sie ja schon.
Da zelten sie schon, aber sie sind ja nicht immer auf der Flucht vor ...
... um sich vor der Polizei zu schützen, das ist ja dasselbe. In der Dritten Welt, soweit ich sie kenne, herrscht statt der Gefahr des Fiskus die Gefahr der Polizei. Und in eine *Favela*, die eigentlich nicht aus Zelten, sondern aus Wellblechhütten besteht, aber doch eher eine Zeltstadt ist, gehen nicht einmal zwei Polizisten gemeinsam rein. Es ist eine *res privata*.
Sie haben zuerst den Nomadismus als Anarchismus definiert. Wie würden Sie sich selbst im politischen Spektrum verorten?
Also erstens einmal möchte ich sagen, daß jeder Standpunkt, weil er ein Standpunkt ist, falsch ist. Das ist ein wichtiger Punkt: Ich bin ganz sicher, daß es die Aufgabe des denkenden Menschen ist, Standpunkte zu akkumulieren, eine Mehrzahl von Standpunkten zu haben. Ich interessiere mich für die Fotografie, weil die fotografische Kamera der erste Apparat ist, der gebaut wurde, um von Standpunkt zu Standpunkt zu springen. Nicht gleiten! Ich bin nicht begeistert vom Film. Springen! Ich bin überzeugt davon, daß Nomadismus zuerst einmal ein Springen von Standpunkt zu Standpunkt ist. Was die Politik betrifft, so habe ich die furchtbare Enttäuschung durch den Marxismus seit dem Jahre 1936, seit den Moskauer Prozessen, nie richtig verwunden. Ich meine, es ist eine Selbstverständlichkeit: Wer als Bub nicht Marxist ist, hat kein Herz, wer als Erwachsener Marxist ist, hat keinen Kopf – das ist eine alte Sache. Vielleicht ist die Ideologie im Sterben, aber die Politik, also im Sinne der Verwaltung der Republik, ist doch noch mehr oder weniger am Leben. Schauen Sie sich die Politiker an, die sind sich doch überhaupt nicht der Tatsache bewußt, daß sie nicht mehr die Macht haben, sondern wie Marionetten gezogen werden. Wenn wir sagen, die Leute sind ökonomisch oder technologisch manipuliert, so müssen wir uns dessen bewußt werden, daß dahinter ja nicht irgendwelche Machthaber stehen, sondern unpersönlich gewordene, intersubjektive Relationen. Aber wenn Sie sich die Politiker ansehen, wenn Sie sehen, wie sie sich vor den Kameras benehmen, so haben Sie doch die Sicherheit, daß die Leute meinen, daß sie entscheiden – mit wenigen Ausnahmen.

Dagegen würde ich halten, daß selbst dieses intentionslose Spiel oder dieser eigendynamische Ablauf von Prozessen doch tendenziell eher denen in die Hände spielt, die ohnehin schon oben sind.

Ich habe nicht »intentionslos« gesagt, sondern unpersönlich. Ich glaube, wenn Sie sich einen Kapitalisten ansehen, so ist es völlig klar, daß nicht der Mann die Fabrik besitzt, sondern die Fabrik den Mann. Entscheidungen werden zwar getroffen, aber sie werden in Funktion getroffen. Es gibt keine Entscheidungen im Interesse. Das gibt es nicht mehr. Aber das würde jetzt zu weit führen. Ich habe versucht, diesen Aspekt in meinem Buch *Ins Universum der technischen Bilder* ein bißchen auszuarbeiten. Zu Ihrer Frage nach meiner politischen Sicht – wenn ich auch nicht Einstellung sagen will –, also wie gesagt: Die Politiker sind sich dessen nicht bewußt, daß die Entscheidung über sie gefällt wird. Schauen Sie sich den Mitterrand an: Unter der Verantwortung, die er auf seinen Schultern trägt, bricht der Mensch ja fast zusammen. So ein fabelhafter Politiker ist das. Da ist Lachen noch nicht die einzige mögliche Antwort. Ich habe selbstverständlich ein Ideal einer Verwaltung vor dem so lange versprochenen Niedergang des Staates oder – wie sagt es Marx – seines Absterbens. Und zwar die konfuzianistische Mandarinen-Administration, bei der die Kompetenz das Kriterium ist und bei der die Entscheidungsträger immer wieder Prüfungen zu bestehen haben.

Ergibt sich natürlich die Frage, wer sind die Prüfer, und wer prüft deren Kompetenz? Kommt man da nicht in einen infiniten Regreß?

Nein, infinit nicht, Generationsregreß.

Sie meinen, jede Generation legt das von neuem fest?

Jede Generation – das ist ja, was tatsächlich der Fall ist, das ist keine Utopie. Ich halte die sogenannten freien Wahlen für einen Skandal, denn die Freiheit besteht ja darin, die Verantwortung auf andere abzuschieben. Und zwar nach dem Volk unbewußten Kriterien. Ich glaube, daß die repräsentative Demokratie eine der miserabelsten Administrationsformen ist, denn ich bin überzeugt davon, daß ich zwar nicht weiß, wer recht hat, aber ich weiß, wer unrecht hat, nämlich die Mehrheit.

Morgen sind in Österreich freie demokratische Wahlen. Wenn Sie Österreicher wären, würden Sie da überhaupt wählen gehen?

Nein. Ich habe in meinem Leben zweimal gewählt und habe es jedesmal bedauert.

Wann und wen?
Das letzte Mal im Jahre 62 in Brasilien. Ich habe die Leute gewählt, die die Militärdiktatur hervorgerufen haben.
Da waren Sie also seinerzeit selbst auf der Seite der Mehrheit?
Hoffentlich nicht. Ich glaube, ich habe nie mit irgend jemandem sympathisiert, der je gewonnen haben könnte – das kann ich mir nicht vorstellen.

Das erinnert mich an Groucho Marx, der gesagt hat: »Ich würde nie einem Klub beitreten, der mich als Mitglied aufnehmen würde.«
Ganz richtig. Einer hat mich einmal aufgefordert, eine Partei zu gründen. Ich habe es getan. Wir waren die einzigen zwei Mitglieder. Sie hat geheißen: die Partei der zentralistischen Extremisten. Die Idee der Partei macht mir angst. Dagegen bin ich davon überzeugt, daß eine Überschneidung und eine Hierarchie von Kompetenzen den Übergang von der, sagen wir, politischen zur intersubjektiven Gesellschaftsform herbeiführen kann.

Intersubjektive Gesellschaft, das heißt also, daß, so gesehen, das Individuum tatsächlich die größte politische Einheit ist?
Ich glaube, daß es überhaupt kein Individuum gibt, sondern nur Verknotungen, und ich glaube, daß jede Verknotung ihre eigene Kompetenz hat. Wenn ich Schach spiele, so bin ich Teil eines Schachspielernetzes, in dem ich eine ganz bestimmte Kompetenz habe, die aber nichts damit zu tun hat, daß ich mich mit Ihnen unterhalte. Da geht es wieder um eine andere Kompetenz.

Gut, aber Sie persönlich sind doch eine Geschichte von Verknotungen, die in dieser Art und Weise einzigartig ist.
Ich habe außerordentliche Zweifel daran, ob es irgendeinen Sinn hat, außer einen rein biologischen, von einer Kontinuität zu sprechen zwischen mir als Gymnasiasten in Prag und mir jetzt in Graz in einem italienischen Restaurant.

Aber was Sie bezüglich biologischer Identität oder Identifizierbarkeit gesagt haben, ist ja keine vernachlässigenswerte Sache.
Das ist außerordentlich anzweifelbar, denn es ist ja keine einzige Körperzelle mehr die gleiche.

Wenn es um so etwas wie Mord und Totschlag geht, dann wird jeder sehr schnell ein Individuum oder erfährt sich eben als Individuum.

Da muß ich überlegen. (Pause). Wenn ich sage, es gibt keine Identität, meine ich ja, daß es nicht zu jedem Moment und an jedem Ort *eine* Identität gibt. Wenn ich Sie jetzt erschlage, dann habe ich eine Serie von Möglichkeiten brutal unterbrochen. Und diese Serie von Möglichkeiten ist hier und jetzt konkret in einem Körper. Ich weiß nicht, habe ich Ihnen eine gute Antwort gegeben?

Genau das meine ich ja, insofern bin ich oder sind Sie etwas Spezifisches. Und das verknüpft sich dann auf durchaus interessante Art und Weise mit den technischen Möglichkeiten und den technischen Bildern. Diese können nämlich gerade entgegen dem, was man vielleicht annehmen möchte, zumindest in einer Phase, wo man sie noch nicht perfekt synthetisieren kann, Ihre Individualität festhalten und beweisen. Auf Videofilm ist nachweisbar, daß Sie am 6. Oktober 1990 einen Vortrag beim »steirischen herbst« gehalten haben.

Kolossal kompliziert! Wenn Sie darauf ernsthaft eingehen, ist die Sache von unentwirrbarer Komplexität. Denn angenommen, ich würde Ihren Parameter, das, was man »Sie« nennt, herausziehen, wäre unser ganzer »steirischer herbst« etwas anderes. Vielleicht wäre ich gar nicht hier. Fordern Sie mich nicht heraus, etwas zu sagen, was sich nicht sagen läßt. Ich habe einen anderen Einwand: Wieso bilden meine Frau Edith und ich eine ganz enge Verknüpfung, während Sie und ich doch eine lose Verknüpfung bilden? Das läßt sich doch nicht quantitativ erschöpfen, sondern es muß irgendwie etwas Qualitatives mit im Spiel sein, das man früher »Liebe« oder was weiß ich genannt hat. Ich muß sagen, an dieser Stelle passe ich. Also sehen Sie mal, ich würde es so formulieren: Wenn Sie die Proxemik ins Spiel bringen und wenn Sie sich das Netz vorstellen als Krümmung, dann rücken doch am Boden einer jeden Krümmung die Verknotungen enger aneinander und werden immer dichter. Schließlich haben Sie den Eindruck, Materie vor sich zu haben. In einem Gravitationsfeld zum Beispiel rücken doch die Gravitationsbeziehungen so dicht aneinander, daß man schließlich von der Erde als von einer Masse spricht und nicht mehr als von einer Energieform. Eine Parallele dazu muß man sich auch in zwischenmenschlichen Beziehungen wenigstens vorstellen können. Dann ist das Problem des Todes irgendwie artikulierbar. Der eigene Tod, falls man von so etwas sprechen kann, ist ja kein Problem. Etwas, das man nicht erleben kann, existiert ja nicht. Hingegen der Tod des anderen, der ist das

Problem. Unser Problem ist, was geschieht, wenn jemand stirbt. An der Stelle, wo ein Knoten war, hängen jetzt eine Zeitlang die Fäden lose. Es ist eine Entknüpfung da. Je näher der Knoten zu einem steht, desto mehr Gefahr läuft man, in diese Leere hineingezogen zu werden. Ich glaube, das ist die Erfahrung der Trauer. Und bei ganz nahestehenden Menschen, wenn der Tod eintritt, stürzen Sie in den Tod des anderen. Sie werden vom Nichts angezogen. Nicht daß der Tod des anderen ein Verlust wäre, denn der andere existiert ja nicht, sondern die Welt hat keinen Sinn mehr. Es hat keinen Sinn, Tiramisu zu essen, Vorträge zu halten. Das verstehe ich unter intersubjektiver Ethik, und das meine ich mit der neuen Religiosität. Sie können »Liebe« dazu sagen, dann verwaschen Sie die Sache.

Sie haben davon gesprochen, daß man Individualität oder Subjekt nicht mehr als feste Identität, sondern in Relationen denken müsse. Dazu würde ich sagen, daß Identität und auch Selbstbewußtsein immer schon an Relationen geknüpft war. Das heißt, ich nehme mich immer in den Augen der anderen wahr, ich denke mich immer schon in Netzen, in Sozialbeziehungen. Sozietät per se ist eine Relation, und Identität ist ein Begriff, der an Sozietät unlösbar geknüpft ist.

Ja, mich interessiert das Gegenteil viel mehr. Mich interessiert die Selbstvergessenheit. Wissen Sie, in der christlichen Tradition schaut das so aus, als sei Selbstvergessenheit ein Opfer. Ein selbstvergessener Mensch ist ein Mensch, der etwas, das wertvoll ist, vergißt, sich anderem hingibt und damit ein Opfer bringt – das ist ein Heiliger. Und diese Tradition verfälscht völlig, worum es geht. Ich glaube, Selbstvergessenheit ist, wenn ich ein spannendes Buch lese, wenn ich einen Krimi in der Television sehe. Selbstvergessenheit ist das Aufgeben der Ideologie, der Identität und das Eingehen in die Relation. Das ist eine Unio mystica, aber eine Unio mystica ohne den mystischen Unsinn, der mit ihr verknüpft wird. Wir leben doch eigentlich nur, wenn wir selbstvergessen sind, doch nicht, weil wir selbstbewußt sind.

Was uns jetzt von, sagen wir mal, Geisteskranken unterscheidet, ist ja doch, daß wir aus dieser Selbstvergessenheit wieder aussteigen können und sehr wohl wissen: Ich habe jetzt gerade mit Vilém Flusser ein Interview gemacht und gehe meinem Job nach ...

Ich weiß nicht, ob Geisteskrankheit nicht eine zu weite Kategorie ist, es gibt verschiedene Arten. Es gibt auch eine Art Geisteskrankheit, bei der

der Mensch nie aus seinem Ich herauskommt, daß man alles auf sich bezieht. Ich gehöre zu jenen Leuten, die das Gefühl haben, Zeit zu verlieren, wenn sie sich über sich selber den Kopf zerbrechen. Ich halte das, was um mich herum passiert, für viel interessanter. Ich bin nicht introspektiv.

Ihre Hypothesen haben mit dem, was man sehr vage und schlampig als postmodernen Diskurs bezeichnen könnte, gewisse Aussagen oder zumindest gewisse Fluchtpunkte gemeinsam, wenn auch die jeweiligen Begründungen je verschieden sind. Es geht um die These vom Ende des Subjekts und um die These vom Ende der Geschichte. Wie würden Sie sich selbst im Unterschied zu postmodernen Theoretikern definieren?

Ich würde zuerst einmal vielmehr als gegen das Wort »postmodern« gegen das Wort »Diskurs« Einspruch erheben. Es setzt ein Denken voraus, das kettenartig strukturiert ist und bei dem ein Glied auf das andere folgt, auch wenn sich ein Diskurs verzweigen kann, wodurch eine Sequenz entsteht. Also ich würde auf mein Denken den Begriff »Diskurs« nicht anwenden. Ich bin gegen die Diskursanalyseverfahren. Was das Wort »postmodern« betrifft, so ist das, glaube ich, ein aus der Architektur entlehnter Begriff und sagt nicht sehr viel. Ich habe aber lange bevor das Wort »post-histoire« in Mode gekommen ist, ein Buch geschrieben, das *Posthistoire* hieß – so auch der Titel meines neuen Buches *Nachgeschichten*. Mein Begriff von Nachgeschichte hat jedoch eine ganz andere Wurzel. Im Jahre 1945 stellte sich mir die Frage: Kann man leben? Ich habe lange Zeit eine Liste geführt, auf der ich Argumente pro und kontra Selbstmord aufgeführt habe. Ich habe mich nicht umgebracht. Aber nachdem man sich entschlossen hat, daß man sich nicht umbringen kann, weil man zufällig nicht in Auschwitz war, stellt sich die Frage, wie kann man überhaupt noch etwas machen? Die Geschichte war zu Ende, Auschwitz kann nicht mehr übertroffen werden. Es war alles zu Ende. Infolgedessen war doch eigentlich alles Überlegen, alles Handeln, jede Tat und jedes Leiden nachgeschichtlich. Und damit habe ich mich lange beschäftigt. Das Wort Nachgeschichte war in mir, ich habe mir lange Zeit gedacht, vielleicht kann man aus der Geschichte in . . . – wie soll ich sagen, ich fürchte mich da vor dem Wort, es gibt Sanskrit-Worte, Pali-Worte, die das sagen – wenn Sie das deutsch sagen, ist das nicht sehr gut. Kurz und gut, ich habe mich zwei, drei Jahre darin versucht, und dafür habe ich mich vor mir selber geschämt, weil ich mir gedacht habe: Das ist eine Gymnastik. Man kann nicht mit der Gymnastik aus der Geschichte ausbrechen. Und dann also habe ich angefangen, ein bißchen tiefer und breiter nachzudenken. Ich will nicht leugnen, daß verschiedene französische Juden und auch amerikanische Juden in eine ähnliche Richtung getrieben wurden. Ich will nicht leugnen, daß es zum Beispiel bei der Hannah Arendt oder bei Marcuse, bei Derrida oder bei Levinas auch solche Ansätze gibt. Aber das ist nicht eine exklusiv jüdische Erfahrung, es ist die Auschwitz-Erfahrung. Als ich das letzte Mal in Graz war, hat jemand dort von Katastrophendrohungen gesprochen. Ich bin wütend geworden und habe gesagt: Ich bitte Sie, was wollen Sie, die Katastrophe ist doch hinter uns, Auschwitz ist doch hinter uns! Da bin ich zu mir gekommen und habe gemerkt: Ja, ich bin aus der Geschichte draußen, aber es gibt Leute, die sind noch drin. Plötzlich bin ich mir bewußt geworden: Die Leute, die da von dem Blödsinn, von Tschernobyl und solchen Sachen reden, die sind noch in der Geschichte. Natürlich ist das ein Blödsinn. Denn für mich war Treblinka. Nachher kann doch nichts mehr passieren.

Ihr Denken hängt also sehr mit Ihrer persönlichen Erfahrung zusammen.

Nein, mit meiner interpersönlichen. Ich war ja nie dort.

Oder mit der Erfahrung einer Generation. Für mich stellt sich das zum Beispiel anders dar.

Ja. Ja. Und der Tatsache, daß ich ein Jud' bin. Und daß ich ein alter Jud' bin. Und daß ich ein Prager Jud' bin. Da haben Sie recht.

Aber es gibt doch Katastrophen, die sich noch ereignen können. Gerade das, was man jetzt ...

Ja natürlich, aber wissen Sie, das meine ich ja nicht, ich meine es anders: Wenn Sie im Fluß der Ereignisse schwimmen, dann können Katastrophen stattfinden. Wenn Sie aus dem Fluß der Ereignisse herausgeschleudert wurden, was geht Sie das an? Ich bin herausgeschleudert worden. Ulysses, falls Sie wissen, was das Wort Ulysses heißt: ein Nicht-jemand, das Gegenteil zu Jedermann.

Sie sagen, verschiedene Dinge gehen zu Ende. Geschichte, aber auch zum Beispiel Politik.

Das ist ein wichtiger Teil der Geschichte. Es geht zu Ende, was wir die historischen Kategorien genannt haben. Oder sie sind bereits zu Ende, ohne daß wir es wissen. Philosophie und Wissenschaft und Politik und Kunst, alle diese Kategorien greifen doch nicht mehr, packen doch nicht mehr zu. Aber das Herrliche, jetzt im Leben zu sein, ist, daß wir im Niemandsland sind. Ulyssesland. Alles, was wir machen, ist gut. Sollen andere kommen und es besser machen. Wir sind Pioniere. Jeder Blödsinn, den wir machen, ist gut. Es hat ihn ja auch niemand anders vorher gemacht. Deshalb versuche ich zum Beispiel, Fabeln zu schreiben. Hat ja noch niemand vor mir eine Fabel geschrieben.

Wenn man Ihre Schriften liest, hat man das Gefühl, Sie pendeln immer so unentschlossen zwischen der Euphorie darüber, was alles machbar ist, und den doch auch deutlichen Ängsten, daß sich zum Beispiel die Technologie oder die sogenannte Kommunikationstechnologie eben nicht dialogisieren läßt oder gerade einen neuen Herrschaftszusammenhang einsetzen wird.

Also Sie sagen, in meinen Schriften sieht man einerseits die Begeisterung fürs Neue und andererseits das Entsetzen. Aber das ist ja das Neue, das Neue ist immer entsetzlich – und begeistert. Wenn das Alte tot ist, dann ist man in einem . . . dem, was die Alten »Enthusiasmos« nannten – das Entsetzen, Gott im Bauch, Gott aufgefressen zu haben. Ich sehe das orphisch. Da haben die Mänaden diesen Bock zerfetzt, diesen Jesus da in Stücke zerfetzt, haben von seinem Blut und von seinem Fleisch genossen und sind jetzt besoffen. Nüchtern sind sie nicht. Das ist doch kein Widerspruch.

Die Gewißheit, daß alles, was besteht, auch wert ist, daß es zugrunde geht.

Aber das ist nicht teuflisch.

Ihre Analyse baut doch auf gewissen Gegebenheiten auf, Prognosen zu entwerfen . . .

Ich würde es nie Prognosen nennen . . .

Oder Szenarien . . .

Ja, Projektionen, ja . . .

Und eine Ihrer spektakulärsten Aussagen lautet, daß Sie im Laufe der 90er Jahre mit dem Ende der Steinzeit rechnen.

Hoffentlich sehen Sie das Lachen dabei, oder nicht?

Welches sind jetzt die empirisch vorhandenen, einschneidenden Veränderungen, von denen Sie sich diesen Austritt aus der Steinzeit erwarten?
»Was du ererbt von deinen Vätern, erwirb es, um es zu besitzen.« Das »erwirb es« ist das Interessante, und nicht mehr das Besitzen. Ich glaube, die Ökonomie ist nicht mehr der Unterbau.
Was tritt an ihre Stelle?
Nichts. Warum müssen Sie so stabil denken?
Nun, es gibt Geschichtskonzeptionen, die erklären die Geschichte als einen Prozeß der Zivilisation oder als Klassenkämpfe, und bei Ihnen spielen eben technische Bilder eine sehr wesentliche Rolle.
Technik! Nicht nur Bilder, Technik! Ich glaube, die Geschichte ist die Geschichte der Technik. Und die Technik ist immateriell. Die Technik macht keine Objekte.
Es bleibt doch immer ein Rest an Hardware. Es kann nicht nur Software geben.
Ja, es bleibt noch ein Rest von Körper.
Deswegen glaube ich . . .
Nein, nein, radikalisieren Sie mich nicht! Ich meine nicht, daß alle Hardware verschwindet. Ich meine, wir werden kein Interesse mehr haben, Hardware zu besitzen.
Wer mit Software umgehen will, der braucht doch . . .
Ein bißchen Hardware braucht er. Aber das ist nicht mehr das Interessante. Es ist nicht mehr das Interessante, ein Haus zu haben und ein Auto zu haben und ein Bankkonto zu haben, obwohl das Bankkonto schon ziemlich »soft« ist. Das Interessante ist doch jetzt, etwas zu erleben, etwas zu genießen, etwas zu lernen, etwas zu machen. Zwei Kleinigkeiten haben mir das als Bub beleuchtet. Erstens, als ein Fabrikant mir einmal sagte, mein Vater spiele Golf, um Geschäfte zu machen. Und ich mache Geschäfte, um Golf zu spielen. Das war eine ziemliche Erleuchtung. Und zweitens stand in einem von diesen Büchern über Sexualverhalten, die in den 50er Jahren herausgekommen sind: Früher gab es eine ganze Menge verschiedener Arten des Sexualverhaltens, die darauf abzielten, gesellschaftliche Karriere zu machen. Und jetzt gibt es eine ganze Menge Karrieren, die es darauf absehen, sexuellen Erfolg zu haben.

Das heißt, Sie sehen eine Tendenz zu einer Ökonomie der Verschwendung?
   Nein, das habe ich nicht gern, das Wort – lieber eine Tendenz zu einer Entwertung des Besitzes und zu einer Verwertung der Erfahrung. Wobei bei der Erfahrung das Wort Gefahr immer mitspielt.
   Ein mögliches Zukunftsszenario besteht doch darin, und das hat ja eine gewisse empirische Grundlage, daß die Menschen nicht nomadisiert werden, zumindest nicht als Körper, sondern sehr stationär werden, daß sie zum Beispiel daheim vor ihrem Monitor sitzen und dann über Minitel einkaufen...
   Die sitzen nicht, diese Leute...
   Die bewegen sich in virtuellen...
   ...in Telepräsenz. Was sitzt, ist der Popo, aber nicht der Empfänger und Sender von Informationen.
   Aber gewisse Erfahrungen würden dann auch schrumpfen oder verlorengehen, also zum Beispiel die Erfahrung körperlicher Bewegung.
   Es gibt eine Körperinflation: diese Sonnenanbeter und Jogger. Und wie bei jeder Inflation ist das ein Zeichen der Entwertung. Ich glaube, daß der Körper so betont wird, ist ein Zeichen dafür, daß er entwertet ist. Dann kommt eine Sache dazu, ich traue es mich kaum zu sagen: In dem Maße, in dem die Unsterblichkeit immer mehr in die Nähe des Machbaren rückt ... Sie ist zwar bei weitem noch nicht technisierbar, aber sie ist im Bereich des Technisierbaren. In dem Maße, in dem das eintritt, ist der Körper vollkommen entwertet.
   Und Sie glauben, daß das eines Tages tatsächlich eintritt?
   Weiß ich nicht, aber ich sehe nicht ein, warum es nicht eintreten sollte. Na, hören Sie mal. Zum Beispiel die Tatsache, daß der Tod nicht definierbar ist und infolgedessen hinausgeschoben werden kann – ad libitum. Ist das nicht schon eine starke Annäherung an die Unsterblichkeit? Der Franco ist doch nur gestorben, weil es die Leute wollten. Nehmen wir einmal an, es gelingt Ihnen, ein Hologramm Ihres Gehirns zu machen, das genauso dicht definiert ist wie Ihr Gehirn. Sie können sich multiplizieren. Oder Sie können die Informationen, die in dem Gehirn sind, mit Lichtgeschwindigkeit auf den Sirius schicken, und dann sitzen Sie auch auf dem Sirius. Interessant. Provozieren Sie mich nicht! Es gibt doch Hunderte von Möglichkeiten. Also zurück zu den ernsteren Dingen. In dem Maße, in

dem die Unsterblichkeit wenigstens in den Bereich des Machbaren rückt und infolgedessen, wie alle Mythen, ihre schäbige Seite zeigt, also zeigt, daß die Unsterblichkeit kein Desideratum ist oder der Tod plötzlich außerordentlich wünschenswert wird, entwertet sich der Körper. Als der Mensch erschienen ist auf der Welt – wir sind doch große Tiere –, was glauben Sie, was wir für einen Eindruck erweckt haben in der Savanne? Nehmen Sie hunderttausend von solchen eindrucksvollen Viechern und stecken Sie sie in einen öffentlichen Rahmen und lassen Sie sie alle die Hände hochheben und brüllen, so verwandeln Sie dieses Viech in ein politisches Tier. Jedes Pferd ist doch hervorragender als alle diese hunderttausend zusammen. Es ist die Devaluation des Körpers durch die demokratische Inklusion. Das halte ich für außerordentlich wichtig. Ich brauche kein Nationalökonom zu sein, um zu wissen, daß, wenn es 2000 Menschen gibt und wenn es fünf Milliarden gibt, daß damals die Menschen mehr wert waren als heute.

Von welchem Standpunkt aus?

Vom Standpunkt der Rarität, vom Standpunkt der Informationstheorie aus. Wenn ich vor einer Million Jahren einen Menschen getroffen habe, so war das eine Information, und wenn ich heute in Graz einen Menschen treffe, so ist das keine Information.

Mir ist der Standpunkt der Informationstheorie kein sonderlich sympathischer.

Wieso? Sie müssen das koppeln mit dem, was ich gesagt habe über die Nächsten. Sie müssen dann sagen: Sie, nach dieser Unterhaltung, sind mir etwas wert. Eine Million Chinesen sind mir Wurscht. Das ist Proxemik. Es täte mir mehr leid, wenn ich hören würde, Sie haben Lungenentzündung, als wenn ich lese, daß eine Million Chinesen ersoffen sind. Ich glaube, das hat Jesus gemeint, nicht? Also ich meine, daß jedesmal, wenn ich mit Ihnen einen persönlichen Kontakt anknüpfe, ich Sie anerkenne und mich daher in Ihnen erkenne, daß ich Gottesdienst tue. Und daß, wenn ich sage, eine Million Chinesen sind mir Wurscht, ich Heide bin. Daß ich Paganismus mache. Ich glaube, Humanismus ist etwas ganz Miserables. Ich glaube statt an Humanismus an Altruismus.

ROBION, 1990

Im Oktober 1990 besuchten Sabine Kraft und Philipp Oswalt, zwei Redakteure der Architektur-Zeitschrift *Arch+*, Vilém Flusser in seinem Haus in der Provence und führten die nachfolgende Unterredung.

Wir erleben zur Zeit die Geburt – oder vielleicht müßte es richtiger heißen: die Verbreitung – mehrdimensionaler elektronischer Räume. Diese werden nicht nur das Entwurfs- und Raumverständnis der Architekten revolutionieren, sondern auch unser Weltbild in Frage stellen. Virtuelle Realität ist das Modewort für diese elektronisch erzeugten Welten, für den Cyberspace. Was heißt eigentlich virtuell?

Virtuelle Realität ist ein eckiger Kreis. Virtuelle Realität gibt es nicht, genausowenig wie eckige Kreise. Cyberspace ist tatsächlich ein Modewort. Aber Virtualität ist kein Modewort, sondern ein grundlegender Begriff der Ontologie.

Wir arbeiten traditionell mit Gegensätzen wie wahr/falsch, wirklich/unwirklich. In den letzten 50 Jahren hat sich erwiesen, daß diese Gegensätze nicht haltbar sind, daß wir eher in den grauen Zonen zwischen den Gegensätzen zu denken haben und daß diese Gegensätze Extrapolationen sind. Die klassische Logik geht davon aus, daß es nur drei Typen von Aussagen gibt: wahre Aussagen, falsche Aussagen und Sinnloses. Sowohl wahre als auch falsche Aussagen sind leere Aussagen, die aus dem sinnvollen Diskurs formal extrapoliert werden können – tautologisch. Ein wahrer Satz ist wahr, weil er nichtssagend ist. Der Satz 1+1=2 ist wahr, weil sein Wahrheitsbereich im Satz 2–1–1=0 liegt. Falsche Aussagen sind falsch, weil sie, da widerspruchsvoll, alles sagen. Der Satz: »Es regnet, oder es regnet nicht«, ist wahr, weil nichtssagend, während der Satz: »Es regnet, und es regnet nicht«, immer falsch ist, weil alles sagend. Bedeutungsvolle Aussagen liegen dazwischen. Ein Satz ist nur dann interessant, wenn er mehr oder weniger wahr ist.

Wenn Sie nun davon ausgehen, daß ein wahrer Satz wahr ist, weil er eine Wirklichkeit aussagt, dann folgt daraus, daß das Wort »wirklich« bedeutungslos ist, und ebenso bedeutungslos ist »unwirklich«. Wenn Sie nun diese beiden Horizonte so ausklammern: »nichts ist *völlig* wirklich«, und

»nichts ist *völlig* unwirklich«, dann entsteht eine neue Ontologie. Diese Ontologie hat es mit jenem Feld zu tun, das zwischen wirklich und unwirklich liegt, und dieses Feld heißt in der Tradition »möglich«. Infolgedessen hat die Ontologie es gegenwärtig mit Möglichkeiten, mit Potentialitäten zu tun. Potentialitäten stoßen gegen zwei Grenzsteine. Sie gehen von der Grenze des Unwirklichen aus und beginnen mit dem Unwahrscheinlichen, vom Unwahrscheinlichen gehen sie zum immer Wahrscheinlicheren über, und dort, wo das Wahrscheinlicherwerden den höchsten Grad erreicht, dort, wo es daran ist, ins Wirkliche umzustürzen, spricht man von virtuell. Wahrscheinlichkeiten können zum Virtuellen gesteigert werden. In der umgekehrten Richtung werden die Möglichkeiten je unwahrscheinlicher sie werden, immer informativer, zu Informationen gesteigert. Die Ontologie ist gegenwärtig eine Disziplin, die von jenem Feld handelt, das zwischen virtuell und informativ pendelt.

Könnte man nicht alles, was nicht im Hier und Jetzt präsent ist, als virtuell bezeichnen?

Auch das Hier und Jetzt ist virtuell. Dieser Stuhl hier ist ein Teil der wahrgenommenen Welt. Für einen naiven Realisten ist er wirklich, obwohl er doch gelernt hat, daß er ein Haufen schwirrender Teilchen ist. Wieso wird diese Virtualität für wahr angenommen? Weil wir sehen, hören, anfassen können, weil das Zentralnervensystem die Sinneseindrücke irgendwie prozessiert hat. Es empfängt punktuelle Reize. Diese punktuellen Reize sind digital codiert, das heißt, die Nervenenden empfangen einen Reiz oder empfangen ihn nicht, 1 oder 0. Diese Reize werden in spezifischen Regionen des Zentralnervensystems zu Wahrnehmungen prozessiert. Sie werden sichtbar, hörbar, fühlbar, tastbar oder schmeckbar. Die Wahrnehmungen werden dann zu Anschauungen prozessiert und die Anschauungen für desto wirklicher gehalten, je dichter und genauer sie prozessiert sind. Der Wirklichkeitsgrad, es müßte natürlich Virtualitätsgrad heißen, ist eine Funktion der Dichte der Komputationen. Hier haben wir die Antwort: Der Stuhl wird als wirklich wahrgenommen, auch von jemandem, der weiß, daß er aus Punktelementen besteht, weil die Punkte vom Zentralnervensystem sehr dicht prozessiert werden. Das ist das Fundament des virtuellen Raums.

Der Cyberspace simuliert das Zentralnervensystem. Er rafft digital komputierte Punktelemente und versucht sie mindestens so dicht zu raffen wie das Zentralnervensystem. Bis vor kurzem hat er nur optisch gerafft. Jetzt gibt es Instrumente, Helme und Handschuhe, die auch taktil raffen können, und es gibt Ansätze zu einem akustischen und chemischen Raffen.

Auch ein Roman oder ein Theaterstück ist eine virtuelle Welt, in die ich hineingezogen werde, in der ich mich gedanklich bewege. Was ist der Unterschied zu einem Aufenthalt im Cyberspace?

Dostojewski oder Shakespeare wußten: »We are such stuff dreams are made of.« Sie haben uns eine andere Art von Traum, als wir sonst träumen, vorgeschlagen.

Die Virtualität des Cyberspace ist gegenüber der Virtualität des Iwan Karamasoff also nur eine Steigerung?

Dostojewski hat eine alternative Virtualität aufgebaut. Wir können diese Virtualität numerisch generieren, wir können sie in die kleinsten Elemente, in Punkte zersetzen und neu komputieren. Der Cyberspace ist in dieser Hinsicht eine Superkunst, denn er ist auf Theorie gestützt.

Aber es gibt einen wesentlichen Unterschied: Wenn ich einen Roman von Dostojewski lese, muß ich mir selbst ein Bild machen von dem, was ich lese. Im Cyberspace nehme ich die bereits vorhandenen Bilder wahr. Der Cyberspace externalisiert mentale Vorgänge...

... neurophysiologische.

Es ist eine andere Art der Rezeption. Kann man nicht sagen, bei Dostojewski bin ich aktiv, weil das Medium Sprache die Bilder nur evoziert und ich selbst die Transformation leiste, während der Cyberspace mir diese Leistung abnimmt?

Sie sind zu sehr dem Mentalen verhaftet. Wenn Sie in einen Cyberspace hineingehen, koppeln Sie gewissermaßen das Zentralnervensystem an das Computersystem. Das ist genauso aktiv oder inaktiv wie Dostojewski lesen. Nur wird bei Dostojewski das Zentralnervensystem weniger gefüttert.

Aber der Cyberspace reduziert das Maß an Subjektivität, das jede sprachliche Kommunikation offenläßt. Der Cyberspace überläßt nichts mehr der eigenen Vorstellungskraft, er ist eindeutig.

Das muß nicht sein. Er kann ja auch mehrdeutig konzipiert sein. Das kommt darauf an, wie Sie den Raum entwerfen. Nehmen wir einen Möbiusraum; den erleben Sie doch in jeder Schleife anders. Vielleicht kommen wir der Sache näher, wenn wir mit dem Begriff »Gesamtkunstwerk« operieren.

Dieser Begriff ruft die nicht sehr positive Assoziation von kollektiver Sinnstiftung und Surrogat hervor.
Es gibt kein Echtes, nichts ist echt. Also bitte, Surrogat wofür? Wenn wir endlich diese Idee verlieren, daß es irgend etwas gibt, das echt oder wahr oder wirklich ist, dann ergibt auch das Wort Surrogat keinen Sinn mehr. Können wir uns darauf einigen, daß das Zentralnervensystem ein Gesamtkunstwerk macht, oder sagen wir, die Lebenswelt ist ein Gesamtkunstwerk. In der Genesis wird gesagt, wir sind Kunstwerke, wir haben einen Schöpfer, einen Autor und sind Teil eines Gesamtkunstwerks, das heißt Schöpfung. Der Schöpfer hat dieses Gesamtkunstwerk mit einem eigenartigen Rückspiegel ausgestattet, der es uns erlaubt, darauf zu kommen, wie das Ganze hergestellt ist. Sie können damit nach innen schauen, dann kommen wir auf den Autor in uns, oder nach außen, dann kommen wir auf den Autor um uns herum. Kurz und gut, wir sind darauf gekommen, daß der »Schöpfer« nur eine unter vielen Virtualitäten des Raums geschaffen hat, und jetzt machen wir es ihm nach und schaffen andere. Dadurch haben wir uns abgesetzt und sind zu unserem eigenen Autor geworden. Gott ist also *ein* virtueller Raumerzeuger, und jetzt kommen andere.

Man kann Gott verbessern, es gibt typische Entwicklungshelfer. Descartes hat mit Recht gesagt: »Gott ist ein Mathematiker, aber ein schlechter.« Doch das ist nur der primitive Anfang, den die Cyberspace-Leute machen. Gescheiter ist es, ich fange von Neuem an, ich mache ganz andere Gleichungen. Dann kann von Simulation keine Rede mehr sein. Es könnten sogar nachher Leute kommen und sagen, die originale Lebenswelt sei das Surrogat eines spezifischen kybernetischen Raums. Die Tendenz des Cyberspace geht dahin, daß er enger rafft als das Zentralnervensystem. Wenn dieser Schritt getan ist, dann wird die Welt der Sinne weniger virtuell als die des Cyberspace. Wenn wir dann aus der Sinnenwelt in einen Cyberspace übersiedeln – vielleicht ist das im Golfkrieg bereits passiert –, dann wird die Welt der Sinne wie eine Traumwelt erscheinen, und der geraffte, virtuelle Raum wird als realer wahrgenommen werden als die Welt der Sinne. Das Wirklichkeitsgefühl, das uns das Zentralnervensystem verleiht, kann weit übertroffen werden. Wir können in Virtualitäten schreiten, die realer sind als die Virtualitäten der Lebenswelt.

Was wir bisher an technischen Realisierungen des Cyberspace gesehen haben, ist gegenüber den Sinnesleistungen des Menschen derart ärmlich, daß das eine sehr spekulative Perspektive zu sein scheint. Nehmen wir doch die Sinneswahrnehmung, zum Beispiel den Tastsinn. Das Tasten ist ganz schön komplex. Es erfaßt Oberflächenstrukturen wie rauh oder glatt, übermittelt Temperaturen wie warm oder kalt, und es erfaßt über den Widerstand der Materie – ob sie hart oder weich ist – ihre Festigkeit, den Kräfteverlauf.

Ein glänzendes Beispiel. Jetzt passen Sie auf: Warum glitzert die Lehne dieses Stuhls, obwohl Sie nicht tasten können, daß sie glitzert? Weil es Metall ist. Bei metallischen Molekülen gibt es spezifische Elektronen, die im Umlauf um die einzelnen Atome schwirren und die nicht im Molekül gebunden sind. Wir ertasten eine Oberfläche als glatt, aber das Auge nimmt wahr, daß diese Oberfläche unexakt ist, daß in Wirklichkeit die Abgrenzung zwischen diesem Metall und der Luft nicht so deutlich ist, wie es das Tastempfinden nahelegt. Also betrügt mich mein Tastsinn.

Die Sinne wirken zusammen. Einzeln sind sie betrügbar.

Ja, aber sie kontrollieren einander nicht perfekt. Die Sinne betrügen mich auch in ihrem gegenseitigen Zusammenarbeiten immer wieder. Kurz und gut, die Sinnenwelt ist schlecht komputiert und nicht besonders gut, wie Sie glauben. Das kann ich weitgehend verbessern, sichtbar machen, was ich bisher nicht sehe, oder vielleicht die fliehenden Elektronen ertasten.

Die Frage ist nur, ob die Art, wie die Sinnenwelt sich zusammensetzt, nicht etwas mit der Stabilität des Ich zu tun hat. Vielleicht würden wir ja, wenn die Sinne viel perfekter arbeiteten, wahnsinnig werden, wegen der Überlastung an Reizen und Informationen.

Es gibt kein Ich, das ist das Malheur. Das Ich ist ein Resultat dessen, was die Sinne zusammengeben. Das Ich ist der Knotenpunkt, wo sich diese Informationen kreuzen.

Die Leistung der Sinne ist also beliebig steigerbar?

Nicht beliebig. Aber bereits wenn Sie sich eine Brille aufsetzen, gehen Sie von der Sinnenwelt in einen Cyberspace. Ich habe mir, wie so viele Leute, den Kopf über das Teleskop zerbrochen. Das Teleskop ist eines der ersten kybernetischen Instrumente, das einen Cyberspace herstellt.

Aber sind die Sinne nicht das, was Wirklichkeit erst herstellt?

Nicht mehr seit dem 15. Jahrhundert. Seit dem 15. Jahrhundert traut kein gebildeter Mensch mehr der Sinnenwelt. Wir haben in der Tradition immer die Frage gehabt, gibt es überhaupt so etwas wie eine Wirklichkeit? Nehmen Sie Descartes: Er sagt, ich kann der Wirklichkeit, dem, was ich wahrnehme, nicht trauen. Wenn ich einen Stab im Wasser sehe, so sagen mir die Augen, daß er gebrochen ist, und die Hand, daß er ganz ist. Ich kann meinen Sinnen nicht trauen, denn vielleicht gibt es einen bösen Geist, der mir vormacht, daß ich etwas wahrnehme, während ich alles träume. Ein *malin esprit* hat mir diesen Wirklichkeitsbegriff eingeflößt. Das einzige, woran ich nicht zweifeln kann, ist die Tatsache, daß ich zweifle. Es gibt nichts, das nicht bezweifelt werden kann. Wenn Sie an den Sinnen festhalten, gibt es keine Wissenschaft. Die Welt der Wissenschaft hat einen unsinnlichen Parameter.

Eine Ausweitung der Sinne?

Nein, nicht einmal eine Ausweitung, eine Korrektur des Sinnlichen. Die Wissenschaft ist im strikten Sinn des Wortes über-sinnlich.

Und der Cyberspace ist sozusagen eine Verbildlichung – oder in Ihrer Terminologie: ein »Einbilden« – der wissenschaftlichen Welt.

Er ist eine außerordentliche Erweiterung der wissenschaftlichen Weltanschauung, ein Durchbruch durch die Objektivität. Nehmen Sie den Streit um das heliozentrale System, um die Frage: Was ist die Wirklichkeit? Dreht sich in Wirklichkeit die Sonne um die Erde oder die Erde um die Sonne? Heute sagen wir, das ist ein falscher Streit, es kommt darauf an, was ich will. Will ich meine Rechnungen in einer bestimmten Weise machen, dann dreht sich die Sonne um die Erde, will ich sie anders machen, dann dreht sich die Erde um die Sonne. Aber ich kann auch einen Raum entwerfen, in dem sich weder die Sonne um die Erde noch die Erde um die Sonne dreht. Sagen wir, beide kreisen um einen Punkt, den ich fixiere. Dann habe ich ein astronomisches Weltbild nach meinem Willen. Das ist genauso real oder irreal wie die vorangegangenen. Es ist einfach ein anderer virtueller Raum. Oder ich mache eine Astronomie in einem Riemannschen Raum. Sie ist um nichts weniger real, als eine Astronomie in einem euklidischen Raum. Der Raum hat eine Vielzahl von Virtualitäten. Vielleicht ist sie nicht unbegrenzt, aber sie ist sehr groß. Wir wissen, daß die Sinnenwelt nur eine Virtualität ist. Ich kann ebenbürtige Räume denken, nicht vorstellen, aber denken und dazu die Gleichungen aufstellen. Im Fall der sinnlichen Virtualität heißen diese Gleichungen, grob gesprochen, Naturgesetze. Im Fall der anderen virtuellen Räume sind dann nicht mehr die

Naturgesetze, sondern andere Gesetze konstitutiv. Ich kann jetzt einen virtuellen Raum nach dem anderen projizieren und erlebbar machen. Damit haben die Techniker eben begonnen.

Wir möchten jetzt mit Ihnen den Einfluß der elektronischen Welten, der Informations- und Kommunikationstechnologie auf die Architektur diskutieren. Im allgemeinen wird dieses Thema heute unter dem Schlagwort »immaterielle Architektur« debattiert. Sie haben einmal den Begriff »immateriell« kritisiert, weil Sie sagen, auch angeblich immaterielle Dinge haben einen materiellen Aspekt. Das Materielle, der Stoff, ist das »Was« der Form, und die Form ist das »Wie« des Stoffs. Bezogen auf die Architektur heißt das, sie hat einen formalen Aspekt, einen stofflichen Aspekt und – wir möchten noch einen dritten Begriff einführen – einen programmatischen Aspekt.

Die Architektur ist eine formale Disziplin so wie die Musik und die Mathematik. Da die Architektur es mit Formen zu tun hat, ist für sie das Material vollkommen gleichgültig. Der Architekt liefert die Formen, mit denen Stoffe informiert werden. Infolgedessen ist es für den Architekten im Prinzip gleichgültig, ob der Stoff aus der Lebenswelt oder aus virtuellen Räumen kommt. Eigentlich müßte der Architekt genauso in virtuellen Räumen konstruieren können. Das ist in Wirklichkeit nicht so, weil der Stoff auf die Form zurückschlägt. Wenn ich eine Architektur in einem schwerelosen Raum mache, entsteht eine andere Architektur als in der Lebenswelt. Wenn ich von einer Architektur virtueller Räume spreche, dann meine ich, daß die Formen, mit denen der Architekt heute arbeitet, ein anderes Feedback haben als bisher.

Der Stoff ist gegenüber der Formgebung nicht indifferent. Materialien wie Holz und Stein haben unterschiedliche Eigenschaften, die sich auf die Form auswirken. Jeder Stoff schlägt zurück, weil er selber schon Informationen hat, er ist nicht ohne Informationen vorhanden. Unsere Überlegung ist nun: Gibt es nicht heute eine Verschiebung bei der Informierung des Gebäudes vom Architekten zu dem Bewohner des Gebäudes? Wenn man ein Gebäude als Apparat auffaßt – analog zu einem Computer –, dann kann man sagen, der Architekt macht mit der Form das Programm für das Gebäude, und der Bewohner ist der Nutzer des Programms und bringt das Programm zum Erscheinen. Das geht natürlich um so besser, je ephemerer die Materialien der Architektur sind, je dynamischer und flexibler.

Wenn das Haus aus dichter Luft wäre ...

... oder aus Licht, Klang et cetera. *Das sind sozusagen dynamische Stoffe, im Gegensatz zu den soliden Stoffen wie Holz und Stein. Energiegestützte Volumina sind dynamisch und damit besser steuerbar als Volumina aus soliden Stoffen.*

Das ist das, was man fälschlicherweise »immateriell« nennt. Es ist aber genauso materiell, nur ist das Material weniger dicht. Jetzt haben wir uns wieder dem Begriff »virtuell« genähert. Licht ist weniger virtuell als Holz; es ist weniger dicht gestreut. Verwenden wir statt virtuell ein deutsches Wort, sagen wir »wahrscheinlich«. Das deutsche Wort »wahrscheinlich« hat den großen Vorteil, das es sagt: Es schaut aus, als ob es wahr wäre. Es scheint wahr zu sein. Etwas scheint desto wahrer zu sein, je dichter es gestreut ist. Virtualität ist eine Funktion der Dichte.

Das heißt: Licht ist unwahrscheinlicher und informativer, also dynamischer als Holz. Es sind überraschendere Situationen damit herstellbar.

Mit dynamischen Stoffen meinen Sie wohl Stoffe, die näher der Energie sind. Falls ich unter Stoff geballte Energie verstehe, ist der Stoff desto dynamischer, weil näher der Energie, je weniger er geballt ist. Also ist in Ihrem Sinne Licht dynamischer und informativer, weil näher der Energie als dem Stoff.

Die Form, in der das Licht erscheint, kann leichter geändert werden.

Licht ist leichter artikulierbar. Ich kann Licht in mehr Formen bringen als Marmor. Es gibt Formen, die den Marmor zum Zerbrechen bringen, aber das Licht nicht. Also ist Licht besser formalisierbar als Marmor. Unterscheiden wir genau zwischen Informieren und Formalisieren: Formalisieren ist in eine Form hineinbringen. Und Informieren ist umgekehrt, eine Form draufgeben. Es sind komplementäre Dinge. Aber Marmor ist besser informierbar, insofern Marmor weniger informativ ist und er infolgedessen die Information länger hält. Wenn ich Marmor in die Form eines Würfels bringe, so hält diese Information hunderttausend Jahre. Bei Licht hält sie nur eine Millisekunde.

Man kann in der Architektur heute eine Verlagerung feststellen von soliden Körpern, also Körpern mit einem langen Gedächtnis wie Marmor, zu Körpern ...

... die ein kurzes Gedächtnis haben, weil sie leichter und reicher formalisierbar sind.

Wir haben das Gebäude mit dem Computer verglichen und gesagt, das Gebäude hat ein Programm, und das Programm ist flexibel, so daß es ganz unterschiedliche Szenen erzeugen kann. Man könnte das eine »dialogische Architektur« nennen in Analogie zu Ihrem Begriff einer »dialogischen Telematik«.

Bisher hat der Architekt ein Gebäude fertiggestellt. Und das fertige Gebäude wird dann bewohnt und genutzt. Bei einer dialogischen Architektur ist das Gebäude nie fertig, der Herstellungsprozeß des Gebäudes läuft während der gesamten Lebensdauer des Gebäudes ständig weiter und ist sozusagen ein Dialog zwischen den Nutzern und dem von Architekten entworfenen Programm des Gebäudes.

Sie meinen eine vernetzte Architektur, ein »intelligent building«. Das Gebäude wird zu einem Apparat, der macht, was der Mensch will.

Ja, das ist die eine Seite. In Ihrem Buch »Ins Universum der technischen Bilder« sprechen Sie von der Gefahr, daß die bilderzeugenden Automaten nur noch ihr Programm reproduzieren und dadurch redundant werden. Laufen auch intelligente Gebäude Gefahr, ihr eingeschriebenes Programm zu reproduzieren?

Ja. Der Fehler des intelligenten Gebäudes ist, daß ich es nicht abstellen kann. Und was macht es denn? Worin besteht seine Intelligenz? Es kocht Menüs, es legt die Post ab und beantwortet sie.

Oder es gibt Häuser, deren Toiletten automatisch Blutzucker, Blutdruck und andere medizinische Werte messen.

Und das Haus ruft automatisch den richtigen Arzt?

Das gibt es noch nicht, aber es wäre eigentlich sinnvoll und ließe sich lösen. Es gibt bereits Wartungsprogramme für Gebäude, die automatisch Reparaturdienste anfordern, wenn etwas nicht in Ordnung ist. Die intelligenten Häuser sind noch egoistisch, sie rufen den »Arzt« nur für sich selbst und nicht für den Nutzer. Aber die Tendenz des intelligenten Gebäudes geht offensichtlich dahin, daß es den Nutzer vor die Tür setzt.

Ja selbstverständlich, er stört. Aber ich kann mir ein voll intelligentes Gebäude nicht vorstellen. Das übersteigt meine Phantasie. Es müßte ja mit allen übrigen Gebäuden vernetzt sein.

In Ihrem Buch haben Sie eine Lösung für dieses Problem aufgezeigt. Sie sagen, die Programme der Automaten müssen gegen den Strich gelesen werden, man muß die Automation umdrehen, die Apparate kontrollieren, damit unwahrscheinliche Situationen erzeugt werden.

Wenn ein Gebäude beginnt, rundum intelligent zu werden, muß man anfangen, Sand im Getriebe zu sein, man muß die Gebäude wieder blöder machen. Ganz, ganz reiche Leute können sich dann ein völlig unintelligentes Gebäude leisten, in dem man selber kocht, das eigene Holz hackt und kein Telefon hat.

Bevor wir weiter von heutiger Architektur sprechen, müssen wir uns darüber klar werden, mit welcher Art von Räumen wir es zu tun haben. Es gibt mindestens drei Räume. Ich würde den ersten Raum »Lebensraum« nennen, den zweiten »Weltraum« und den dritten »Quantenraum«.

Der Lebensraum erklärt sich daraus, daß wir Würmer sind. Das heißt, wir sind Röhren, durch die die Welt reingeht und am anderen Ende rauskommt. Dadurch haben wir die Vorstellung von vorne und hinten. Außerdem sind wir bilateral symmetrisch, dadurch haben wir die Vorstellung von links und rechts. Und da wir aufrechte Würmer sind, haben wir die Vorstellung von oben und unten.

Der Lebensraum ist eine schmale Kiste, die theoretisch endlos lang und breit ist, aber maximal drei Meter hoch und zehn Zentimeter tief unter die Erde geht. Diese Kiste ist derartig flach, daß wir kubisch gesehen nicht zu Hause sind. Wir wissen nicht, wieviel Kubikmeter unser Haus hat. Im Lebensraum ist das Interessante das Quadrat. Wir wissen, unser Haus hat soundsoviel Quadratmeter, und da Quadratmeter gegen andere Quadratmeter durch Linien abgegrenzt sind, so ist die Grenze des Lebensraums eine Linie. Die Folge ist, daß unsere Orientierung im Raum geometrisch ist. Wir können nicht topologisch denken. Der Lebensraum ist geometrisch, weil er praktisch keine Höhe und keine Tiefe hat.

Die Architektur hat sich bisher nur im Lebensraum abgespielt. Aus diesem Lebensraum sind wir ausgebrochen, als wir begonnen haben zu fliegen. Es macht keinen Sinn mehr zu sagen, Köln ist soundsoviel Kilometer entfernt. Man muß jetzt sagen, Köln ist soundsoviel Stunden oder soundsoviel Dollars entfernt. Die Entfernung ist heute eine Frage der Proxemik. Die Architektur ist in diesem Sinne in einer Krise oder überholt.

Wir haben eine definitive Wissenschaft des Lebensraums. Wir denken newtonisch. Dieses Denken ist durch das Fliegen in eine Krise geraten, durch die Raumfahrt noch mehr, und Einstein hat diese neuen Erfahrungen formalisiert. Die Menschen sind nun gezwungen, dreidimensional zu denken, obwohl wir uns drei Dimensionen nicht vorstellen können. Zwar meinen wir zu wissen, was ein Liter ist, aber wir kommen sofort in Verwirrung, wenn man uns fragt, wieviel Liter in eine Badewanne gehen. Wir sind also gezwungen, topologisch zu denken. Das sind ganz andere Gesetze. Schon der Weltraum unterscheidet sich fundamental vom Lebensraum, es sind zwei ganz verschiedene Virtualitäten. Im Weltraum gibt es keine Körper, sondern nur Krümmungen. Ich kann sagen, die Erde ist eine Krümmung im Gravitationsfeld der Sonne, oder der Mond ist eine Krümmung im Gravitationsfeld der Erde.

Ich kann mir in meiner Phantasie eine Architektur vorstellen, die topologisch ist. In so einem Fall ist ein Gebäude etwas ganz anderes. Ein Gebäude in der Lebenswelt ist eine schützende Hülle. Hingegen ist ein Gebäude im Weltall eine Krümmung in einem Feld. Das Charakteristische eines solchen Gebäudes ist seine Attraktion, seine Anziehungskraft. Je tiefer die Krümmung ist, desto anziehender ist es und desto mehr tut sich infolgedessen. Raum als Krümmung ist zwischenmenschlicher Raum, Raum als Krümmung ist dialogischer Raum. Die Materialität des Gebäudes ist eine Funktion der Anziehungskraft. Ein Gebäude für zwei Leute ist weniger materiell, als wenn zwei Millionen Leute hineinpassen. Das Gebäude als Krümmung ist um so virtueller, je anziehender es ist.

Gut, dann gibt es noch einen dritten Raum, den quantischen Raum, den Planckschen Raum. Das ist jener Raum, auf den wir kommen, wenn wir den Lebensraum kalkulieren, ihn in Steinchen – *calculi* – zerlegen. Diese Steinchen kann ich immer weiter zerschneiden, und schließlich komme ich auf Teilchen, von denen ich nicht mehr sagen kann, ob sie Resultat meiner Teilung des Lebensraums sind oder meine eigene Projektion. Diese Teilchen bilden einen Raum. In diesem Raum gelten nicht mehr die Newtonschen Gesetze und auch nicht mehr die topologischen, sondern Modelle, die man hineinprojiziert. Wenn ich eine Teilchenperspektive einnehme, dann verhält sich alles im Raum wie Teilchen, und wenn ich eine Wellenperspektive – also eine prozessuale Perspektive – einnehme, dann verhält sich alles im Raum wie eine Welle. Natürlich kann ich sagen, der Raum besteht aus stehenden Wellen oder aus schwingenden Teilchen, aber das sind nur Artikulationsfragen. In Wirklichkeit passen die Begriffe »Prozeß« und »Element« nicht mehr in diesen Raum.

Dieser quantische Raum liegt unter dem Lebensraum und erhält ihn genauso, wie der kosmische Raum sich über ihm wölbt. Ich kann natürlich sagen, er geht mich nichts an, ich lebe nicht in ihm, ich kann ihn ja nur kalkulieren. Aber das geht nicht mehr, er bricht in die Lebenswelt ein, in Form von Nuklearenergie oder in Form von Katastrophen wie Tschernobyl und vor allem in Form von Cyberspace. Im Cyberspace dringt der quantische Raum in den Lebensraum ein.

Der quantische oder der kosmische Raum kann jede Dimension annehmen?

Der Raum hat die Dimension, die ich ihm in meiner Kalkulation aufsetze, zum Beispiel fraktale Dimensionen oder fünf Dimensionen. Wenn ich – wie Virilio – den Raum als eine Beschleunigung ansehe, dann hat er fünf Dimensionen.

Aber wie verhält es sich mit der vierten Dimension, der Zeit? Welcher Zeitbegriff gehört zu den drei Räumen?

Nicht nur die Räume dieser drei Welten, auch ihre Zeiten unterscheiden sich. Die Zeit der Lebenswelt ist die historische Zeit, der Strom. Das ist eine Zeit, die von der Vergangenheit in die Zukunft läuft. Sie läuft durch die Gegenwart hindurch und verweilt dort nicht.

Die Zeit des Weltraums ist durch das zweite Prinzip der Thermodynamik gezeichnet, es ist die entropische Zeit. Die Zeit ist der Zerfall der Information. Es gibt keine älteren oder jüngeren Phänomene, die »älteren« Phänomene sind nur komplexer als die »jüngeren«. Wenn alle Information zerfallen ist und alles so wahrscheinlich geworden ist, daß es beinahe real wird, dann ist die Zeit aus. Gäbe es eine Realität, gäbe es keine Zeit. Denn die Realität ist, und die Zeit ist ein Werden. Dort, wo etwas ist, kann nichts werden. Gäbe es die Wirklichkeit, so gäbe es keine Zeit mehr. Die Wirklichkeit ist der Tod und der Staudamm der Zeit.

In der Welt der kleinen Dinge ist die Zeit reversibel. Einerseits ist sie identisch mit der Zeit des kosmischen Raums – auch im Quantenraum zerfällt alles. Andererseits ist das der Raum, in dem Dinge entstehen, also wo es Negentropie gibt. Die eine Zeitform des kleinen Raums ist die Zeit, in der Carbonatome zerfallen, und die andere ist die Zeit, in der Heliumatome entstehen.

Architektur ist ein Versuch – wie alle intersubjektiven Versuche – die Zeit zum Stehen zu bringen. Sie ist ein Ausschnitt aus diesen drei Räumen. Vom Standpunkt der Zeit ist die Architektur einerseits historisch bedingt, das ist ihr Lebensweltaspekt. Andererseits ist das Gebäude eine Krümmung, in dem Beziehungen zusammenlaufen, das ist der Aspekt des kosmischen Raums. Und drittens ist das Gebäude der Ort, wo zugleich entropische wie negentropische Prozesse ablaufen; das Gebäude ist sowohl der Ort des Konsums, des Verbrauchs als auch der Ort der Kreativität.

Sind die unterschiedlichen Räume gleichzeitig präsent und kollidieren miteinander?

Ich würde eher sagen, sie überschneiden einander und bilden graue Zonen. Sie sind stellenweise und zeitweise gleichzeitig da. Der Lebensraum dehnt sich durch das Fliegen in den kosmischen Raum aus, und der Plancksche Raum greift als Cyberspace in den Lebensraum über.

Wir haben heutzutage Instrumente der Synchronologie, mit denen alle Räume gleichzeitig präsent sind. In dem Moment, wo ich diese Räume gleichzeitig schalte, bin ich aus diesen drei Räumen in eine stehende Zeit, in ein *nunc stans*, ein »stehendes Jetzt« ausgebrochen. Der neue Begriff, um den sich alles dreht, ist das »stehende Jetzt«. Das ist ein mittelalterlicher Begriff, der heute einen ganz anderen Sinn bekommen hat. Für das mittelalterliche Denken war Gott das »stehende Jetzt«.

Das »stehende Jetzt« hat keine Zeitdimension?

Nein, es steht außerhalb, es ragt heraus. Gott ist eine Invarianz, ist zeitlos, ist »immer jetzt«. Es scheint ein Widerspruch zu sein: »immer jetzt«; doch Gott ist »immer jetzt«. Aber die Television ist auch »immer jetzt«. Zu jeder Zeit ist jetzt.

Das »nunc stans« ist der zeitliche Parallelbegriff zur Ubiquität, zur Allgegenwart?

Ja. *Nunc stans* ist dasselbe in der Zeit, wie im Raum überall zugegen zu sein. Ich kann mir eine Architektur vorstellen, die mit diesem Problem der Proxemik arbeitet. Ich kann mir vorstellen, daß ein Architekt ein Gebäude baut zwecks »stehendem Jetzt« und »überall hier«. Vergleichen wir die Architektur eines Fernsehapparates mit der Architektur eines griechischen Tempels: Der griechische Tempel ist – wie schon der Name *nemos tempel* sagt – ein Ausschnitt aus dem Raum, um das Jetzt dort stehend zu machen. Ein Tempel ist ein Gebäude für Gott. Deswegen steht er auf einem Hügel. Er ist nicht politisch, er ist akro-politisch. Er ist jenseits des Lebensraums. Zweck des Televisionsapparats ist es, alles hier jetzt zum Erscheinen zu bringen.

... und zwar Gegenwart, Vergangenheit und Zukunft zugleich.

Ja. Gegenwart, Vergangenheit und Zukunft, »jetzt hier«, *nunc stans*. Wir verfügen zum ersten Mal über eine Technik, mit der wir alle Gebäude zu Tempeln machen. Ich kann mir eine Architektur vorstellen, in der die Zeit gefriert. Die Architekten können Götter machen. Dazu brauchen sie keinen kolossalen Cyberspace. Jedes Radio ist Modell dieser künftigen Architektur, die die Informationen anzieht und die Zeit behaust. Ein Gebäude, worin alles immer gegenwärtig ist, worin der Mensch überflüssig wird, sogar stört. Die Architektur ist übermenschlich geworden.

Neben den Lebensraum treten immer mehr und andere virtuelle Räume des Telefons, des Radios, der Television, des Computers. Diese Räume vermehren sich exponentiell. Werden wir in Zukunft in immer mehr Räumen leben?

Am Schluß bleibt nur noch ein Gebäude übrig. Ein wirklich anziehendes Gebäude würde alle Informationen anziehen. Es wäre ein Ort absoluter Negentropie, und überall herum wäre Entropie. Die Welt würde untergehen, und nichts würde übrigbleiben als dieses Gebäude. Und in diesem Gebäude wären alle Informationen – Gott.

Und der Mensch?

Der Mensch wäre ein Knoten in diesem Informationsnetz. Der Mensch würde seine Ich-Kapsel total aufgeben. Es gibt dann keine Menschen mehr. Die zwischenmenschlichen Beziehungen werden immer dichter und dichter. Innen drin sind sie so dicht, daß es nur noch Beziehungen gibt. Es gibt dann keine Leute mehr, die zueinander Beziehungen haben, sondern es gibt nur noch Beziehungen – was Husserl die »reine Intentionalität« genannt hat.

Wie orientieren wir uns in den verschiedenen Welten? Früher lebten wir nur in der Lebenswelt, jetzt dringen Quanten- und Weltraum in unseren Alltag ein. Die Architektur der soliden Volumina wird heute zunehmend mehr von elektronischen Welten ...

... nach unten und von Kraftfeldern nach oben durchkreuzt. Ich glaube, wir orientieren uns durch Maßstäbe. Maßstäbe sind Orientierungshilfen. In der Lebenswelt orientieren wir uns geometrisch. Wir sagen, ich wohne an der Kreuzung Straße soundso. Wir müssen dem Ort noch die Zeit hinzufügen. Die Römer haben nur zeitlich gewohnt. Sie haben gewohnt *sullae marioque consolidus*. In der kosmischen Welt orientieren wir uns topologisch und in der kleinen Welt durch den Probabilitätskalkül.

Wie orientieren wir uns aber, wenn die verschiedenen Welten zusammenkommen?

Wir orientieren uns in der Lebenswelt auch bereits probabilistisch. Wir machen Statistiken, schließen Versicherungen ab. Das entspricht der Organisation der quantischen Welt.

Das Problem der Orientierung beginnt bei der sinnlichen Wahrnehmung. Die kosmische und die quantische Welt sind zwar ohne Hilfe nicht wahrnehmbar, aber wir machen sie mit Teleapparaten sichtbar.

Wenn wir nun in einen Cyberspace eintreten, gelten plötzlich ganz andere Bedingungen für die Bewegung im Raum. Dabei werden Orientierungsschwierigkeiten auftreten, wie wir sie von der Seefahrt kennen. Bei der Seefahrt paßt sich der Körper an die Bewegung des Meeres an, und wenn man dann an Land geht, schwankt zunächst einmal das Land, man muß sich dem neuen Raum wieder anpassen.

Die Seefahrt ist ein sehr schönes Beispiel. Sie ist eine der ersten Bewegungen im Lebensraum, die mit virtuellen Räumen operieren muß. Sie muß mit der Krümmung der Erde rechnen. Die Krümmung der Erde ist nicht wahrnehmbar, sie ist typisch für eine Virtualität.

Führt es nicht zu Desorientierung und sinnlicher Verwirrung, wenn man zwischen den verschiedenen virtuellen Räumen hin- und herwandert?

Aber das tun wir bereits ununterbrochen. Wir sind uns dessen nur nicht bewußt. Wenn wir ein Radio oder eine Television einschalten, wechseln wir zwischen virtuellen Räumen. Wir sehen die Nachrichten im Fernsehen und sind uns dessen bewußt, daß das Bild, das wir sehen, telepräsent ist. Wir wissen, daß die Gegenwart des Sprechers nicht dieselbe ist, wie unsere eigene Gegenwart in dem Zimmer. Wir haben uns schon daran gewöhnt.

Bei dieser Form der Telepräsenz können wir noch Distanz aufbauen, weil der Fernseher nur einen sehr kleinen Teil unseres Blickfeldes in Anspruch nimmt. Wir sehen zwar im Fernsehen einen anderen virtuellen Raum, aber wir sehen zugleich auch das Zimmer, in dem der Fernseher steht, und es ist klar, mit unserem Körper befinden wir uns nach wie vor in der Lebenswelt.

Ist das so klar? Und wenn Sie statt Television Traum sagen? Wir wissen heute, daß die Lebenswelt genauso komputiert ist wie alle anderen Welten. Wir sind selber mit einem Teleapparat ausgestattet, dem Zentralnervensystem und seinen Sinnesorganen, das aus den möglichen Virtualitäten eine herausgreift. Andere Lebewesen nehmen ganz andere Bereiche aus dem Spektrum elektromagnetischer Wellen wahr. Es gibt keinen ontologischen Unterschied, keine Hürde zwischen der Lebenswelt und den übrigen Welten.

Aber damit verschwindet nicht das Problem, daß die eine Welt geometrisch, die zweite topologisch und die dritte probabilistisch organisiert ist. Die Wahrnehmung muß sich anpassen.

Wir können mit der reinen Mathematik Metadimensionen herstellen. Die *mathesis universalis* ist die allgemeine mathematische Sicht. Die *mathesis universalis* der Lebenswelt ist die Geometrie. Die *mathesis universalis* der kosmischen Welt ist die Topologie, wobei sich herausstellt, daß die Geometrie eine Spielart der Topologie ist. Und die *mathesis universalis* der kleinen Welt ist der Kalkül, wobei sich herausstellt, daß sowohl die Geometrie als auch die Topologie Spezialfälle des Kalküls sind. Wir können uns also in allen Welten auf Grund des Quantenprinzips orientieren, nur ist das nicht praktikabel.

Der Fernseher als zweidimensionaler Projektionsapparat steht in einem Raum und ist zugleich das Fenster zu einem anderen Raum. An diese Überlagerung von Räumen haben wir uns gewöhnt. Beim Cyberspace jedoch geht man in eine dreidimensionale Projektion hinein, man verläßt den anderen Raum, er verschwindet.

Es ist die Frage, ob er verschwindet. Ich werde Ihnen eine Geschichte erzählen: Im Golfkrieg landet ein Helikopter, nachdem er die Iraker bombardiert hat. Auf der Piste steht ein Reporter und will den Piloten interviewen. Der Pilot steigt aus dem Helikopter und hat den virtuellen Helm noch auf dem Kopf. Er hat ihn vergessen. Er schaut den Reporter an, und alle Geschosse des Helikopters richten sich auf den Reporter, drohen, ihn zu erschießen. Im letzten Moment reißt sich der Pilot den Helm vom Kopf. Wie ist das zu interpretieren? Der Pilot hat aus dem virtuellen Raum bombardiert, das heißt, seine Augen und sein Zentralnervensystem waren mit dem Helikopter zu einem einzigen System gekoppelt. Der ganze Helikopter kann als eine Prothese des Zentralnervensystems des Piloten angesehen werden. Infolgedessen hat sich der Pilot im Kern eines Cyberspace befunden. Und dieser Cyberspace war realer, wenn Sie so wollen, als die draußen liegende Wirklichkeit, so daß er beim Aussteigen aus dem Helikopter nicht gemerkt hat, daß er aus einem virtuellen Raum in einen »scheinbaren« Raum, nämlich jenen, der für den Reporter wirklich war, gewechselt hat. Im letzten Moment hat er sich daran erinnert, daß der Reporter nicht Teil der virtuellen Simulation ist, sondern Teil der Lebenswelt, und hat sich den Helm heruntergerissen.

Was die Schwierigkeiten mit der sinnlichen Orientierung betrifft, kann ich Ihnen keine andere Antwort geben, als daß es diese Schwierigkeiten immer gegeben hat. Es hat es schon immer gegeben, daß man der Lebenswelt entrückt war, nur haben wir die magisch-mythischen Qualitäten des In-virtuelle-Welten-Gehens verloren, weil wir diese Utopien realisiert haben. Früher hat man sich einen fliegenden Teppich vorgestellt, wenn man von einer Welt in eine andere fliegen wollte. Jetzt machen wir das maschinell, aber die Tatsache selbst hat sich nicht geändert. Solange man nicht fliegen konnte, war es ein Traum. Jetzt kann man fliegen, es hat die Traumqualitäten verloren, aber das Problem der Orientierung ist das gleiche.

Wir haben das Problem der Telepräsenz nicht richtig, nicht zivilisiert genug besprochen. Die Telepräsenz ist eine Verbindung zwischen zwei alternativen Welten. Bei der Telepräsenz bin ich in einem virtuellen Raum und bin mit einem anderen virtuellen Raum in Verbindung, ohne meinen Raum zu verlassen. Das ist so, jedes Mal, wenn Sie durch ein Fernrohr schauen oder wenn Sie fernsehen oder wenn Sie telefonieren. Warum rennt man dem Telefon so nach? Warum folgt man dem Läuten des Telefons mehr als einem Ruf? Es ist der andere Raum, der lockt oder einen hineinsaugt. Wenn jemand anruft, wo geschieht das? Kann man sagen, daß das Telefon ein Pseudopodium eines Raums ist, der in einen anderen hineinragt? Leider gibt es noch keine phänomenologische Untersuchung der Telepräsenz.

Ein anderes Beispiel ist der Telesex beim französischen Minitel. Ist das dieselbe Sexualität wie bei der Prostitution, oder ist es eine neue Art? Das geschieht nur akustisch, ohne Bild, aber hat angeblich eine außerordentlich starke sexuelle Attraktion. Was ist das für eine Sexualität?

Wenn ich mit Ihnen hier Schach spiele oder mit jemandem in Australien – ist das Teleschach dann dasselbe Schach? Ich weiß es nicht. Wenn ich an die Börse gehe, ist das dasselbe, wie wenn ich Börsennachrichten mit reversiblen Kabeln verfolge und somit auch kaufen und verkaufen kann?

Oder wenn ein Architekt eine Börse baut, so baut er das Gebäude in der Lebenswelt. Wenn er aber in diese Börse reversible Minitels einbaut – kann man dann sagen, daß das Gebäude, das der Architekt in Paris baut, auch in Avignon ist?

Wir sind jetzt an einem sehr wichtigen Punkt. Die Allgegenwart eines jeden Gebäudes ist ein Schlitz zu einem »stehenden Jetzt«!

Dieses »stehende Jetzt« der Telematik ist die völlige Durchdringung des privaten Raums mit dem öffentlichen Raum. In einem Gebäude sind nun potentiell alle Orte und Zeiten telepräsent. Das Pendeln des unglücklichen Bewußtseins zwischen dem In-der-Welt-Sein und dem Bei-sich-Sein kommt in der Mitte zum Stehen. Ist aber nicht dieses Pendeln eine Grundlage dafür, daß Information entsteht?

Selbstverständlich, es ist ja das Bewußtsein. Wenn öffentlich und privat zusammenfallen, kann keine Information mehr entstehen. Es ist dann ein Zustand völliger Entropie, eines bewußtlosen Glücks erreicht.

Nun überlagern sich nicht alle Räume und Zeiten auf einmal, vielmehr entstehen, wie Sie sagen, partielle Grauzonen der Überlagerung. Die Aufgabe des Architekten wäre es, diese Grauzonen so zu organisieren, daß sie sich zwar überlagern, aber öffentlich und privat nicht völlig in sich zusammenfallen und eine undifferenzierte Monotonie entsteht.

Darüber habe ich noch nicht genug nachgedacht, aber folgendes hat mich beschäftigt: Wir haben ein Telefax in mein Arbeitszimmer hineingestellt. Das war – um es mit Ihren Worten zu sagen – im Programm unseres Hauses enthalten, sonst hätte man es ja nicht hineinstellen können. Es war schlecht enthalten, wir mußten zwei Mauern durchbohren lassen, aber war schließlich doch enthalten. Haben wir nicht durch das Aufstellen des Telefax in andere Häuser eingegriffen? Gibt es jetzt nicht eine graue Zone zwischen meinem Haus und anderen Häusern mit Telefax? Ist das nicht eine neue Art zwischenmenschlicher Beziehung, die über die Räume hinweggreift und etwas mit Architektur zu tun hat?

Die Architektur der soliden Körper hatte früher unter anderem die Funktion des Fensters auf den Marktplatz. Man konnte sich am Fenster über das Geschehen auf der Straße informieren.

... ohne dabei naß zu werden. Es ist schon etwas Telepräsenz dabei, denn man zieht im Unterschied zur Tür den Körper nicht hinzu. Das Fenster kann als eine der ersten Formen von Telekommunikation angesehen werden, denn man wird nicht naß. Was man aus dem Fenster sieht, ist nicht die Lebenswelt.

Die Tür ist noch im Bereich des Taktilen und Motorischen, während das Fenster bereits das visuelle Weltfenster ist. Aber das Fenster ist trotz allem zu öffnen...

Aber wenn Sie sich Rosen anschauen, sind Sie doch anders virtuell, als wenn Sie sich an ihnen stechen.

Heute kann man sich mit telematischen Fenstern informieren. Man braucht nicht mehr aus dem Fenster zu schauen, um sich zu informieren.

Mit der Auswirkung, daß man jetzt wieder naß wird. Das ist ja das Komische. Das Fenster ist dazu gemacht, daß ich die Rose sehe, ohne mich zu stechen. Aber jetzt baut man Fenster, die so gemacht sind, daß mich die Rosen durchs Fenster stechen können. Die *datagloves* sind doch Vorrichtungen, daß man sich stechen kann. Wir können jetzt Filme zeigen, die stinken, oder mit Rosen, die duften.

Sie haben in Ihrem Buch »Ins Universum der technischen Bilder« ein Bild vom zukünftigen Menschen der telematischen Gesellschaft skizziert, ein Mensch, dessen Nervensystem wächst und dessen Körper schrumpft. Der zerebrale Bereich wird immer wichtiger, der Körper immer unwichtiger, und so schrumpft die Architektur der Lebenswelt auf ein minimales Behältnis für den noch erforderlichen Rest des Körpers zusammen. Der Mensch sitzt in einer kleinen Kabine und drückt Tasten.

Wir legen unsere alten Begriffe von »groß« und »klein« ab. Aus der Perspektive der Planckschen Welt ist nichts mehr klein, sondern alles riesig, ich bekomme andere Maße. Einerseits schrumpft alles, aber gleichzeitig dehnt es sich auch aus. Es schrumpft vom Standpunkt der Lebenswelt, es wächst gewaltig vom Standpunkt der intersubjektiven Relationen. Denn je weniger ich mich in der Lebenswelt bewege, weil ich mich mehr und mehr mit immer mehr anderen in Verbindung setze, um so mehr schrumpfe ich auf der einen Seite und wachse auf der anderen kolossal. Sie können doch unmöglich sagen, daß die Televisionskiste kleiner ist als unser Haus. Das hat doch keinen Sinn. Zwar geht sie in unser Haus hinein, aber die Welt geht in die Kiste hinein. Das ist das alte Paradox: Wie kann die Welt im Gehirn sein, wo das Gehirn in der Welt ist? Dieses Paradox ist ja die Welt.

Es werden immer mehr Funktionen, die früher die Architektur oder das Gebäude erfüllt haben, auf die Telematik verlagert . . .

. . . die ja als eine Architektur anzusehen ist.

Welche Aufgaben hat die Architektur der Lebenswelt dann noch neben ihren rein klimatischen Schutzfunktionen für unseren Rest an Körperlichkeit? Ihre These von der Zerebralisierung des Menschen und dem Schrumpfen seines Körpers bedeutet doch, daß auch die Gebäude der Lebenswelt miniaturisiert und zum Verschwinden gebracht werden. All die bisherigen Funktionen dieser Gebäude entschwinden in die elektronischen Welten, bis auf einen winzigen Rest, der nach wie vor notwendig bleibt. Die Frage ist, wie verhält sich dann die Telepräsenz zu »face to face«-Präsenz? Ist es nicht wahrscheinlicher, daß die Lebenswelt neue Funktionen dazugewinnen kann, nachdem sie von vielen alten befreit wird?

Ja, oder die alten vertieft.

Das kann heißen, daß sich eine neue Form der »face to face«-Präsenz entwickelt, genauso wie sich parallel zur Computerisierung eine neue Körperkultur entwickelt hat.

Was ich schön finde an dem Wort *face to face* ist ein gegenseitiges Anerkennen.

Dieses neue Interesse an direkter Kommunikation mit dem leibhaftigen Gegenüber kann man auch in den Städten beobachten. Vor zwanzig Jahren waren die Innenstädte tot, reine Einkaufsstraßen, die sich nach Ladenschluß entleerten. Heute ist das Gegenteil der Fall: Der öffentliche Raum hat – wenn auch mit anderem Inhalt – eine Renaissance erlebt. Die Leute gehen abends und am Wochenende in die Stadt, weil sie dort andere Menschen sehen und treffen können.

Das ist eine außerordentlich widerspruchsvolle Sache. Was Sie sagen, ist genauso richtig wie falsch. In den 70er Jahren haben die Leute gesagt, Tourismus ist die Alternative zur Telepräsenz. Es ist etwas ganz anderes, wenn ich nach Sri Lanka fahre, als wenn ich Sri Lanka in der Television sehe. Jetzt hat sich Authentizität umgedreht. Es ist eine komische Geschichte. Wenn jemand Sri Lanka kennenlernen will, schaut er besser in die Television. Denn wenn er nach Sri Lanka fährt, dann kauft er sich dieselben Max und Moritze, dieselben zwei Martini wie zu Hause, während es im virtuellen Raum in Sri Lanka noch immer die Tänzerinnen gibt.

Welche Folgen für den Entwurf hat die Ephemerisierung der Architektur und das Eindringen telematischer Räume in das Gebäude? Vor diesem Hintergrund kann man das Gebäude nicht mehr als ein Objekt auffassen und entwerfen. Die Überlagerung architektonischer und telematischer Räume ist nur im Entwerfen von Situationen gestaltbar.

Dafür gibt es ein besseres Wort: Relationen. Der Architekt entwirft nicht mehr Gegenstände, sondern Verhältnisse. Das ist ganz typisch für formales Denken.

Wobei das eigentlich immer die Aufgabe des Architekten war.

Ja, Gotik oder korinthischer Stil sind eine Gestaltung von Verhältnissen und nicht von Objekten.

Ist nicht eine Situation eine Summe von Relationen und drückt sehr gut die dynamischen Qualitäten . . .

Im Gegenteil, Situation ist statisch, *in situ*. »Situation« ist ein schlechtes Fremdwort für Sachverhalt. Sagen Sie besser »Sachverhalt«. Das Wort ist von Wittgenstein: »Die Welt ist alles, was der Fall ist.« Sie besteht nicht aus Sachen, sondern aus Sachverhalten.

Sie sagen, die Architektur ist heute nicht mehr geometrisch, sondern topologisch. Man entwirft also nicht mehr geometrische Körper, sondern . . .

. . . man entwirft Topoi, man entwirft Orte.

Aber Orte nicht nur im räumlichen Sinne, sondern im raum-zeitlichen Sinne.

Es gibt keine Utopie mehr. Alles ist topologisch. In dem Moment, wo Sie topologisch denken, ist es mit der Utopie aus, alle Topoi sind dann gegenwärtig, auch das *utopos*.

Welche Auswirkungen hat das auf das Entwerfen von Architektur? Traditioneller Weise zeichnete der Architekt einen Satz Pläne ...

Das ist rein geometrisch und meiner Meinung nach heute nicht mehr möglich. Statt geometrisch zu denken, muß der Architekt Netze aus Gleichungen entwerfen.

Der klassische Architekt des 19. Jahrhunderts hatte ein Stück Papier, einen Bleistift, ein Lineal. Der gegenwärtige Architekt hat einen Computer, eine Maus und einen Plotter. Das ist etwas ganz anderes. Der klassische Architekt denkt in Flächen, und der heutige Architekt denkt in dynamischen Ausbuchtungen. Das ist ein ganz anderes Denken. Der klassische Architekt sieht einen Würfel als Zimmer und der heutige sieht ein sich windendes, sich drehendes Gebilde. Er entwirft Relationen. Er ist kein Geometer, er ist ein Mathematiker, ein Topologe.

Vielleicht kann man dies am Beispiel der Wand anschaulich diskutieren. Ein klassischer Architekt entwirft eine massive Wand als geometrischen Körper. Ein heutiger Architekt entwirft eine Wand in Relation zur Zeit.

Eine Haut.

Sie verändert sich mit den Bedingungen der Zeit.

Wenn es heiß ist, schwitzt sie, wenn es kalt wird, zieht sie sich zusammen.

Genauso kann man einen Raum betrachten. Ein klassischer Architekt entwirft ein Eßzimmer. Ein heutiger Architekt entwirft ein Zimmer, das sich darauf einstellt, wenn Leute essen wollen.

Das ist primitiv gedacht. Sie essen im selben Raum. Interessant wird es, wenn das Zimmer bis nach China reicht. Das Zimmer stellt sich darauf ein, wenn in China etwas los ist. Was passiert, wenn die hungernden chinesischen Kinder ins Zimmer kommen, ohne natürlich in dieser Lebenswelt mitessen zu können? Telepräsente Kinder würden das machen. Vielleicht kommt das mal. Stellen Sie sich vor, es kommen wirklich eine Millionen Chinesenkinder ins Zimmer.

Das ist dann der telematische Regen.

Ja, aber so sollte doch der neue Architekt denken. In der Anatomie macht man das bereits. Früher hat man ein Tier getötet, seine Organe herausgenommen, sie zerschnitten und geometrisiert. Und heute nimmt man eine kleine Televisionskamera, läßt sie vom Tier schlucken und dann sieht man das Innere.

So muß man in der Architektur auch vorgehen, vielleicht macht man das schon. Wie ist das, wenn man ein aufgeblasenes Haus entwirft? Muß man das nicht in den verschiedenen Stadien des Aufblasens entwerfen? *Ja, und ebenso beim Zelt. Das Zelt reagiert auf Wind. Wenn Wind auf ein Zelt einwirkt, verformt sich das Zelt. Das kann man nur am Computer simulieren. Es gibt auch Computerprogramme, die die Veränderung des Gebäudeklimas im Tages- und Jahresverlauf simulieren. Oder ein Flughafen: Das Gebäude ist nur der kleinste Teil. Der Flughafen besteht doch aus der Organisation des Luftraums, aus dem An- und Abflug der Maschinen.*

Beim Flughafen ist direkt sichtbar, was ich mit einem anziehenden Gebäude meine. Ein Flughafen ist ein Gebäude, das die Flugzeuge anzieht. Man kann auf einem Bildschirm wunderbar zeigen, wie sich in einem Feld die verschiedenen Bahnen miteinander treffen und wieder auseinandergehen, ohne sich kreuzen zu müssen, denn wenn sie sich kreuzen, geschehen Unglücke. Ein Flughafen ist ein herrliches Beispiel für ein attraktives Gebäude. Das Interessante ist, daß das Gebäude aus potentiellen Linien und Feldern besteht. Und der Flughafen von Frankfurt und der Flughafen von New York sind miteinander vernetzte Gebäude, denn das eine ist Funktion des anderen. Das ist genau das, was ich meine, wenn ich sage, das Gebäude ist eine Kerbe in einem zwischenmenschlichen Feld.

Die Flughäfen sind die mit Flugkorridoren verbundenen Räume des Fluggebäudes. Es heißt ja »Korridor«.

Wenn Sie in Paris einsteigen und in Frankfurt aussteigen, haben Sie das Gebäude nicht verlassen. Sie sind im gleichen Gebäude.

Man ist lediglich durch den Korridor eines Gebäudes geflogen.

So sollten Architekten denken. Nachgeschichte ist, nicht mehr in Prozessen, sondern in Relationen zu denken. Unsere heutige Denkart ist, in Prozessen zu denken. Wir denken nicht mehr in Objekten. Wir leben nicht in einer Welt, wo Dinge sind, sondern in der Prozesse vor sich gehen. Bei uns ist nichts, sondern es wird.

Ich habe in einer amerikanischen Autowerbung einen wunderbaren Ausspruch gesehen: »That's a Chevi – that was.« Der Chevrolet fährt so schnell, daß man ihn nicht mehr sehen kann. Das ist doch typisch für unsere Art zu denken. Wir denken in Prozessen. Das müssen wir uns abgewöhnen. Wir müssen in Relationen denken.

Sind wir nicht manchmal noch rückschrittlicher und denken in Objekten?

Das wäre ein magisches Denken. In Objekten denken ist magisch, in Prozessen denken ist historisch, in Relationen denken ist nachgeschichtlich. Aber ich glaube es nicht. Wenn Sie eine Fabrik bauen, dann müssen Sie in Prozessen denken. Es geht etwas hinein, es kommt etwas heraus. Oder auch Bahnhöfe, Flughäfen, selbst Sozialbauwohnungen müssen prozessual gedacht werden, das kann nicht als Sache gedacht werden. Sie können eine Sozialbauwohnung nicht so bauen, als ob sie nicht wissen, daß jede 14 Tage ein anderer Mieter einzieht. Oder ein Eroscenter, da ist jede Stunde jemand anderes drin, und man muß das Bett so entwerfen, daß dort Dicke, Dünne und so weiter liegen können. Der Magier denkt, ich sitze hier, und um mich herum laufen die Dinge. Der historische Mensch denkt, hier steht die Maschine, und die Leute laufen um die Maschine, und der nachhistorische Mensch denkt, hier ist Apparat und Mensch, und sie sind untrennbar miteinander verbunden.

Und wie sind sie miteinander verbunden? Der Computer ist ein Apparat zur Verarbeitung und Erzeugung von Informationen. Er ist kein simples Werkzeug, das ein Organ verlängert oder verstärkt, wie eine Zange oder ein Hammer, er greift in die Denkprozesse ein. Damit stellt sich die Frage, wie die Schnittstelle zwischen Mensch und Apparat aussieht.

Das ist keine Schnittstelle, sondern eine graue Zone. Der Apparat macht, was der Mensch will, und der Mensch kann nur wollen, was der Apparat kann.

Der Apparat ist vom Menschen gemacht und funktioniert nach Gesetzen, die der Mensch entwickelt hat. Aber trotzdem paßt sich der Mensch dem Apparat an und nicht umgekehrt. Ist der Apparat nicht weniger flexibel, hat weniger Möglichkeiten zur Verfügung, aber schlägt auf die Denkprozesse zurück?

Bei einfachen Apparaten wie dem Fotoapparat stimmt das. Er kriecht in Sie hinein, und Sie sehen die Welt mit seinen Augen, und er zwingt Sie dazu, Sie so zu knipsen. Aber heute finden Sie doch bei einem Plotter in 20 Jahren nicht heraus, was der alles kann. Diese Apparate sind unverhältnismäßig plastischer als die Fähigkeiten des Menschen. Sie verfügen über

eine höhere Kompetenz als die Leute, die mit ihnen spielen. Nicht einmal die Erfinder hatten eine Ahnung von ihren Möglichkeiten. Darum faszinieren diese Apparate so. Das ist doch eine Terra incognita.
Nur wenige Architekten entwerfen wirklich mit dem Computer, dazu ist das Medium noch zu unvertraut. Der Computer fungiert nur als elektronischer Bleistift.
Sie wollen ein Haus entwerfen. Nehmen wir an, Sie entwerfen es ganz herkömmlich, nur benutzen Sie statt eines Bleistifts eine Maus. Das ist ganz primitiv, nur darstellende Geometrie. Das betrifft noch gar nicht die Frage des Entwurfs. Sie entwerfen noch wie gehabt: geometrisch, nicht topologisch. Sie zeichnen ein Viereck, und in das Viereck zeichnen Sie einen Tisch, einen Sessel und ein Bett. Doch dann zeigt Ihnen der Computer, wie das Haus von innen ausschaut, wenn Sie die Treppe heraufkommen, in die einzelnen Zimmer treten. Sie können den Computer jetzt fragen, wie sieht das bei Nacht aus oder mit einer bestimmten Beleuchtung. Der Computer erlaubt Ihnen durchaus, so wie bisher zu denken. Aber bereits dabei erweitert er auf unerhörte Weise Ihre Imagination.

Sie sagten, daß das Entwurfswerkzeug sehr wesentlich ist, daß Computer und Cyberspace als Entwurfswerkzeuge erst richtig ermöglichen, Relationen zu entwerfen.
Mit einem Plotter denke ich anders, als wenn ich mit dem Bleistift zeichne. Der Computer gibt mir ganz andere Möglichkeiten des Einbildens. Um bei unserem Beispiel zu bleiben, der Computer sagt mir nicht, wie ich das Zimmer mit dem Bett entwerfen soll, sondern er sagt mir, was ist überhaupt ein Zimmer, und was ist überhaupt Schlaf. Als die Computer gebaut wurden, hat man noch nicht gewußt, was sie können. Wir wissen jetzt, was ein Computer macht. Er macht Algorithmen sichtbar, nicht Dinge, sondern Begriffe.

Der Computer wird integraler Bestandteil des Denkprozesses, des menschlichen Gehirns?
Natürlich. Der Computer hat einen Rückschlag in die menschlichen Denkvorgänge, von dem wir vorher nichts wußten und der noch gar nicht abzusehen ist. Der Computer baut das menschliche Gehirn um. Es ist ein ständiges Feedback, das Sie unmöglich jemals auseinanderwirren können. Ohne den Menschen ist der Computer nichts, ohne den Computer wird der Mensch nichts mehr sein.

Ist nicht die Architektur von Gehirnen und Computern ein interessantes Vorbild für ein Denken in Relationen, für eine topologische Architektur?

Das Gehirn ist eine Struktur, in der Prozesse vor sich gehen. Diese Prozesse folgen der Geometrie des Gehirns und der Topologie des Gehirns. Die Informationen sind an jeweils ganz bestimmten Stellen gespeichert, aber wenn diese Stellen absterben, übernehmen andere Stellen ihre Rolle und saugen die Informationen in sich auf. Die Art und Weise, wie man Informationen erwirbt, wie man sie prozessiert, ist zugleich ein geometrischer Prozeß (es gibt ein Augenzentrum, ein Ohrenzentrum und so weiter), ein elektronischer Prozeß (die Informationen springen zwischen allen Synapsen, wählen ihren Ort, aber können genauso zu einem anderen Ort gehen und dort eine andere Information geben). Außerdem ist es ein chemischer Prozeß, das heißt, es wird das ganze Gehirn in Anspruch genommen, um an einer Stelle zu arbeiten. Das Gehirn ist kein schlechter Prototyp für Architektur. Ein zugleich geometrisches, topologisches und quantisches Gebäude müßte aussehen wie ein Gehirn, es müßte sich wie ein Gehirn in sich selbst wölben. Das Gehirn erreicht dies dadurch, daß es in sich selbst auf vielfache Art fraktal eingebogen, gefaltet ist. Wenn ich von einer Falte oder einer Einbuchtung spreche, so denke ich immer an die Gehirnfaltung. Wenn sie ein Gehirn völlig entfalten, dann ist es größer als die Oberfläche von Frankreich.

Warum braucht es die große Oberfläche, die vielen Falten?

Zum einen: 90 Prozent des Gehirns sind wahrscheinlich ungenützt – von »brauchen« kann also keine Rede sein. Wir haben noch nicht gelernt, mit unserem Gehirn umzugehen. Zum anderen, das Gehirn ist gefaltet, damit fern voneinander liegende Gebiete nahe liegen.

Das heißt, die Biochemie läuft nicht auf der Fläche, die Prozesse laufen nicht nur entlang der Nervenbahnen.

Die Fläche springt, sie ist quantisch. Die Architektur des Gehirns ist also geometrisch, topologisch und quantisch. Darum hat es einen Sinn zu sagen, daß die Welt im Gehirn ist und das Gehirn in der Welt.

Wie könnte eine solche gleichermaßen geometrische, topologische und quantische Architektur für ein Gebäude aussehen?

Man kann sagen, Gebäude sind Faltungen des zweidimensionalen Lebensraums. Der Architekt versucht durch Falten des Lebensraums möglichst viel Fläche einander nahe zu bringen. Durch häufiges Falten entstehen Städte als Ort großer Dichte. Bis vor einiger Zeit konnte man den Lebensraum nur geometrisch falten. Die Telematik erlaubt es, den Lebensraum auch topologisch und quantisch zu falten. Ich kann jetzt den Zweiten Peloponnesischen Krieg erleben, in ihn eingreifen und ihn anders entscheiden, oder ich kann den Golfkrieg ins 26. Jahrhundert projizieren. Ein telematisches Gebäude faltet Raum und Zeit. Es ist eine Architektur der Information.

HAMBURG, 1990

Das folgende Gespräch mit Hans-Joachim Lenger wurde für die Zeitschrift *Spuren* im November 1990 in Hamburg geführt. Anlaß war das Symposium »Interface« zum Thema »Elektronische Medien und künstlerische Kreativität«. Als Reaktion auf die Veröffentlichung schreibt Flusser in einem Brief an Lenger vom 2.5.91: »Die Lektüre des Gesprächs mit Ihnen war ein Erlebnis. Man spürt heraus, daß dabei unsere Herzen in Einklang schlugen (das meint Konkordanz und Akkord, nicht wahr?). Meiner Meinung nach muß dieser Text weitere Kreise ziehen.«

Herr Flusser, in Ihren Arbeiten taucht immer wieder die Frage nach der Beziehung von Alphabet und Bild auf, also die Beziehung von alphanumerischen Schreibweisen zu Bildwelten, die heute in einem technischen Universum angesiedelt sind. Dabei erscheint der alphanumerische Code, sehr verkürzt gesagt, als Instanz des Logos und einer Zeitlichkeit dieses Logos, während die Bildwelten dem Mythos und einer mythischen Zeitlichkeit verbunden sind. Sie schreiben nun über die gegenwärtige Zeitschwelle als vom Einbruch eines technischen Bilduniversums in die traditionelle Ordnung des Logos und von einem Eklat der Zeitlichkeit, der von diesem Einbruch rührt. Aber indem Sie schreiben, nehmen Sie sich aus dieser Situation nicht aus, über die Sie schreiben. Deshalb meine Frage: Welchen Strategemen des Schreibens folgen Sie? Welchem Typus von Theorie – ist das noch »Theorie«? Welchem Typus von Phantastik – ist das noch »Phantastik«? Welchem Typus von Mythologie – ist das noch »Mythologie«?

Mein Fall ist nicht spezifisch. Aber ich werde über meinen Fall sprechen, weil er für andere Fälle charakteristisch ist. Ich habe eine ungestillte, heiße Liebe zur Sprache. Das ist auch biografisch erklärbar – ich bin zwischen Sprachen geboren, ein gebürtiger Polyglott. Und das gibt mir auch dieses seltsame Gefühl des unter mir sich öffnenden Abgrunds, über den ich unablässig springe. In dieser täglichen Praxis der Übersetzung – denn Übersetzung ist ein Über-Springen – ist mir deutlich geworden, daß von allen Maschinen, die der Mensch je erzeugt hat, die Sprachen die großartigsten sind. Kann ich ein wenig über die Sprache sprechen?

Ich bitte darum.
Wir haben da eine Hemmung, weil wir die Geschichte der Sprachen nicht ebenso nachvollziehen können wie die Geschichte der anderen Maschinen. Wir haben zwei Kulturen: die materielle und die orale. Wobei ich unter »Kultur« den Mechanismus des Übertragens von erworbenen Informationen von Generation zu Generation verstehe – nehmen wir das einmal als eine mögliche Definition von Kultur. Die orale Kultur ist nur sekundär rückzuverfolgen. An einem gewissen Punkt stoßen wir dabei an eine seltsame Schwelle; ungefähr in der Mitte des Neolithikums, aber eigentlich ist diese Schwelle schon am Beginn des Kupfers spürbar: die Etymologie stößt da auf etwas. Obwohl wir die Geschichte unserer Sprachen nur höchstens 7 000 Jahre nachvollziehen können und die Sprachen mindestens 30 000 Jahre alt sind, wenn nicht älter – trotzdem erkennen wir, was geschieht. Nämlich erstens: ein Prozeß, der sich zugleich als ein Gedächtnis äußert, und zwar nicht nur in der Semantik, sondern vor allem in der Struktur. Zweitens: daß ein Instrument entsteht, das sich durch die Mitarbeit aller Menschen immer mehr verfeinert, andererseits aber auch verschleift und abfällt. Und drittens: daß es sich immer weiter verzweigt und sich bei diesem Verzweigen zugleich ineinanderzweigt. Wenn ich nun eine Sprache betrachte, welche auch immer, sehe ich da eine Akkumulation vorangegangener Erfahrungen, Erkenntnisse, Wünsche, Werte und Leiden; außerdem den Versuch, das zu überwinden; und drittens den Versuch, sich zu verständigen. Und das hat alle möglichen Parameter. Zum Beispiel einen rhythmischen Parameter. Oder einen melodischen, einen harmonischen, einen formalen, einen syntaktischen – ich kann sie nicht alle aufzählen. Es ist ein Gesamtkunstwerk sondergleichen. Es ist die Höhe der technischen Leistung.

Ich liebe also alle Sprachen. Aber ich will nicht so weit gehen zu sagen, daß sie gleich sind. Ich bin immer gegen die Gleichmacherei gewesen. Also glaube ich auch nicht, daß die Sprachen gleich sind. Zum Beispiel bin ich davon überzeugt, daß das Englische auf seine Art ein absoluter Höhepunkt, der Höhepunkt des menschlichen Geistes ist. Und ich bin einverstanden mit der These, daß, wenn die Marsbewohner einmal die Erde besuchen, sie diese Erde »Shakespeare« nennen werden. Aber ich bin davon überzeugt, daß alle Sprachen einen derartigen ästhetischen, ethischen und epistemologischen Reichtum an Informationen haben, daß man vor jeder einzelnen von ihnen sprachlos der Sprache gegenübersteht. Meine Ehrfurcht und Bewunderung gelten deshalb nicht dem Leben, sondern der Sprache; denn würden wir sprechen wie das Leben, würden wir zwitschern. Wenn ich mich dagegen der Sprache ergebe, wenn ich mich von ihr mitreißen lasse – und es kommt mir so leicht, wissen Sie, die Worte strömen nur so aus mir, das merken Sie mir ja an, die Sprache fließt durch mich hindurch –, dann kommt nichts heraus. Denn man muß sich umdrehen. Man muß versuchen, der Sprache Herr zu werden. Das klingt schrecklich nach »Macho«, nicht wahr? Aber trotzdem: einer Sache Herr werden! Es ist dieser Zwiespalt: *odi et amo*. Ich leide, aber es macht mir auch Freude. Und das, glaube ich, hat jeder. Jeder Mensch hat diese Haßliebe zur Sprache.

Und jetzt zu Ihrer Frage: Wie schreibe ich? Es stellen sich Probleme. Und ich bin trainiert, die Probleme zu Worte kommen zu lassen. Leider bin ich nicht dazu trainiert, sie zum Bild oder zur Zahl kommen zu lassen. Ich glaube aber, der Husserl lag völlig daneben, wenn er meinte, man müsse die Dinge zu Wort kommen lassen. Man müßte sie genauso zum Bild, zum Ton, zum Geschmack kommen lassen . . .

Zur Geste.

Woher wissen Sie denn, woran ich gerade arbeite?

Sie erwähnten Husserl.

Es war außerordentlich, was Sie da gerade gesagt haben. Ich versuche, die Probleme jetzt zur Hand kommen zu lassen. Aber da ich zwischen den Sprachen lebe, stellt sich mir, bevor ich das Problem ansehe, ein Vor-Problem: in welcher Sprache? Und da stellt sich heraus, daß jede Sprache das Phänomen zu einem anderen Wort kommen läßt. Ein Beispiel: Ich nehme die Hand, das Phänomen Hand, und ich sage dazu: »Hand«. Und dann sage ich: »main«, und dann sage ich dazu »mao«, und dann sage ich dazu »hand«, und jetzt beginne ich mit dem Wort zu spielen. Und sehr bald komme ich, wenn ich im Deutschen denke, zu »Vorderhand«. Und wenn ich französisch damit spiele, zu dem Wort »maintenant«. Und dann macht sich ein Abgrund auf, denn beide sind ja schon nicht mehr zusammenzubringen.

Meist nehme ich das Portugiesische, aus Gründen, die ich hier nicht erzählen will. Jede Sprache hat einen ganz anderen existentiellen Charakter – ich habe versucht, den existentiellen Aspekt des Portugiesischen, Französischen, Englischen oder Deutschen zu analysieren, es ist mir vielleicht nicht gelungen. Ich glaube jedenfalls, daß das Portugiesische etwas Wattiges hat. Oder sagen wir: etwas Plastilines. Ich kann damit am meisten spielen. Etymologische Freundschaft hilft da nichts, obwohl ich viel Etymologie verwende – ich bin mir dessen bewußt, daß das eine ausgesprochen beschränkte Methode ist. Also gehe ich aus dem Portugiesischen ins Englische. Und da beginnt das Problem ganz exakte Konturen anzunehmen. Dann gehe ich ins Französische; und dann ins Deutsche. Jetzt habe ich also vier Fassungen, in denen das Problem »Hand« zu Worte gekommen ist. Und ich muß wählen, in welcher Fassung ich das publizieren will. Leider Gottes bedeutet das meist: englisch oder deutsch, denn in Brasilien publiziere ich wenig, und in Frankreich habe ich Schwierigkeiten. Also Amerika oder Deutschland. Dann mache ich die letzte Fassung, indem ich die vorherigen zusammenfasse.

Sie haben einige Fragen aufgeworfen, die mich sehr interessieren: Sprache, Maschine, Technik, Hand, Abgrund . . . Wobei der Abgrund besonders wichtig dort war, wo Sie von einer Sprache zur anderen springen und dies als ein Über-Setzen, ein Über-Springen erscheint – die ganze Problematik des Sprungs steckt darin. Und aus dem Sprung, den Sie immer wieder neu über die Abgründe tun, entsteht so etwas wie ein Gedanke, eine Kontur. Könnte man also sagen: nicht die Sprache spricht zu uns, sondern das Springen in Sprachen?

Ja, das könnte man sagen. Vielleicht ist alles, was ich versuche, eine Theorie der Übersetzung. Dazu lebe ich allerdings nicht lange genug. Mich beschäftigt sehr das Problem der Metapher; Metapher ist ein anderes Wort für Übersetzung. Und ich bin in allem bemüht, der Übersetzung oder Metapher nachzukommen. Dem Transport, dem Verkehrswesen. Wie soll ich das sagen . . . ? Ich beginne mal mit dem Wort »Abgrund«. Versuchen wir, es zu Wort kommen zu lassen. Es heißt ja: Abwesenheit des Grundes. Da muß man deutsch denken. Es hat mit Ecos *struttura assente* zu tun. Ein Beispiel, wie man den Abgrund erlebt: Sie versuchen etwa, einen deutschen Satz zu übersetzen, in dem das »Es gibt« vorkommt. »Es gibt hier Leute.« Nehmen wir an, Sie nehmen das beim Wort. »It gives«, »ça donne« und so weiter. In welcher Welt sind Sie da? Die erste Frage ist: Was ist das »Es«? Und warum soll ich die Leute hier als Gegebenheiten annehmen?

Und zwar noch als Gegebenheiten dieses »Es« . . .

Ja. Dann sagen Sie plötzlich: »hay«, Sie gehen ins Spanische. Das ist das gewaltigste: »hat«. Das Problem, wer oder was da hat, entsteht gar nicht. Und jetzt beginnen Sie zu verstehen, was Ortega gemeint hat, wenn er sagte: »Ich bin ich und meine Umstände.« Er meint: »hat«. Es ist deutsch gar nicht zu denken. Haben Sie den Abgrund erlebt? Sie stürzen gleichsam zu Worte. Gott ist der Name für die Unübersetzbarkeit des »Es gibt«.

Also taucht, was wir über Jahrhunderte als Idee des Menschen gedacht haben, aus diesen Abgründen auf, die wir technisch supplementieren, indem wir uns technisch darüber hinwegtäuschen, daß es Abgründe sind.

Sehr gut, völlig einverstanden.

Was aber würde das für eine »allgemeine Theorie der Kreativität« bedeuten, wobei ich weiß, daß der »creator« eine Theologie impliziert, von der gerade jene Freizeitgesellschaft nichts ahnt, die sich schmeichelt, kreativ zu sein.

Zur ersten Frage, dem Brückenschlagen über Abgründe, zur pontifikalen Technik. Es gibt einen deutschen Philosophen, der mir kolossal imponiert: Hans Blumenberg. Er hat etwas über Poren und die Aporie geschrieben. Die Abgründe, die um mich herum sind, führen zu dem Erlebnis des Nicht-aus-den-Poren-Herauskommen-Könnens. Wir sind gerade wegen der überall um uns gähnenden Abgründe in der Aporie. Aus dieser Aporie können wir uns nur durch List, durch einen Dreh herausziehen. Und dieser Dreh heißt griechisch »techos«. Wir müssen uns technisch herausdrehen: Technik als die Methode, nicht zu verfallen, wissend, daß uns die Technik irreführt und so lange an der Nase herumführt, bis wir hineinfallen. Das ist das Wesen der Technik. Deshalb kann ich auch Technik und Mechanik nicht auseinanderdenken. Der Inbegriff aller Maschinen ist das Trojanische Pferd. Ich glaube also nicht an den Gott, der ohne weiteres aus der Maschine fällt. Der Gott fällt aus der Maschine erst, wenn sie ein Trojanisches Pferd ist. Wenn ich also sagte, daß die Sprache die bewundernswerteste Maschine ist, dann deshalb, weil ich in ihr das Gefühl habe, vollkommen aus dem Abgrund herausgekommen zu sein, und im gleichen Augenblick in ihn hineinfalle, in dem ich zu übersetzen beginne. Die Übersetzung ist das Zu-sich-Kommen aus der Sprache. Und das »Sich« stellt sich als Nichts heraus. Die Übersetzung ist ein außerordentlich schwindelerregendes Erlebnis, aber sie ernüchtert. Sind Sie einverstanden?

Ja. Bei dieser Gelegenheit würde ich Ihnen zu gern eine Frage zu Heidegger stellen. Die Technik, die Verfallenheit, der Sprung, das Nichts ...
Ich habe Heidegger natürlich völlig »im Bauch«. Aber ich kann ihn nicht vertragen. Weil ich mich nicht vertragen kann. *Deshalb schiebe ich die Frage auch auf.*

Statt dessen noch einmal zur »Kreativität«, jener Idee also, die als Standardware der Freizeitgesellschaft zirkuliert und die zu konsumieren und in ihr zu kommunizieren absolutes Muß ist. Sie ist ja nur die schillernde Oberfläche über einer Bewegung von Sprachspielen, in denen jedes Hervorbringen technisch supplementiert ist, als Kombinatorik möglicher Übersetzungen. Bezogen auf die ebenso theologische wie dann ins Humanistische umgeschriebene Dimension der Kreativität: Welche Brüche schreibt die Sprungtechnik der Sprache in diese Dimension ein, und welche Bedeutung kann sie für uns Reisende in Sachen Codes annehmen ...

Eine sehr gute Formulierung: Reisende in Sachen Codes. Nicht also in Damenunterwäsche, sondern in Codes. Ich bin völlig einverstanden.

Gibt es einen Bruch im Begriff der Kreativität, oder in welcher Weise müßte er umschrieben oder umgeschrieben werden, wenn wir uns von der Theologie des »creators« und dem Humanismus des »Kreativen« verabschieden wollen?

Sie treiben mich in Sprachlosigkeit. Bevor ich ihr also völlig verfalle, will ich folgendes sagen. Wir haben jahrhundertelang das Gefühl gehabt, Kreaturen zu sein. Ich werde Heisenberg zitieren: »Im Mittelalter standen wir unter Gott auf der Natur; in der Neuzeit standen wir der Natur gegenüber; und jetzt haben wir auch das verloren und sind allein.« Das ist ein kluger Satz Heisenbergs. Solange wir uns kreatürlich auffassen konnten, solange wir geglaubt haben, daß wir gemacht sind, konnten wir über die Kreation als Mimese nachdenken: wie wir gemacht sind, machen wir weiter. Seitdem wir das Kreatürliche verloren haben, seitdem unser Gottesbegriff nicht mehr der eines Kreators oder Pantokrators ist, sondern der Begriff eines Rufs, der uns zu etwas aufruft, seitdem wir also Gott tatsächlich immaterialisiert haben, seitdem er »soft« wurde – seither können wir uns auf nichts mehr verlassen. Vielleicht auf das zweite Prinzip der Thermodynamik, aber dieses Prinzip ist die Verzweiflung. Wir können also sagen: wir invertieren das zweite Prinzip, und das ist Kreativität. Mathematisch: Kreativität ist das Spiegelbild des Algorithmus für Entropie. Das ist ...

... für uns nicht sehr schmeichelhaft...

... und man kann sich auch nicht damit begnügen. Aber an dieser Stelle wird ja auch deutlich, daß wir nur mit anderen schaffen können. Wie schon Platon richtig sagte: Wenn wir etwas »allein« machen, stellt es sich immer als innerer Dialog heraus. Wir können ja nicht aus uns, *ex nihilo*, sondern immer nur mit anderen und dem, was da ist, etwas machen. Mein Freund Abraham Moles hat einen langen Artikel über Kreativität geschrieben, in dem er die sogenannte originelle Kreativität von der variationellen unterschieden hat. Die originelle, heißt es da, sei eine Kreativität, bei der Geräusche zu bestehenden Informationen werden, während die variationelle eine sei, die Informationen kombiniert. Ich glaube nicht an die erste, die originelle Kreativität. Sie ist ein absoluter Irrtum. Denn das Geräusch des einen ist die Information des anderen. Deshalb halte ich auch nicht sehr viel vom Homo creator, mehr vom Homo ludens.

Das führt mich noch einmal zur Frage der Bilder zurück. Steht uns mit dem »technischen Universum der Bilder«, in das wir eintreten oder in gewisser Hinsicht auch zurückkehren...

... denn nachdem wir aus der Linearität herausgetreten sind, hat es keinen Sinn mehr zu sagen: vorwärts oder rückwärts...

Ja, das ruft ja die ganze Frage der Differenz von Mythos und Logos wieder auf und das Problem der Linie, um die sie sich einmal ordnen sollte. Haben wir es aber heute nicht mit einer inflationären Flut von Bildgeneratoren zu tun, die aufzehren, was ich hilfsweise, aber nicht nur hilfsweise das »Undarstellbare« nennen will? Ein Undarstellbares, über das in den Kulturen ein Bilderverbot verhängt war? Deshalb, weil es das Unantastbare, Unberührbare und nicht Darstellbare bezeichnete, dessen es bedarf, um so etwas vernehmen zu können wie das, was Sie eben den »Ruf« nannten oder den zur Software gewordenen Gott? Wo ich also gerufen werde und durch das Vernehmen erst »Mensch« werde...?

Eine äußerst komplizierte Frage. Sprechen wir zunächst vom Bilderverbot. Das Bilderverbot ist sowohl unter den Juden wie unter den griechischen Philosophen in einer Situation entstanden, in der die Dialektik im Bild so stark geworden ist, daß das Bild undurchdringbar wurde. Das Bild, statt vorzustellen, hat sich vorgestellt. Also, das Bilderverbot war ein Versuch, die Verbindung zwischen Mensch und Nicht-Mensch wiederherzustellen. Im jüdischen Sinn: den Weg zu Gott zu öffnen. Im griechischen:

zu den Ideen. In dieser Situation sind wir aber nicht. Gegen die gegenwärtigen Bilder würde, glaube ich, der orthodoxeste Talmudist, der radikalste Platoniker nichts einzuwenden haben.

Aber Sie haben noch etwas anderes gesagt, das ich fast noch für wichtiger halte. Sie haben das Problem der Inflation angesprochen. Ich glaube, daß die Quantität die Werte vernichtet. Das ist etwas, das wir noch nicht richtig durchdacht haben. Ich komme aus einem Land, in dem es als Sieg angesehen wird, wenn die Inflation nur noch 15 Prozent beträgt. Deshalb weiß ich, daß die Entwertung des Geldes die Entwertung aller Werte bedeutet. Selbstverständlich ist der Untergang des Alphabets nicht nur darauf zurückzuführen, daß das Alphabet nicht länger ein geeigneter Code ist, um Erkenntnisse zu vermitteln, sondern vor allem, weil Texte inflatorisch wurden. Die Texte sind entwertet, weil Sie und ich und alle Leute dem Gesetz zuwider schreiben, das besagt: Wenn ich eine Seite schreibe, dann lesen's meine Freunde, wenn ich zwei Seiten schreibe, dann lesen's meine Feinde, und wenn ich drei Seiten schreibe, dann liest's nicht mal mehr meine Mutter. Dem zuwider schreiben wir weiter.

Ich könnte da eine fürchterlich antihumanistische Sache sagen. Als es 10 000 Menschen auf der Welt gab, stellen Sie sich das vor, ich möchte meinen Anti-Humanismus phänomenologisieren: da gab es eine Steppe, und auf der Steppe grasten große Tiere: Büffel und Pferde und Mammuts. Und große Tiere jagten: Tiger und Hyänen und Löwen. Und hier und da gab es große Bäume. Plötzlich aber erschien eine kleine Horde relativ mittelgroßer Tiere, höchstens 1,50 Meter hoch und 70 Kilogramm schwer. Aber sie standen. Und da war ein Männchen da, das schlug mit den Fäusten auf die Brust und brüllte. Ich glaube, das Zeitalter mußte erbeben angesichts des Zufalls, der sich da ereignet hatte. Dieses kolossale Ereignis: Da steht etwas und brüllt. Zweites Bild: Sie haben einen großen Platz, da stehen 100 000 Menschen, und alle erheben den Arm mit flacher Hand oder Faust, und alle brüllen. Der Mensch ist nichts wert. Es gibt seiner zu viele. Jedes Pferd, das da hindurchgeht, ist hervor-ragender als diese Brüller. Die Polizei auf dem Pferd ist effektiv heraus-ragend. Das ist eine heraus-ragende Gegenwart gegenüber diesen Brüllern. Aber wenn ich sagte, der Mensch sei inflatorisch, dann sage ich: Alles, was er macht, ist inflatorisch. Es gibt viel zu viel von allem. Vielleicht ist dies der Grund unserer Verzweiflung. Können Sie in eine Buchhandlung gehen? Ich werde wahnsinnig, wenn ich in eine Buchhandlung gehe. Ich kann kein Bild mehr sehen in einer Ausstellung. Ich kann die Television nicht vertragen. Es gibt von allem zu viel. Das ist eine von diesen Poren. Also, deshalb sage ich: Nächstenliebe, kleine Gruppen. Sie zwingen mich damit zu einer autobiografischen Auskunft. Ich lebe mit meiner Frau in Robion. Punktum. Dann tauche ich in die Inflation ein und bin entsetzt bei einem Symposion wie diesem, weil ich sehe, daß ich bin wie alle. Zu Hause bin ich eine ganz herausragende Existenz. Nur meine Frau und ich ragen hervor. Wir sind die Spitze. Vielleicht ist die Antwort: Man muß dorthin, wo ein Bild noch ein Bild ist, ein Text noch ein Text, ich noch ich bin, weil wir so wenig sind. Die Hoffnung auf den Atomkrieg nämlich ist unberechtigt. Wir werden nicht zusammen sterben. Jeder wird für sich sterben müssen, wir werden den Tod des Geliebten mit ansehen müssen, und es wird nie wenig Leute auf der Welt geben. Die Leute, die den Atomkrieg oder die ökologische Katastrophe voraussehen, sind blauäugige Optimisten, wie Sie hier sagen.

Aber wir sind dazu verurteilt, gemeinsam zu sein.

Nein. Es gibt ein furchtbares deutsches Wort, das heißt »Aussteiger«. Ein idiotisches Wort. Aber wir sind nicht verurteilt. Wir können auswandern, nach Robion zum Beispiel.

Ich meine etwas anderes. Es gibt gesellschaftliche Prozesse, die wir früher noch meinten steuern zu können, indem wir sie vermeintlich verläßlichen Codes unterwarfen. Der Code der Zirkulation von Waren, Informationen...

Der Verkehrscode.

... oder die Erzeugung und Befriedigung von Bedürfnissen. Diese Codes weisen heute Instabilitäten auf, die immer schwieriger zu prognostizieren sind und immer weniger gesteuert werden können. Demoskopen beispielsweise erleben erste Einbrüche ihrer Kunst, und der humanistische Traum, etwa ökologische Prozesse planmäßig zu regeln, scheint ausgeträumt. Auch in diesem Zusammenhang sprach ich davon, zum Gemeinsam-Sein verurteilt zu sein: in zunehmende Instabilitäten geworfen zu sein, aus denen die Virulenz der Frage nach der Gemeinschaft zwar nicht entsteht, wohl aber auf uns zukommt: als Zu-Kunft.

Ich verstehe.

Läßt sich aus dem, was wir vorhin das »Reisen in Codes« nannten, so etwas wie eine Tugendlehre dieser Zu-Kunft formulieren?
Ich will keine verantwortungslose Antwort geben. Darüber müßte ich nachdenken. Das ist eine existentielle Frage. Sie fragen: Was ist zu tun?
Ja.
Ich passe vorläufig, vielleicht auch ständig, aber zunächst einmal vorläufig. Ich kann nur sagen, was ich tue. Ich habe glücklicherweise Edith, meine Frau. Und das tue ich. Ich versuche, mich an sie zu halten. Sonst bin ich haltlos und habe keine Antwort.
Lassen Sie mich noch einmal auf die Frage der Bilder zurückkommen. Mir scheint, daß wir unter dem Diktat der Kommunikationstechnologien in eine krampfhafte Diskussion verwickelt sind: Wie schaffen wir es, daß Künstler Kommunikationsmaschinen benutzen und damit »Kunst« machen? Aber diese Frage wird weder der Herausforderung der Maschinen noch jener der Kunst gerecht. Der Wunsch, beide künstlich zu verklammern, wird enttäuscht werden müssen.
Darauf habe ich eine Antwort! Ich glaube, daß das Verhältnis von Mensch und Maschine sich zweimal radikal verändert hat, wenigstens im Lauf der Geschichte – wie es vorher war, weiß ich nicht. Im ersten Stadium war der Mensch die Konstante und die Maschine die Variable. Da saß ein Mensch in seinem Atelier, der Bauer ging aufs Feld, und sie waren umgeben von Maschinen, die sie ausnutzen konnten. Die Maschine funktionierte in Funktion des Menschen. Dann, seit der industriellen Revolution, hat sich das umgedreht. Die Maschine war die Konstante, und der Mensch war die Variable. Da stand die Maschine, es kamen Leute rein und gingen raus, denn es gab einen Arbeitsmarkt. Einer besaß die Maschine, während die anderen arbeiteten. Und diejenigen, die arbeiteten, lebten in Funktion der Maschine. Auf diese Analyse ist, glaube ich, der Unterschied von »rechts« und »links« zurückzuführen. Aber der gilt nicht mehr. Jetzt, glaube ich, funktionieren Mensch und Maschine gemeinsam, einer in Funktion des anderen. Die Maschine kann nur machen, was der Mensch will; aber der Mensch kann nur wollen, was die Maschine kann. Also, es handelt sich um eine derartige Verzwickung der Funktionen, daß zwar Mensch und Maschine deutlich voneinander getrennt sind, aber nicht mehr die Funktionen. Und da liegt vielleicht das Problem dessen, was Sie »Kunst« genannt haben. Was man Kunst nennt, ist, zu wollen, was die Maschine kann.

Und dann macht die Maschine, was man will. Aber zuerst, und dies ist das Sich-Bescheiden auf das, was die Maschine kann – Kunst ist doch das Substantiv des Verbs »können« . . . ?
Das ist umstritten.
Was kann es noch heißen?
Es könnte von »Kunde« oder »künden« kommen . . .
Aha. Dann will ich es nicht mehr benutzen. Ich meinte, es sei gesichert.
So weit ich weiß, ist es nicht gesichert.
Mir gefällt natürlich »ars« auch viel besser. Es hat mit »artikulieren« zu tun, mit »artikulum«, mit Windungen und Drehungen, kurz, mit einem Schwindel. Das Wort »arte« geht mir deshalb viel leichter aus dem Mund, denn »Kunst« hat, trotz Benjamin, immer noch eine Aura.

Also, ich habe begriffen, daß der Unterschied zwischen einem Computer und einem Pinsel der ist, daß der Pinsel so primitiv ist, daß man mit ihm praktisch sehr viel wollen kann. Aber mit einem Computer kann man nur wollen können, was der Computer machen kann. Ein Künstler ist derjenige, der in die Maschine hineinschaut, um aus ihr herauszuholen, was sie kann. Natürlich, da er Künstler ist, will er die Maschine betrügen. Aber da die Maschine ein Kunstwerk ist, betrügt sie ihn. Und dieses gegenseitige Sich-Betrügen – das ist vielleicht Kunst.

Dennoch schließt für meine Begriffe die Frage nach der Kunst an die Frage nach der Gemeinschaft an, die ich vorhin zu stellen versuchte. Lassen Sie mich das sehr vereinfacht sagen. Alle klassischen Ästhetiken haben davon gesprochen, Kunst sei, den unendlichen Widerspruch im Endlichen darstellbar zu machen; so beispielsweise Schelling.

Ein sehr schöner Satz. Eine Wiederholung im Spiegel, die in sich unendlich ist, einzurahmen . . .

Zu sistieren, zu präsentieren, anwesend zu machen. Das ganze Problem des Bild-Rahmens hängt damit zusammen.

Ja, dabei hat Schelling das Video noch nicht einmal gekannt. Das ist doch eine Video-Definition von Kunst. Sehr schön! Aber die klassische Definition ist doch: das Unsichtbare sichtbar zu machen . . .

Gut, wobei der unendliche Widerspruch Schellings mit dem Unsichtbaren, Undarstellbaren zu tun hat, mit einer Differenz »vor« allen Differenzen . . .

Ja, einverstanden.

Ich würde deshalb dieser Bestimmung klassischer Ästhetik eine andere Frage unterschieben. Dabei weiß ich, daß dieses Unterschieben sozusagen »von außen« kommt und doch jene verschwiegene Differenz »im Innern« markiert, die gleichsam »früher« ist als die Kunst, das Bild oder die Ästhetik. Im Unendlichen oder Nicht-Darstellbaren, das sich in der Kunst darstellt und in der Ästhetik ontologisiert, vergegenwärtigt sich die Uneinholbarkeit, die Transzendenz des anderen und des weiteren die Transzendenz der Gemeinschaft mit anderen.

Ich bin völlig einverstanden mit dem, was Sie sagen.

Aber ich erlaube mir trotzdem, Ihnen an einem Punkt zu widersprechen. Denn wenn der Künstler in die Maschine sieht, würde er nur sehen, daß er etwas nicht sieht: den anderen. Und an diesem Ort des Sehens eines Nicht-Sehens würde sich das ästhetische Spiel des Homo ludens entfalten – im Unterschied zur Anmaßung des Homo creator . . .

Aber er sieht doch den anderen. Die Maschine ist doch der andere. Die Maschine ist doch von einem anderen gemacht. Und wenn ich sie ansehe, sehe ich darin den anderen.

Aber indem Sie beispielsweise auf dieses Tonbandgerät sprechen, sind Sie von dem, der es sich anhören wird, in einer Weise getrennt, die letzthin irreduzibel bleiben wird.

Ja, das ist das Problem der Mediation. Die Maschine vermittelt mir den anderen, und dabei verhüllt sie ihn mir. Das ist die Dialektik aller Maschinen und überhaupt der Kultur. Schauen Sie, Sie werden jüdisch. Ich weiß nicht, was ich noch sagen soll . . .

Meine Frage läuft deshalb auf die Insuffizienz der Bilder hinaus. Sie genügen nicht.

Natürlich nicht. Sie enthüllen ja nichts. Sie verhüllen, indem sie enthüllen. Ich habe nichts hinzuzufügen. Sie haben das perfekt gesagt. Ich suche den anderen im Ding, das der andere vor mich hingestellt hat. Und der andere sucht mich, indem er es vor mich hinstellt, und wir können einander die Hand nicht reichen, weil dieses Zeug dazwischensteht, durch das hindurch wir uns erreichen wollen. Aber etwas Immediates gibt es nicht. Wir sind immer auf eine Mediation angewiesen. Ich kann nicht unvermittelt nackt – wie sagt es Morgenstern? – »Er gehört zu jenen Käuzen, welche unvermittelt nackt . . .« In diesem Sinn sagt doch Heidegger: »Die Welt, in die ich geworfen wurde, ist die, in der mir die Sprache die Frage stellt:

Warum gibt es überhaupt etwas und nicht vielmehr nichts?« Und mir durch dieses Undurchdringliche die Frage nach dem Sein verhüllt, weil ja das Sein ein Zeitwort ist.

Deshalb könnte sich die ganze Behandlung der Frage des anderen bei Heidegger aber auch als ein Skandal herausstellen . . .

Ja, ein Skandal im Wortsinn, vollkommen richtig. Das Wort »Skandal« ist das richtige Wort, im positiven wie im negativen Sinn. Die Bedeutung von Heidegger ist der Skandal.

Also die Falle, der Anstoß, das Ärgernis und die Verführung . . . In gewisser Weise spielte ich darauf an, als ich nach der Inflation der Bilder fragte. Diese Inflation könnte doch auf eine Sucht verweisen, auf eine Sehn-Sucht, des anderen habhaft zu werden, ihn also zu unterwerfen, um uns der Präsenz von Gemeinschaft zu versichern. Darin könnte sich etwas vergessen, was nicht Seins-Vergessenheit ist, sondern etwas, das Heidegger möglicherweise geahnt und verfehlt hat, ja, verfehlen mußte, weil es nicht einzuholen ist: die Frage nach einer Unerreichbarkeit in nächster Nähe des Miteinander-Seins, derer wir niemals habhaft werden können.

Sagen Sie aber nicht »niemals«. Ich erinnere mich an ein Gespräch, das ich kürzlich mit meinem Freund Milton Vargas hatte. Darin ging es um eine ähnliche Frage. Und wir sind zusehends einig geworden, so wie das jetzt zwischen uns der Fall ist. Und plötzlich sprang Milton auf und sagte: »Es ist da!« Das passiert. Es war da. Die Alten haben das, glaube ich, »Hierophanie« genannt. Es passiert. Und nur mit dem anderen. Es kann allein nicht passieren. Es ist etwas da, was uns gemeinsam hält. »Es ist da« – nein, das ist falsch, aber: »Wir kommen drauf«. Sehr selten. Ist Ihnen doch auch schon passiert, nicht? Aber dann wird man eben sprachlos. Und vielleicht ist das der Sinn von allem, was wir machen. Es kann ja nicht alles sinnlos sein.

WIEN, 1991

Das Gespräch mit dem Wissenschaftsreferenten der Stadt Wien, Hubert Christian Ehalt, fand im Zusammenhang mit einem Vortrag Flussers bei den »Wiener Vorlesungen« am 13. März 1991 im Rathaus von Wien statt.

Lieber Herr Flusser, eine Tendenz, die in den Sozialwissenschaften und in der Stadtplanung diskutiert wird, ist der Verlust des öffentlichen Raumes. Früher haben Politik, Alltag und Fest auf der Straße stattgefunden; diese Elemente des gesellschaftlichen Lebens werden immer mehr zurückgedrängt. Straßen und Plätze sind immer stärker zur Verkehrsfläche geworden, und man überlegt, wie man den öffentlichen Raum in der Stadt wiederbeleben kann. Das ist eine Frage für das Klima der Stadt, aber sicher auch eine Frage für die Individuen, die hier leben. Sind die Diskussionsbeiträge, die alte Formen wiederbeleben wollen, zum Beispiel durch kleine Greißler, die sich auf die Straße öffnen, Wirtshäuser, Straßenmusikanten, Händler et cetera, unsinnige Nostalgie? Wo sehen Sie Chancen und Entwicklungstendenzen?

Ich möchte zuerst auf den Ursprung der Stadt zurückkommen, denn dort ist die Wurzel all dieser Ihrer Fragen. Die Stadt entstand vor etwa 10 000 Jahren, mit dem Übergang vom Nomadentum zur Seßhaftigkeit, im Nahen Osten, und zwar an Flußufern – wenigstens was die westliche Kultur betrifft. Und sie bestand sofort aus drei gänzlich voneinander verschiedenen Räumen. Das hatte damit zu tun, daß die Stadt ein Warteraum für das Reifen der Saat war. Wir können die Stadt als einen Warteraum ansehen – heute vielleicht im Sinne des Wartens auf den Tod, ursprünglich aber als ein Warten auf die Ernte. Und es existierten folgende drei Räume: Erstens einmal gab es einen Hügel, auf dem die Kornkammer stand, da das Getreide vor der Überschwemmung geschützt werden mußte. Dieser Hügel, die Akropolis, war der heilige Raum, den die Griechen »demenos« genannt haben. Auf ihm saß ein Wächter, der die Frucht bewachte, und da er einen guten Ausblick hatte, wurde er bald zu einem Priester, zu einem Priesterkönig und schließlich zu Gott. Unterhalb des Hügels befand sich der Raum, wo die Leute zusammenkamen, um das Korn auf den Hügel zu tragen oder um es wieder zu verteilen. Dieser wurde von den Römern »das

Forum« genannt, von den Griechen »die Agora«, und wir heute nennen es »die Republik«. In diese Republik führten Wege, an denen die Privathäuser standen, die von den Griechen »oikoi« genannt wurden, von den Römern noch violenter die *res privata*, das heißt »die Sache, die von der Heiligkeit und der Öffentlichkeit abgeschnitten ist«, und wir heute bezeichnen es als »den Privatraum«. Diese Grundstruktur der Stadt gilt nicht mehr, da vor allem der heilige Raum in den Hintergrund getreten ist. Obwohl gewisse Leute sagen, daß die Banken und Bahnhöfe der heilige Raum des 19. Jahrhunderts waren und daß der heilige Raum des 20. Jahrhunderts in Frankreich vielleicht das Centre Pompidou ist; aber darauf will ich nicht eingehen. Jedenfalls funktioniert der heilige Raum seit mindestens 200 Jahren nicht mehr richtig. Wenn Sie sich in Wien den Stephansdom ansehen, dann erkennen Sie die Degradierung des heiligen Raumes, denn ihm steht jetzt ein Haus gegenüber, das höher ist. Der öffentliche und der private Raum haben sich jahrtausendelang erhalten.

Wie Sie wissen, hat Hegel das Pendeln zwischen diesen beiden Räumen zu einem Grundprinzip seiner *Phänomenologie des Geistes* erhoben. Er sagte: »Man verläßt den Privatraum und geht in den öffentlichen, um die Welt zu erobern, und verliert sich dabei. Dann kehrt man aus dem öffentlichen Raum nach Hause zurück, um sich wiederzufinden, und verliert die Welt dabei.« Er nannte das »das unglückliche Bewußtsein«. Wenn die Trennung zwischen dem öffentlichen und dem privaten Raum nicht mehr deutlich ist, verlieren wir, nach Hegel, das Bewußtsein. Diese Trennung ist seit der sogenannten Kommunikationsrevolution nicht mehr haltbar. Der Privatraum ist definiert, der öffentliche Raum nicht. Der Privatraum ist durch Mauern und Dächer definiert, und in den Mauern gibt es zwei Typen von Löchern: Fenster und Türen. Das Fenster ist ein Loch zum Hinaussehen, also gemäß der Theorie: »Man sieht die Republik, ohne naß zu werden.« Und die Tür ist ein Loch für das Engagement: Man geht hindurch, um an der Republik teilzunehmen, um etwas abzuholen und nach Hause zu führen oder um etwas zu erobern. Man geht also durch die Tür, um zu publizieren oder um sich zu prostituieren, was ungefähr das gleiche ist, denn »prostituere« heißt »sich ausstellen«. Der öffentliche Raum ist auch der Raum, wo man machen kann, was man will. Sogar die Korruption ist der Republik beinhaltet, denn der öffentliche Raum, das Gemeinwesen – im Englischen »the commons« oder »the green« – ist ja zum Rauben da.

Die Spanier haben daraus den »conquistador« gemacht, der für Räuber und Huren da ist, denn indem man herausgeht, stellt man sich aus und stellt sich den anderen zur Verfügung. Ein Publizist ist also zugleich ein Räuber und eine Hure, und dasselbe gilt auch für den Politiker, dessen Huren- und Räuberseite klar und deutlich zu sehen ist. Dazu dient also die Tür, während das Fenster zum noblen Hinausschauen vorhanden ist. Nun haben beide Löcher aber eine innere Dialektik. Durch die Tür kann nämlich die Polizei, das heißt der öffentliche Raum, die Politik auch hereinkommen. Dagegen muß man sich schützen, indem man Schlösser und Schlüssel anfertigt, die allerdings aufgebrochen werden können. Durch das Fenster können die Nachbarn hereinsehen. Infolgedessen ist auch die Theorie eine, von der Politik aus gesehen, zweifelhafte Sache. Das, was ich Ihnen jetzt geschildert habe, galt ungefähr bis zum Zweiten Weltkrieg. Politik war immer etwas Gefährliches, das den Menschen bedrohte und das durch den heiligen Raum in Schach gehalten wurde. Die Entschuldigung für den öffentlichen Raum, für die Politik lautete, daß man publizieren mußte, das heißt zu Hause ausgearbeitete Informationen auf den Marktplatz trug, und daß man Informationen nur haben konnte, wenn man aus dem Privatraum herausging, und sie dann eroberte, stahl, kaufte oder was auch immer. All das gilt heute nicht mehr, denn sowohl die Mauern als auch die Türen sind jetzt durch Kabel, Antennen und immaterielle Kabel durchlöchert, so daß jetzt die Informationen in den Privatraum hineinfließen. Heute bekommen Sie alle Informationen ins Haus geliefert, ohne daß Sie sich rühren müssen. Es hat keinen Sinn mehr, ins Konzert, ins Theater oder in die Schule zu gehen. Damit hat der öffentliche Raum und die Stadt jede Berechtigung verloren. Das ist die Grundlage; jetzt können Sie mich weiter fragen.

Also, in einer gewissen Weise war das traditionelle Leben bis zum Zweiten Weltkrieg auf viele Formen des Kollektivs aufgebaut. Eigentlich waren alle traditionellen Kulturen bis ins 20. Jahrhundert Vereinbarungen von Kollektiven: von der Familie, von Gruppen, von Parteien. Auch die Baustile brachten im wesentlichen die Werthaltungen von Kollektiven zum Ausdruck, die über viele Generationen Gültigkeit bewahrt hatten. Die Entwicklung, die Sie charakterisiert haben, führt in einer ganz massiven Form zu einer Situation, in der jede Wohnung letztlich ein Terminal ist, und damit zu einem totalen Verlust des Kollektiven, das sich in persönlichen Beziehungen äußert. Es gibt überhaupt keinen Sinn für Öffentlichkeit mehr.

Ich möchte bemerken, daß Sie bei Ihrer Argumentation die westliche Stadt vor Augen haben. Sie haben recht, daß das Wort »Kollektiv« doppeldeutig ist, denn es kann einerseits Gemeinschaft bedeuten, in der es noch keine Individualität gibt, und andererseits eine Vermassung, in der die Individuen von einer Masse zu Körnern zerrieben werden. Ursprünglich hatte eine Dorfstraße zwei Seiten, und jede Seite war einem anderen Totemtier verschrieben, die untereinander tabu waren. Das heißt, man durfte nicht innerhalb des eigenen Totemtiers heiraten, sondern man mußte über die Straße zur Frau hinübergehen, und die Straße diente somit hauptsächlich dem Geschlechtsverkehr. Das entspricht einer matriarchalen Struktur. Dann ist diese tribale Organisation durch andere Kollektive ersetzt worden, aber je mehr sich die Kollektive entwickeln, desto unabhängiger werden die Individuen. Es entsteht ein immer klareres Ich-Bewußtsein, bis schließlich im 19. Jahrhundert das Kollektiv verlorengeht und statt dessen eine Masse, eine zerriebene Individualität entsteht. Sie haben das am Beispiel der einzelnen Wohnungen formuliert: Jeder sitzt in seinem Zementwürfel und empfängt und speichert Rationen, ohne irgendwelche Informationen selbst zu senden. Unter diesen Umständen kann man nicht mehr von »Kollektiv« sprechen, sondern der Mensch wird Teil eines Überorganismus. Sie haben immer die europäische Stadt vor Augen, hingegen besitzt die amerikanische und vor allem die südamerikanische Stadt überhaupt keinen öffentlichen Raum, sondern ist ein kolossaler, gigantischer Privatraum. Wenn sich die Masse durch die Straßen wälzt, so kann man das nicht als ein politisches Phänomen bezeichnen, sondern als ein populistisches. Aber *populus* nicht im Sinne von Volk, sondern gemeint ist hier der Pöbel.

Eine Zwischenfrage. Ich glaube, daß man im Hinblick auf die europäische Sozialgeschichte sagen kann, daß es in der vorindustriellen Gesellschaft eigentlich nur einen öffentlichen Raum gegeben hat und daß die Häuser doch kleine Teile einer größeren Öffentlichkeit waren. Jedenfalls waren sie nicht nur diese festen Mauern mit den beiden Löchern drin. Die Trennung zwischen dem Haus und der Straße war eigentlich sehr fließend und fluktuierend, beide waren Teile eines großen öffentlichen Raumes, der dann in Festen oder politischen Manifestationen kulminierte. Könnte man sagen, daß durch die Abkapselung der bürgerli-

chen Gesellschaft in Europa und durch ihren Rückzug in abgegrenzte kleine Privaträume sich dieser öffentliche Raum langsam aufgelöst hat? Und daß letztlich die Tendenz vorhanden ist, daß sich der öffentliche Raum überhaupt auflöst – so wie Sie es anhand der amerikanischen und südamerikanischen Stadt charakterisiert haben?

Ich möchte auf Ihr Schlüsselwort »bürgerliche Gesellschaft« eingehen. Die bürgerliche Revolution fing in Norditalien an, und wenn wir uns eine norditalienische Stadt wie zum Beispiel Lucca oder Mantua anschauen, so haben wir das Modell einer westlichen Stadt vor uns. Bei der Betrachtung von innen nach außen finden wir eine Piazza del Duomo, den Zentralplatz. Das ist der öffentliche Raum, in dem der Dom, also der heilige Raum, steht. Außerdem finden wir dort noch die Ragione, das Gebäude des Fürsten, und das der Bürgerschaft, die Uffizien. Diese drei Mächte – der Bischof, der Prinz und die Bürgerschaft – bilden das Zentrum. In dieses münden konzentrisch die verschiedenen Straßen der Gilden. Es gibt die Straße der Schuster, die Straße der Söldner und so weiter, in denen standardisierte Häuser mit mehreren Stockwerken stehen. Im Untergeschoß befindet sich die Werkstatt mit dem Meister, den beiden Gesellen und drei oder vier Lehrlingen. Im ersten Stock wohnt der Meister mit seiner Frau und den Kindern, wobei die Meisterin für das ganze Haus kocht. Im dritten Stock liegt das Ausgedinge, dort wohnen der Altmeister und seine Frau. Das war die Struktur der bürgerlichen Gesellschaft vor der Revolution. Der Meister ging mit seinem Werk auf den Marktplatz und stellte es auf der einen Seite aus. Durch die Mauer, die sich um die Stadt herumzog, kamen täglich die Menschen von außerhalb und stellten ihre Früchte auf der anderen Seite des Marktplatzes auf. Und dann trat der Bischof heraus, begutachtete die Waren und bestimmte den *pretium justum*, das heißt, er legte den Preis der ausgestellten Ware fest. Seine Funktion war es, in der Republik im Sinne der Kirche die Gerechtigkeit herzustellen. Die Revolution der Bürger bestand darin, daß sie die Autorität des Bischofs abschafften und statt dessen die Kybernetik des freien Marktes, also das Gesetz von Angebot und Nachfrage, einführten. Dadurch übernahmen die Bürger die Regierung der Stadt. So wurde aus der Stadt bald ein Centro Storico. Rings um die Stadt, hinter der Mauer, entstand eine neue Stadt, in der es überhaupt keinen öffentlichen Raum mehr gibt, sondern nur noch Privathäuser für die Bürger und die Bauern, die zur Stadt herangezogen wurden, um an den Maschinen zu arbeiten. Es gibt zwar große Avenuen, die ins Zentrum führen, aber es ist nicht mehr der richtige öffentliche Raum. Ich glaube, die italienische Stadt zeigt das sehr gut.

Wien ist nicht viel anders. Wien ist in diesem Sinn eher eine italienische als eine germanische Stadt, denn es gibt hier auch eine Piazza del Duomo, und bis zu einem gewissen Grad auch ein Centro Storico. Und statt der Mauer haben Sie diese verkitschte Ringstraße. Ich glaube, Wien ist in dieser Hinsicht interessanter als äquivalente Städte wie Prag oder München. Eine Ausnahme ist Paris, über das ich aber extra sprechen müßte.

Nun haben sich diese Entwicklungen, die Sie charakterisieren, in Europa zwischen den Regionen und den Schichten in ungleicher Geschwindigkeit vollzogen, und es hat jahrhundertelang ein buntes Spektrum an Ungleichzeitigkeiten gegeben. In Wien kann man einen Spaziergang machen, der von mittelalterlichen in die heutigen Räume führt, und das Spannende und Lebendige dabei ist, daß manches von den Mentalitäten erhalten geblieben ist. Bei so einem Rundgang findet man Mentalitäten des Mittelalters, der feudalen Welt des 19. Jahrhunderts und des bürgerlichen Kaffeehauses des 19./20. Jahrhunderts. Aber das verliert sich und ist wahrscheinlich in vielen amerikanischen Städten ganz verschwunden. Gibt es irgendeine Möglichkeit einer Gegensteuerung, einer Bewahrung, oder ist das Kaffeehaus bereits ein Museum?

Ich kann nicht sehr genau auf die Wiener Argumentation eingehen, da ich diesbezüglich nicht genügend Erfahrung besitze. Aber in Frankreich gibt es ein Stadtgefühl, das man mit den Ausdrücken »metro, boulot, dodo« beschreibt. Das heißt: »Man nimmt die Untergrundbahn, man schindet seine Zeit ab, und dann geht man schlafen.« Das ist der Rhythmus der Stadt, in der es überhaupt keinen politischen Raum gibt. Dem steht das Flanieren gegenüber. Sie wissen, daß das Flanieren in Paris die Basis einer ganzen Literatur ist. Dieses Flanieren ist sozusagen ein persönliches Verleugnen der Dynamik »metro, boulot, dodo«. Ich weiß nicht, ob es in Wien darüber Literatur gibt. Aber ich will dem eine andere Stadt gegenüberstellen, nämlich New York. In New York gibt es eine weitreichende Entpolitisierung. Dort hat sich etwas entwickelt, das man weder mit privat noch mit Politik bezeichnen kann, sondern das man vielleicht »Show« nennen sollte. Die Stadt wird zu einem Theater, zu einer Serie von Ausstellungen, und das ist das Aufregende, Atemberaubende an New York. Das Leben spielt

sich am Washington Square, im Village oder in der Bowery ab. Seltsamerweise wird in New York das Theater zum Zentrum der Stadt.
In Wien gibt es die Donauinsel, das ehemalige sogenannte Überschwemmungsgebiet. Diesen architektonisch kaum definierten Raum hatten sich verschiedene Gruppen, zum Beispiel die Freikörperbewegung und die politischen Nonkonformisten, angeeignet. Im Zuge der Anlage eines Hochwasserschutzes ist dort ein großes Freizeitzentrum errichtet worden, das in einem ähnlichen Sinn zu einer großen Bühne geworden ist. Die Inszenierungen sind in einer gewissen Weise festgelegt. Ich habe noch einen anderen Gedanken. Wenn ich die Wiener Kulturarbeit beobachte, dann sehe ich, daß an die Stelle verlorengehender Kollektive, wie die Volkskulturen, Vereine und Gesangsgruppen, die private, intime und persönliche Inszenierung tritt. Ich begreife das auch als Chance. Ist das die Tendenz, die in New York vielleicht um zehn Jahre forciert ist?

Wissen Sie, ich habe einen anderen Blick auf Wien als Sie, da ich von außen komme. Wien ist in seinem Kern eine römische Stadt; die Ausgrabungen, die vor der Hofburg zu sehen sind, stammen aus dem 1. und 2. Jahrhundert nach Christus. Der Kern ist dieses quadratische römische Castrum, und darum herum bildete sich eine echt mittelalterliche Stadt, an der man die Authentizität des Bürgertums erkennt. Doch jenseits davon beginnt die Sache in Kitsch und Protzerei zu verfallen. Die Gebäude sind viel zu gewaltig und haben den Eindruck eines aus Spanien oder Italien importierten Barocks. Wien will ein viertes Rom werden, aber das gelingt nicht, denn es ist ja nur ein vergrößertes Lemberg. Es hat so etwas Balkanisches an sich. Im Moment befinde ich mich im Kaffeehaus. Das Wiener Kaffeehaus ist etwas ganz anderes als das Pariser Kaffeehaus. Dort geht man hinein, um zu debattieren, um über Philosophie oder Malerei zu streiten. Das Pariser Kaffeehaus ist tatsächlich der Ersatz eines öffentlichen Raumes. Es geht dort laut zu und reicht bis auf die Straße beziehungsweise das Trottoir hinaus. Es ist also eine Prostitution, wie es dem politischen Raum entspricht. In Wien jedoch sperren sich die Leute ab. Sie sitzen hinter einem kleinen Kaffee und einem Glas Wasser, lesen die Zeitung, und keiner spricht mit dem anderen. Diese Zurückgezogenheit und verbissene Traurigkeit prägt das Wiener Kaffeehaus und ist ganz das Gegenteil zu einem lateinischen Kaffeehaus. Wenn Sie in ein Wiener Kaffeehaus gehen, so sagt man Ihnen: »An diesem Tisch hat Freud mit seinem Buch über die

Traumdeutung angefangen«, »An diesem Tisch hat Hitler *Mein Kampf* begonnen«. Wenn Sie dagegen nach Paris kommen, dann erzählt man Ihnen, daß hier Camus dem Sartre eine Ohrfeige runtergehauen hat, daß hier zum ersten Mal die Unabhängigkeit von der Krone erklärt wurde. Dort herrscht eine ganz andere Tradition.

Aber auch in Wien war im Vormärz das Kaffeehaus der Ort für Planung der Revolution von 1848, wenn es auch diese Funktion im Neoabsolutismus wieder verloren hat. In den 50er Jahren war es wiederum ein Ort der Literaten. Die politische Funktion ist aus dem Kaffeehaus gewichen, aber nicht die Diskussion.

Wien ist ein außerordentliches Phänomen, denn es ist eine Randstadt. Es ist eine Stadt, die nicht mehr richtig zum Westen gehört und die trotzdem mindestens zweimal das Zentrum des Westens war, nämlich am Ende des 18. Jahrhunderts und im Übergang vom 19. ins 20. Jahrhundert bis hinein in die 20er Jahre des 20. Jahrhunderts. Ich kann mir nicht erklären, wieso am Anfang dieses Jahrhunderts Wien in der Musik, in der Mathematik, in der Philosophie ebenso wie in gewissen Naturwissenschaften und in der Psychologie so führend war.

Eine Erklärung mag vielleicht die Durchmischung der Kulturen sein, die sonst nirgendwo in dem Maß stattgefunden hat. Hier lebten über Jahrhunderte Spanier, Italiener, Franzosen, so daß über lange Zeit die Stadt- und Hofsprache der Elite gar nicht Deutsch war. Im 19. Jahrhundert war es dann ein großer Schmelztiegel mit vielen Kulturen ...

In Paris spricht doch auch kein Mensch Französisch. Dort leben Polen, Italiener, Araber, Schwarze – da haben Sie eine noch viel wildere Mischung. Paris war auch ein Zentrum und ist es heute noch bis zu einem gewissen Grad. Allerdings nicht so, wie die Pariser glauben. Seltsamerweise ist das Zentrum der Kultur von Paris nach Köln übersiedelt. Das ist für mich mysteriös. Warum Köln? Vielleicht wird es jetzt wieder Berlin. Viele Leute setzen ja wieder auf Berlin. Aber ich glaube, daß das alles Zeichen dafür sind, daß die Stadt im Sterben liegt.

Ich wollte noch einmal zum öffentlichen Raum zurückkommen. Es sprach vieles für die einleuchtende These, daß die Politik an Bedeutung verliert durch diese starken Individualisierungs- und Vereinzelungsbestrebungen, die Auflösung der Kollektive, in denen Politik diskutiert und gemacht wurde. All dies ist nach 1945 stark zurückgegangen und dann nach '68 in besonders starkem Maß. Wie interpretieren Sie die Ereignisse in Osteuropa von 1988/89, wo plötzlich der öffentliche Raum wieder zu einem Ort der Politik geworden ist?

Ich glaube, man kann das technisch erklären. Im Westen ist das kommunikative Netz schon sehr gut ausgearbeitet. Sie müssen nicht mehr aus dem Haus gehen, um sich zu informieren, und theoretisch auch nicht mehr, um mit anderen zu kommunizieren. Das Telefonnetz ist gut, es gibt Telefax und Minitel, kurz und gut, im Westen ist der öffentliche Raum nicht mehr nötig. Aber im Osten existierte bisher so ein Netz nicht. Es gab Zentren, die ihre Botschaften ausstrahlten, und am anderen Ende saßen die Empfänger, die nicht miteinander verbunden waren. Um diesen Schaltplan abzuschaffen, mußten die Leute irgendwie Querverbindungen herstellen, und das sieht aus, als ob es Politik wäre. Die Empfänger, die nun miteinander in Berührung kommen, spinnen in Wirklichkeit ein Netz, um sich der westlichen Situation anzugleichen. Ich bin davon überzeugt, daß die Stadt im Westen auf eine Sicht von 100 bis 150 Jahren zum Verschwinden verdammt ist. Und zwar nicht durch Suburbanisation, sondern durch Telepräsenz. In der dritten Welt werden sich diese Kolosse vielleicht noch eine Weile vergrößern. Aber die Quantität ist ein Feind der Stadt, denn wenn die Grenze von 20 Millionen Einwohnern überschritten wird, kann man nicht mehr gut von einer Stadt sprechen. São Paulo hat 16 bis 17 Millionen Einwohner, trotzdem würde ich es nicht mehr »Stadt« nennen, weil es keinen Stadtkern und auch keine Peripherie mehr gibt. Die Stadt sieht überall gleich aus, nämlich Hochhäuser und dazwischen Hütten. Man müßte ein neues Wort dafür finden, ich würde vorschlagen: »Ameisenhaufen«.

Die Stadt ist eigentlich kein Feld der Aktivität, sondern der Passivität. Die Stadt ist kein Ort, wo gehandelt wird, sondern wo gelitten wird. Ich glaube, handeln ist immer eine Sache des Landes, des Dorfes. Wissen Sie, ich erkläre den Unterschied zwischen Stadt und Dorf aus meiner Autobiografie heraus. Ich habe 32 Jahre lang in São Paulo gelebt und wohne jetzt seit 20 Jahren in einem Dorf von 300 Einwohnern.

Ein Unterschied sind ja schon die Geschwindigkeiten . . .

Also was die Geschwindigkeiten betrifft, muß ich Ihnen einen Witz erzählen: Zwei Leute stehen einander in São Paulo auf zwei verschiedenen Straßenseiten gegenüber, und der eine ruft zum anderen: »Wie bist du da rübergekommen?«, worauf der andere antwortet: »Ich bin hier geboren.«

WIEN, 1991

Flussers Vortrag »Vom Ende der Geschichte« am 13. März 1991 im Wiener Rathaus war Anlaß und Hintergrund für das nachfolgende Interview, das der Journalist Thomas Mießgang für die Zeitschrift *Profil* mit ihm führte.

Herr Flusser, Sie verwenden häufig den Begriff »Telematische Gesellschaft«. Was ist darunter zu verstehen? Eine Gesellschaft, in der permanent die Bildschirme flackern, wo alle Leute verkabelt sind und an Personalcomputern sitzen?

Beginnen wir mit der Vorsilbe »Tele«. Das bedeutet doch: die Ferne näher bringen und ist nicht nur ein technischer, sondern ein erkenntnistheoretischer und existentiell wichtiger Begriff. Wenn Sie sich überlegen, welches Instrument als erstes die Vorsilbe »Tele« hatte, nämlich das Teleskop, dann sehen Sie, was für eine zweideutige Funktion diese Vorsilbe hat: In dem Moment, wo etwa der Mond nahe gebracht wird, sieht man, daß Berge auf ihm sind und daß er nicht im Himmel ist. Und sobald Sie bezweifeln, daß der Mond im Himmel ist, wird die Möglichkeit, die Erde als einen Himmelskörper anzusehen, sehr groß. Das Teleskop war also nicht nur ein erkenntnistheoretisches, sondern ein geradezu theologisches Instrument. Und dasselbe gilt für alle übrigen Begriffe, die mit »Tele« beginnen. Nehmen Sie die Telegrafie: Man übersetzt das mit Fernschreiben, aber in Wirklichkeit ist es ja eine Überwindung der Zeit. Mit dem Telefon verhält es sich ähnlich, von der Telepathie gar nicht zu sprechen.

Das Präfix »Tele« ist für Sie also ein Zeichen für eine Gesellschaft, in der die Ferne nahe gebracht wird?

So ist es. Im Moment entsteht sogar eine Wissenschaft von der Nähe, die sogenannte Proxemik. Und wenn ich die Nähe als einen Grundbegriff ansehe, wenn ich sage: etwas ist nahe, dann habe ich den Unterschied zwischen Raum und Zeit abgeschafft. »Nahe« meint sowohl zeitlich als auch räumlich in einer greifbaren Entfernung und birgt auch das Näherbringen in sich. Das ist ein jüdisch-christliches Prinzip. Nächstenliebe wird dann möglich. Nächstenliebe anstelle des Humanismus – das ist ein wichtiger Aspekt des Wortes »Telematik«.

Und wie verhält es sich mit dem zweiten Teil des Wortes, in dem der Begriff »Automation« steckt?
Was mich an der Automation fasziniert, ist folgendes: Alles, was mechanisierbar ist, kann von Maschinen besser als von Menschen durchgeführt werden. Es ist geradezu des Menschen unwürdig, etwas zu machen, das mechanisch gemacht werden kann. Also ist die Automation die Befreiung des Menschen von allem Mechanisierbaren. Wenn wir uns überlegen, was alles mechanisierbar ist – beispielsweise Entscheidungen treffen oder Entwürfe herstellen –, dann sehen Sie, daß viele Aktivitäten, die bisher als spezifisch menschlich angesehen wurden, ja sogar die menschliche Würde auszumachen schienen, tatsächlich mechanisierbar sind und somit menschenunwürdig. Die Automation stellt den Menschen also vor das Problem: Wofür bin ich eigentlich befreit worden, wenn ich von allem Mechanisierbaren befreit bin. Das Wort »Telematik«, das ich im übrigen nicht selbst erfunden habe, bedeutet für mich: sich durch das Näherbringen, vor allem der anderen, Felder für ein Handeln eröffnen, das nicht mechanisierbar ist.

Und dieses Näherbringen erfolgt auch durch technische Hilfsmittel?
Natürlich. Und da kommt gleich ein zweiter Begriff ins Spiel: die »Telepräsenz«. Man unterscheidet für gewöhnlich zwei Arten von Gegenwarten: *face to face*, von Angesicht zu Angesicht, und Telepräsenz. Ein Beispiel: Vor einiger Zeit besuchte ich Salzburg, und man zeigte mir eine gotische Kirche, auf deren Friedhof Mozarts Vater begraben ist. Ich war *face to face* mit dieser erregenden gotischen Architektur, aber drinnen spielte eine Orgel mit einer absoluten Perfektion, die sofort deutlich machte, daß es eine Telepräsenz war – eine Platte oder ein Tonband. Dieses Zusammenkommen von Telepräsenz und Präsenz von Angesicht zu Angesicht ist ja ein Aspekt der Telematik. Schwer zu sagen, was wir verlieren und was wir gewinnen, wenn wir Telepräsenz statt Körper-zu-Körper-Präsenz haben. Wenn ich mit jemandem in Australien per Telefax Schach spiele – was gewinne oder verliere ich dann? Das ist eine der wichtigsten Problematiken der Telematik.

Was wären denn die Nachteile der simulierten »face to face«-Präsenz?
Eines der häufigsten Argumente ist, daß man nicht gut mit einer Frau in Telepräsenz schlafen kann. Aber in jüngster Zeit hat man in Kalifornien teleorgasmatische Versuche gemacht. Angeblich ist der Teleorgasmus dauer-

hafter als der körperliche. Weil der Orgasmus kein körperliches, sondern ein neurophysiologisches Erlebnis ist: Wenn die Nerven also telepräsent angesprochen werden, so kann der Orgasmus länger und als Phantasie unendlich werden. Wenn ich unter Nähe die Vorsilbe »Tele« meine, dann kann ich etwas so nahe bringen, daß das *face to face* überflüssig wird. Das ist zugleich begeisternd und entsetzlich.

Kann die Telepräsenz bereits heute für politische Zwecke genutzt werden?

Aber natürlich. Denken Sie nur beispielsweise an den permanenten Konflikt zwischen Israel und den Araberstaaten. Den könnte man ganz leicht lösen: Man müßte nur im Sinne Baudrillards ein perfektes Simulacrum von Jerusalem anfertigen und irgendwo hinstellen – sagen wir, auf die Südinsel von Neuseeland. Dann setzt man noch einen simulierten König David in die Davidsstadt und siedelt die vier Millionen Juden – das sind doch nicht so schrecklich viele – dort an. Die Maoris sind ja wesentlich weniger mörderisch als die Araber. Vielleicht kann man sich mit denen irgendwie einigen. Worauf natürlich der Einwand kommt: Die Maoris sind nicht allein, sondern eng mit den Hawaianern verbunden. Die wiederum haben Senatoren in Washington, und die ganze Sache wird dadurch vielleicht noch ärger. Die Idee, man könnte Israel simulieren – nennen wir es Neozionismus –, scheint mir dennoch gut. Zu bedenken wäre allerdings: Wer kann verhindern, daß in irgendeinem Laboratorium in den USA Arafat simuliert wird?

Die Telepräsenz ist also doch nicht das Allheilmittel für alle gesellschaftlichen Probleme der Gegenwart?

Ich bin kein Prophet. Ich sehe die Probleme. Ob man sie lösen kann, weiß ich nicht. Die Gefahr der Telewirklichkeit ist, daß man sie über die konkrete Wirklichkeit stellt und daß sie dann wirklich wirklicher wird – paradox gesagt. Ein Beispiel: Wenn Sie zu Hause sitzen und Musik hören, haben Sie die Telepräsenz eines Orchesters. Sie haben die absolute Perfektion. Wenn Sie dann ins Konzert gehen, lauern Sie auf Fehler, denn Sie wissen, so eine perfekte Wiedergabe einer Bachschen Variation können Sie im Konzertsaal nicht erwarten.

Heißt das, der Mensch existiert in Funktion der Telepräsenz? Er formt sein Leben nach der Perfektion der vorgegaukelten Telewirklichkeit?

Das kann ich Ihnen nicht beantworten. Fragen Sie mich nie nach Lösungen – ich habe keine. Ich habe schon genug damit zu tun, die Probleme ein wenig zu formulieren.

Gut, dann anders gefragt. Die Telepräsenz hat auch mit einer globalen Bilderflut zu tun, die seit Mitte des 19. Jahrhunderts sprunghaft angestiegen ist. Bildschirme sind heute aus keiner Wohnung mehr wegzudenken, und großflächige Werbesujets beherrschen die großen Plätze der Metropolen. Was unterscheidet diese neuen technischen Bilder von den Abbildungen früherer Jahrhunderte?

Sie haben vollständig recht: Der Träger der Masseninformation ist nicht mehr das Alphabet, sondern das Bild. Die elitäre Kommunikation allerdings geht in Zahlencodes vor sich. Aber die Informationen für die Masse, und zwar nicht nur die Kenntnisse, sondern auch die Erlebnisse und Werte sind heute in Bildern verschlüsselt. Daran möchte ich eine für mich wichtige Bemerkung knüpfen: Als die technischen Bilder erfunden wurden, geschah das mit der Absicht, geschichtliche Prozesse aufzunehmen, zu fotografieren. Ganz konkret: Auf der Oberfläche des Tisches, um den wir hier sitzen, ereignet sich etwas. Dann kommt der Fotograf, setzt sich über den Tisch und nimmt das, was auf dem Tisch ist, auf. Er hebt es vom Tisch hinauf ins Bild. Und das Bild ist dann Zeuge der Geschichte, und zwar in einem Sinn, in dem die Zeugenschaft – griechisch heißt Zeuge *märtyros* – noch nie, außer vielleicht bei den Urchristen aufgefaßt wurde. Der Fotograf ist der Märtyrer der Geschichte, indem er aus ihrem Fluß Dinge aufnimmt, sie zu Szenen verwandelt und dadurch blendet. Dieses Blendwerk wird dann zum Festhalten der Geschichte verwendet. Das ist schon entsetzlich genug. Dann haben sich die Bilder gedreht, und sie haben sich gegen den Strom der Geschichte gewandt. Sie sind zu Staudämmen geworden. Jetzt geht es nicht mehr darum, daß die Geschichte aufgenommen wird, sondern daß die Geschichte aufgenommen werden will: Die Geschichte strömt zum Bild. Leute heiraten, um fotografiert zu werden. Leute fliegen auf den Mond, damit es im Fernsehen zu sehen ist. Leute entführen Flugzeuge, um in die Medien zu kommen. Endlich hat die Geschichte einen Sinn – nämlich den, ins Bild zu kommen. Der Zweck der Geschichte ist das Fernsehen, die Tele-Vision. Das war eine gewaltige Verwandlung der Funktion des Bildes.

Aber damit hört es noch nicht auf?

Keineswegs. Wir befinden uns derzeit in einer dritten Phase. Stellen Sie sich vor, der Fotograf, der im Augenblick hinter der Geschichte steht und sie aufnimmt, kriecht unter die Geschichte und stellt sich an ihren Anfang: Aus seinen Bildern strömt jetzt die Geschichte. Ein fabelhaftes Beispiel dafür war die sogenannte rumänische Revolution. Dort hat man dieses Blendwerk der Geschichte, dieses *éblouissement*, diese Verlogenheit oder wenn Sie wollen: die Kunst – Kunst und Verlogenheit sind ja ungefähr synonym – optimal eingesetzt. Man hat die Toten aus den Leichenhallen auf den Marktplatz von Temesvar gelegt. Dann wurden noch Statisten aus dem Stadttheater gerufen, die das Drama gebührend beweinten. Schließlich kam die arrangierte Szene ins Fernsehen und galt als Beweis für die Greueltaten der Geheimpolizei. Das hat mir imponiert! Stellen Sie sich jetzt vor: Zuerst hat man die Fotografie als Märtyrer erfunden, dann wurde das Fernsehen als Ziel der Geschichte erfunden und jetzt sind das TV und die synthetischen Bilder zum Generator der Geschichte geworden.

Geschichte verlagert sich also sukzessive in die Medien, ins Reich der Bilder?

Wissen Sie, ich muß meine Hypothesen immer wieder reformulieren, denn sie sind ja, wie alle Hypothesen, falsch. Vor allem der irakische Krieg hat mich stark irritiert. Der Golfkrieg war doch ein bilderloser Krieg. Seltsamerweise gibt es immer noch Instanzen, die scheinbar das Bildermachen verbieten können. Vor allem in der islamischen Welt – das ist doch eine bilderlose Welt.

Man hat eben aus dem Vietnamkrieg Lehren gezogen.

Ja, die Amerikaner haben den Vietnamkrieg im Bild verloren. Statt zum Sieg führte der Vietnamkrieg zum Bild. Um ein ähnliches Debakel im Golfkrieg zu verhindern, wurde den Bildermachern im Irak der Weg versperrt. Ständig konnten die Fernsehzuschauer diese furchtbar langweiligen Bilder aus der Wüste sehen, wo sich nichts ereignete. Um die Leute vom Einschlafen und vom Abschalten abzuhalten, macht man ihnen vor, der Ausgang des Krieges sei ungewiß. Man konnte ihnen doch nicht sagen: »Unsere Computer haben präzise ausgerechnet, daß die Sache in ungefähr sechs Wochen erledigt sein wird.« Das wäre doch kein gutes Programm gewesen. Also waren die Fernsehleute ständig gezwungen, den Standpunkt der Araber einzunehmen. Das war doch viel interessanter. Da hat man die Leute brüllen gehört: »Satan!«, und in Frankreich: »Mitterrand, Assassin!«

Da hat sich doch was getan. So wurde ein völlig falsches Bild erzeugt, und die Leute in Europa dachten, der Golfkrieg sei ein wirklicher Krieg.

Wie hat sich denn die Vorherrschaft der Bilder historisch entwickelt?
Bis vor kurzem war der Träger der Kulturinformationen größtenteils der alphanumerische Code. Es hat natürlich auch weiterhin andere Codes gegeben, aber man kann sagen, daß ungefähr seit dem Ende des 18. Jahrhunderts in der entwickelten Welt der alphanumerische Code der Träger war und die Worte in den Hintergrund traten. Dieser Code war immer hybrid: Die Zahlen, die einen ideografischen Charakter haben, ließen sich nie mit den Buchstaben, die ja phonetische Zeichen sind, verbinden. Wenn Sie einen frühen Text betrachten, sehen Sie, daß die Algorithmen die Buchstabenzeilen unterbrechen. Zu Beginn des 15. Jahrhunderts begannen die Zahlen, sich von den Buchstaben zu emanzipieren. Es gibt ein Buch von Cusanus, das heißt *De Coincidentia Oppositorum* und da kommt der Satz vor: »Gott mag allwissend sein und ich nicht. Aber daß eins und eins zwei ist, das kann Gott nicht besser als ich wissen.« Für mich ist dieser Satz ein Schlüsselsatz. Man kann damit nicht nur das Ende des Mittelalters und den Beginn der Neuzeit zeitlich fixieren, sondern er macht vor allem deutlich, daß der Buchstabencode nicht fähig ist, Wissen zu fassen. Anders gesagt: Es stellt sich heraus, daß die Welt unsäglich und unbeschreiblich ist, aber zählbar. Man kann die Welt zählen, aber nicht erzählen, wenn Sie mir dieses Wortspiel gestatten. Als diese Tatsache immer klarer wurde, gingen die Gelehrten dazu über, die Buchstaben aus der wissenschaftlichen Kommunikation zu eliminieren. Der alte Kant sagte schon: Wenn ein Buch keine Mathematik enthält, wirf es weg.* Heute kann man sagen, daß die wissenschaftlichen Kommunikationen fast ausschließlich numerisch sind.

Zum Beispiel digital?
Das ist eine Möglichkeit zu numerisieren, es gibt auch andere. Sagen wir digital, wenn Ihnen das paßt. Wir haben also folgende Situation: Es gibt die Masse, die sich von Bildern nährt und passiv ist. Man kann ruhig sagen: in einer oral-analen Position. Sie frißt Bilder und kackt sie wieder aus, ohne daß irgend etwas übrigbleibt. Und diese ausgeschiedenen Bilder dienen als Feedback für die neuen Bilder. Es ist eine ziemlich unappetitliche Sa-

---

* Siehe die Anmerkung S. 53.

che. Darin sitzt die sogenannte Konsumgesellschaft. Das Wort ist ausgezeichnet: sowohl Konsum als auch Gesellschaft. Ich möchte das Wort »Gesellschaft« in diesem Zusammenhang pejorativ verwenden: Das sind miese Gesellen, die das machen. Auf der anderen Seite ist ein Geflecht, ein Netzwerk von mit reversiblen Kabeln miteinander verbundenen Knoten, in denen menschliche und künstliche Intelligenzen mit Zahlen spielen, und die Bilder, die die Gesellschaft dann manipulieren werden, programmieren. Und wir haben keine Ahnung davon, weil wir den Code ja nicht beherrschen. Um in das Zahlenspiel eingreifen zu können, muß man dafür kompetent sein. Das heißt: Man muß ein bißchen was von Mathematik verstehen, Differentialgleichungen reichen nicht aus. Wir sind also in der Hand einer Initiationselite, mehr noch als zur Zeit der Mönche.

Wer gehört denn zu dieser Elite? Die Wissenschaftler am MIT in Boston?

Alle diejenigen, die gelernt haben, mathematisch zu operieren, Algorithmen zu erzeugen. Ich will aber etwas anderes sagen, das viel viel aufregender ist. Es gibt nämlich Apparate, die aus den Zahlen Bilder machen. Die sogenannten numerisch generierten Bilder. Diese Bilder bedeuten nicht Geschichte oder Sachverhalt, sondern sie bedeuten Algorithmen. Es sind Bilder des reinen nulldimensionalen Denkens. Es sind, würde man sagen, platonische Ideen. Die Leute, die diese Bilder synthetisieren, sind genau das, was Platon unter Philosophen verstanden hat. Das sind Menschen, die im Angesicht ewiger unveränderlicher Formen stehen. Und jetzt stellt sich ein völlig neues Problem: Ich habe Formen, die nichts sind, die leer sind. Und da nützt mir das Wort »Stoff«. Das deutsche Wort »Stoff« kommt vom Verbum »stopfen«. Das ist also dasselbe, was im Französischen »farce« zu nennen wäre, falls Sie »stopfen« mit »farcir« übersetzen. Bisher vertrat man immer den Standpunkt: Ich habe Probleme, die sind stofflich und gehören der objektiven Welt an. Jetzt muß ich versuchen, diese Probleme zu formalisieren. Ich muß eine Formel, eine Form finden, um dieser Probleme habhaft zu werden. Ich habe also den Stoff, jetzt suche ich die Form, und wenn ich die Form gefunden habe, stopfe ich den Stoff in die Form und habe ihn handlich. Heute aber entsteht die umgekehrte Frage: Ich habe eine Form, nicht eine Form, Millionen von Formen. Jede meiner abstrakten Rechnungen ergibt Formen. Und jetzt muß ich einen Stoff suchen, um diesen Formen Inhalt zu geben, denn die Formen sind ja leer.

Das ist ein nachgeschichtliches telematisches Denken. Ich habe Formen, und es erinnert an Platon. Und nicht nur an Platon, sondern leider Gottes, wenn Sie Platon zurückdenken, auch an die Sophisten. Wir gehen in eine sophistische Zeit, falls meine Analyse richtig ist. Denn ich habe jetzt plötzlich Formen, Formeln, Modelle, Designs. Das ist ja die Postmoderne: Sie haben ein Design, und jetzt wissen Sie nicht, was Sie damit designen sollen. Mache ich besser eine Brille daraus oder einen Pantoffel oder ein Schwammerl? Ich weiß noch nicht. Etwas wird schon in mein Design hineinpassen. Wenn Sie das mit dem, was ich vorher gesagt habe, in Zusammenhang bringen: daß das Bild der unbewegte Beweger der Welt ist, also daß synthetische, numerisch generierte Bilder in das Bild von der toten Frau Ceausescu hineinrollen – das ist ein Bild der Zukunft.

Welche Konsequenzen haben diese radikalen neuen Perspektiven für den Menschen? Wird dadurch der traditionelle Subjektbegriff erschüttert?

Ich weiß nicht, was der Mensch ist. Aber ich möchte auf das Wort »Subjekt« eingehen. Das ist ein miserables Wort, es heißt Untertan, *sub iacere*. Und wem ist es untertan? Dem Objekt. Wir sind Subjekte von Objekten. Durch die Analyse Husserls wurde deutlich, daß die Worte »Subjekt« und »Objekt« nicht etwas Konkretes bezeichnen, sondern Extrapolationen aus einer Beziehung sind, die man die »Projektbeziehung« nennen kann. Ich werde es etwas weniger abstrakt formulieren: Es kann kein Objekt ohne Subjekt geben. Es ist Unsinn, zu sagen: Es gibt einen Stern, den noch niemand gesehen hat. Damit ein Objekt Objekt ist, muß es das Objekt eines Subjekts sein. Aber ebenso kann es kein Subjekt ohne Objekt geben. Ich bin ein Subjekt im Verhältnis zu meiner Hose, zu meinem Sakko. Ich bin das Subjekt im Verhältnis zu Ihnen, und wenn man alle Objekte, deren Subjekt ich bin, abstrahiert oder, um es mit Husserl zu sagen: wenn man sie phänomenologisch ausklammert, dann bleibt kein Subjekt übrig. Das Subjekt ist wie eine Zwiebel. Denn es besteht aus lauter Schalen von Objekten, und hinter den Schalen ist nichts. Infolgedessen muß man sich sagen, daß sowohl Objekt als auch Subjekt abstrakte Extrapolationen aus einem konkreten Projektionsverhältnis sind. Hinzu kommt noch etwas: nämlich das Individuum. Man würde doch sagen, es gibt Individuen, die unteilbar sind. Und da muß ich Ihnen etwas Seltsames erläutern, was mich seit Jahren zugleich bedrückt und begeistert: Man hat gemeint, es sei nur möglich, bis zu einem gewissen Punkt zu teilen, und dann komme Unteilbares. Auf

Seite des Objekts die Atome, auf Seite des Subjekts die Individuen. Also ist die Grundlage der Welt, Atome und Individuen, nicht mehr teilbar. Teilen heißt in Rationen zerschneiden. Die Ratio, das Rationelle sind also zwei Grenzen, jenseits welcher die Vernunft nicht mehr funktioniert. Nämlich das Atom auf der Seite der objektiven Welt und das Individuum auf der Seite der subjektiven Welt. Nun hat sich aber herausgestellt, daß alles ewig weiter teilbar ist. Zum Beispiel: Die Atome sind teilbar in Partikel, und diese Partikel in weitere Partikel, bis Sie zu solchen Partikeln von Partikeln zu Partikeln kommen wie die Quarks. Und etwas später hat sich dasselbe bei den Individuen herausgestellt: Sie können die Individuen in Elemente aufteilen. Zum Beispiel: Ich habe schon von Entscheidungen gesprochen. Sie können die Entscheidungen in Dezideme aufteilen, die Handlungen in Aktome, die Gefühle in Perzeptome. Ich bin letzthin einmal in einer Rundfunksendung aufgetreten und durfte mir selbst ein Thema auswählen. Ich wählte Don Giovanni, weil Don Giovanni ein Computer der Liebe ist: Aus tausendunddrei Sexemen macht der Mensch Liebe, *amore*. Der Unterschied zwischen unseren Großeltern und uns ist, daß sie, wenn sie zu Don Giovanni gegangen sind, gesagt haben:»Das ist doch ein Held. Der hat den Rekord von tausend in Spanien geschlagen. Er hat tausendunddrei Weiber gehabt.« Das war die Zeit der Rekorde, der Größen, der Führer und der Duces. Und heute sagen wir:»Was? Der Mensch ist mit tausendunddrei Sexemen ausgekommen? Der hat fabelhaft komputiert. Mit nur tausendunddrei Weibern hat er in Spanien ein synthetisches Bild der Liebe geschaffen. Das ist doch ein fabelhaft ökonomischer Mensch. Wir würden dazu mindestens tausendunddrei Millionen brauchen.« Ich sage Ihnen dieses Beispiel, um zu zeigen, wie die Idee des Individuums vollständig zusammengebrochen ist. Das Individuum ist genauso teilbar, dank der Psychoanalyse, dank neurophysiologischer Manipulationen, dank der Existentialanalyse. Wenn ich diesen Gedankengang weiterverfolge, komme ich auf etwas außerordentlich Beunruhigendes. Und das führt uns, glaube ich, wieder zum Problem der Telepräsenz. Wenn ich nämlich die Atome teile, dann komme ich zu Teilchen, von denen ich nicht mehr sagen kann, ob sie in die objektive oder in die subjektive Welt gehören. Zum Beispiel: Was ist ein Quark? Ist das der Teil eines Objekts, oder ist es ein Symbol und infolgedessen ein Teil eines Subjekts? Und vielleicht ist dieser Zwitter, dieses zwielichtige graue Zeug weder subjektiv noch objektiv, sondern etwas Drittes. Ähnlich verhält es sich mit dem Individuum: Ich nehme ein Dezidem. Ein Dezidem sieht doch aus, als sei es ein Teil einer Entscheidung. Und die Entscheidung ist etwas, das dem Individuum angehört. Aber wenn ich das Dezidem in eine Maschine stopfe und es anfängt, Schach zu spielen und sich plötzlich entscheidet A 2 – A 4 zu ziehen, dann schaut doch das Dezidem aus, als ob es etwas Objektives wäre. Und tatsächlich kann ich es ja auf die Impulse 0/1 innerhalb des Schaltsystems eines Computers reduzieren. Das Dezidem ist also ein Quantum. Wissen Sie, es schwirrt in irgendeinem Gebiet zwischen Subjekt und Objekt. Und da kommen wir auf einen seltsamen, an die Inder gemahnenden Gedanken: Vielleicht gibt es einen Schwarm von Virtualitäten, von Potentialitäten, von Möglichkeiten, und wenn ich die Welt so sehe, dann verliert das Wort wirklich jede Bedeutung. Die Frage: »Ist ein Quark wirklich? Ist ein Dezidem wirklich?« wird sinnlos. Infolgedessen ist es auch sinnlos zu fragen: »Ist die objektive Welt wirklich? Ist die Welt des Subjektes wirklich?« Und plötzlich bekommt das Wort »wirklich« einen anderen Sinn. Die Wirklichkeit ist dann eine Verwirklichung von Möglichkeiten. Und dann bekommt alles, was ich über Telematik gesagt habe, einen anderen Ton. Die Telematik erlaubt uns folgende Idee: daß wir neben der objektiven Welt, in die wir scheinbar getaucht sind, alternative Welten erzeugen und daß diese an Konkretizität in nichts der sogenannten Sinneswelt nachstehen. Und daß wir infolgedessen diese Welt da ruhig zerschmettern können, ja geradezu zerschmettern müssen, um aus den zerschmetterten Stücken alternative Welten zu komputieren. Diese Angst vor den ökologischen, nuklearen und ich weiß nicht was für Katastrophen erweist sich ja dann als eine reaktive Angst vor der Möglichkeit einer Zerschmetterung, die zu einer neuen Komputation führt.

Herr Flusser, Sie sind der Interpret der telematischen Gesellschaft und zugleich immer noch ein Mann des Wortes. Ist das nicht ein Widerspruch? Sie verwenden beim Schreiben Ihrer Manuskripte nicht einmal einen PC, sondern eine alte Olympia-Schreibmaschine. Aus Nostalgie?

Ich kann es nicht leugnen. Ich schaufle mir sozusagen mein eigenes Grab. Ich bin ein Mensch der Schrift und, wie Sie jetzt gesehen haben, auch des Wortes. Wir, die wir noch vor dem Krieg Lesen und Schreiben gelernt haben und die wir noch diese ambivalente Liebe zur Sprache besitzen, haben gleichzeitig ein zwiespältiges Verhältnis zu ihr. Einerseits dient sie uns als Medium wie allen anderen Leuten, andererseits aber auch als Material. Wir bearbeiten die Sprache, und da wir sie bearbeiten, lieben und hassen wir sie. *Odi et amo.* Jedesmal, wenn man schreibt, ist man in dieser Zwickmühle: Man liebt die Sprache, und man haßt sie. Und aus diesem doppelten Grund bearbeitet man sie mit Buchstaben. Ich habe das ja einmal in einem Buch dargestellt: Wie die Buchstaben wie Vampire in die Sprache gehen, aus ihr Blut saugen und dann anfangen zu leben. Plötzlich wird der Text unter ihren Fingern lebendig wie Golem. Also, ich bin so ein Mensch.

Ein Vampir der Sprache?

Ja, Sie wissen von meinem Buch über Vampyroteuthis. Infolgedessen schildere ich meinen eigenen Untergang. Aber ich tue das nicht nur melancholisch. Ich habe in meinem Buch über die Schrift gesagt: »Ich bin ein Dinosaurier, aber die Dinosaurier waren auf ihre Art auch ganz nette Tiere.« Ich glaube, daß man keine Tränen vergießen muß, wenn meine Kultur zugrunde geht. »I came to bury Caesar, not to praise him.«

Sie haben andererseits aber auch gesagt, daß das Neue, das auf uns zukommt, mit alphanumerischen Codes nicht mehr greifbar ist.

Wenn Sie ein fraktales Bild sehen, beispielsweise ein Mandelbrot-Monster: Sie verstehen es nicht, Sie begreifen es nicht, aber Sie nehmen es wahr, Sie stellen es sich vor, und Sie können es berechnen. Und das ist eine neue Einstellung zur Welt. Eine kalkulierende und ästhetische Einstellung, die auf das Begreifen und Erklären verzichtet.

Auch die Wissenschaft wird so funktionieren?

Ich bin ganz überzeugt, daß das wissenschaftliche Weltbild ein Bild ist und eine Rechnung, aber daß jeder Versuch, es zu beschreiben, danebenschlägt. Wenn ich zum Beispiel sage: »Das Universum besteht aus so und so vielen Elementen, ich glaube mit 18 Nullen im Exponenten, es ist 15 Milliarden Jahre alt, es krümmt sich aus dem dritten Raum in den vierten, und es neigt der Entropie zu«, dann habe ich lauter Blödsinn gesagt. Denn, um zu sagen, was ich sagen will, muß ich Gleichungen machen, und um mir die Gleichungen vorzustellen, muß ich durch Plotter Drahtgeflechte in Computern machen. Das genügt. Ich muß nicht noch naiverweise verstehen und begreifen.

In Ihren Büchern erwähnen Sie immer wieder ganz unbefangen künstliche Intelligenzen, so, als ob es diese Wunderdinge bereits gebe. Dabei gilt dieses Experiment heute schon beinahe als gescheitert.
Ich habe keine große Hochachtung vor der sogenannten menschlichen Intelligenz. Ich glaube, die meisten Menschen sind von einer unbeschreiblichen Blödheit. Goethe hat einmal gesagt: »Die Leute fürchten sich vor Bosheit. Vor Dummheit sollten sie sich fürchten, wenn sie wüßten, was fürchterlich ist.« Die Idee, daß eine Maschine gescheiter ist als ein Mensch, stört mich nicht. Sie kann dann trotzdem immer noch ziemlich dumm sein. Es gibt einen Witz von einem SS-Mann, der zu einem Juden sagt: »Ich habe ein künstliches und ein natürliches Auge. Wenn du errätst, welches Auge künstlich ist, dann erschlage ich dich nicht.« Darauf sagt der Jude: »Das rechte Auge ist künstlich.« Sagt der SS-Mann: »Das ist wahr. Wie hast du das erraten?« Und der Jude: »Das ist ganz einfach. Das rechte Auge hat einen menschlichen Ausdruck.« Ich glaube so wenig an menschliche Intelligenz, an menschliche Güte und Kreativität, daß ich hoffe, daß die Maschinen gescheiter, kreativer und anständiger sind. Das zweite ist, daß das, was wir heute »künstliche Intelligenz« nennen, nur die allerersten Experimente sind. Aber vor uns hat sich ein neues, großes Feld aufgetan. Ich habe vorhin gesagt: Alles, was mechanisierbar ist, können Maschinen besser als Menschen machen. Es hat sich herausgestellt, wieviel von dem, was wir bisher als unmechanisierbar angesehen haben, in Wirklichkeit mechanisierbar ist. Zum Beispiel der kreative Prozeß: Das Komponieren von Musik, Bilder herstellen, Dichten. Eine ganze Reihe von dem, was wir »Kunst« nennen, fast alles, erweist sich als mechanisierbar. Das ist ja keine Überraschung. Kunst heißt griechisch *techne*, und *mechane* heißt der Trick. Die Kunst ist doch ein *dirty trick*, und infolgedessen kann eine Maschine diesen *dirty trick* genauso beherrschen. Sicher hätte eine Maschine das Pferd vor Troja besser gebaut als Odysseus, und der war, wie Sie wissen, ein Polytechnikus. Meine Antwort ist also doppelt. Erstens: Ich glaube, daß es wenig gescheite Menschen auf der Welt gibt. Und zweitens: Ich glaube, daß die künstlichen Intelligenzen jetzt schon gescheiter sind als die meisten Menschen und künftig gescheiter sein werden als alle Menschen.

Es gibt aber doch substantielle Einwände von Kritikern der künstlichen Intelligenz. Die behaupten, daß ein völlig normales, banales menschliches Reagieren durch eine so gewaltige Menge von Interaktio-

nen gesteuert wird, daß es sich praktisch nicht symbolisieren läßt. Die bescheidenen Erfolge der künstlichen Intelligenz kamen immer nur in abgeschotteten Versuchsfeldern zustande, wo man nicht mit unerwarteten Fremdeinwirkungen rechnen mußte.

Ich will Sie nicht zu sehr schockieren, aber ich muß darauf sehr radikal antworten. Es gibt zwei Arten von Komplexitäten: strukturelle und funktionelle Komplexität. Ein Beispiel: Das Schachspiel ist strukturell außerordentlich einfach: Ein Brett, auf dem ein paar hölzerne Steine stehen, und ein paar Regeln, die jedes Kind in einer halben Stunde erlernen kann. Aber das Spiel selbst ist von einer kolossalen Komplexität. Man kann wahrscheinlich die Kompetenz des Schachspiels kaum je ausloten, denn vielleicht ist sie größer als die Kompetenz des Universums. Andererseits gibt es Systeme, die außerordentlich komplex sind. Nehmen wir das Fernsehen. Wenn Sie sich einen Apparat anschauen – das ist doch von einer verwirrenden Komplexität. Funktionell ist es vollkommen einfach. Sie drücken auf ein paar Knöpfe, und dann schauen Sie zu. Also: Das Schachspiel ist strukturell simpel und funktionell komplex, das Fernsehen umgekehrt. Ich werde nun eine Wertung vorschlagen: Ein System ist desto wertvoller, je strukturell einfacher und funktionell komplexer es ist. Nehmen wir Sprachen: Indianersprachen in Amazonien haben eine außerordentlich komplexe Syntax, und sie haben daher einen furchtbar komplizierten Wortschatz. Jedes Wort, das etwas bezeichnet, wird auch als Eigenname benutzt. Wenn der Träger stirbt, wird das Wort tabu, und man muß infolgedessen ein neues Wort erfinden. Das ist so, als hieße jemand »Stein« und sobald er stirbt, muß man sich ein neues Wort für »Stein« ausdenken. Diese Sprachen sind also außerordentlich komplex, sowohl syntaktisch als auch semantisch, aber man kann wenig mit ihnen ausdrücken. Jetzt nehmen Sie Englisch: Englisch hat fast keine Grammatik, und Sie können jedes Substantiv als Verbum verwenden und umgekehrt. Deshalb ist Englisch der höchste Triumph des menschlichen Geistes: Von einer funktionellen Komplexität, an die keine andere Sprache – vielleicht noch das Mandarinische – herankommt. Jetzt komme ich zur Intelligenz: Das Zentralnervensystem ist von einer undurchschaubaren strukturellen Komplexität. Milliarden von Zellen greifen ineinander, und es springen Dinge über Synapsen. Im Vergleich dazu ist der komplizierteste Computer ein vollkommen einfacher Trottel. Ich lege Ihnen nahe, daß aus dieser außerordentlichen Komplexität des Zentralnervensystems Dinge herauskommen wie die haßerfüllten Weiber in Algier, die brüllen: »Mitterrand, Assassin!«; und daß aus den relativ einfachen Computern Sachen herauskommen wie Mandelbrot-Männchen. Wie gesagt, wir sind erst am Anfang.

Was Sie nicht erschöpfend erklärt haben, ist, wie die Partizipation am kommunikativen Prozeß in Zukunft stattfinden wird.

Ich glaube, wir werden schon jetzt von einem Netz der Systeme beherrscht, in dessen Knoten menschliche und künstliche Intelligenzen aneinandergekoppelt sind und durch dessen Fäden die erzeugten Informationen wandern, um am nächsten Knoten prozessiert zu werden. Die Unterscheidung zwischen künstlicher und menschlicher Intelligenz ist archaisch, sie interessiert nicht mehr. Die Maschine macht, was die menschliche Intelligenz will, und die menschliche Intelligenz kann nur wollen, was die künstliche Intelligenz machen will. Und durch diese Rückkoppelung entsteht vor unseren Augen ein neues Wesen: der an künstliche Intelligenzen gekoppelte Mensch.

Ein Cyborg?

Wenn Sie wollen. Ich bin kein Freund dieses Wortes, auch der sogenannte Cyberspace ist mir suspekt. Das sind Phantasien, und ich versuche, nicht zu phantasieren. Ich möchte Ihnen zu dieser Sache noch etwas sagen: Man hat im Mittelalter und am Anfang der Neuzeit versucht, zwischen dem Entdecken und dem Erfinden zu unterscheiden. Man sagte: Wenn ich entdecke, ziehe ich die Decke des Verhüllenden ab, und dann erstrahlt das, was unter der Decke ist, als Wahrheit. Erfinden dagegen ist ein geschickter Einsatz von Tricks. Bald stellte sich jedoch etwas Überraschendes heraus: Wenn ich etwas erfinde, muß ich nachher entdecken, was ich erfunden habe. Das war schon immer so. Als unsere Ahnen den Faustkeil erfanden, glaubten sie, sie würden den Reißzahn simulieren. Denn wie Sie wissen, sind wir eigentlich arme Viecher, nicht zum Fleischfressen gemacht. Wir sind doch eigentlich Pflanzenfresser, und als die Bäume verschwanden, waren wir gezwungen, das Innere von frisch getöteten Tieren zu fressen. Es mußte auch noch warm sein, denn rohes Fleisch konnten wir nicht essen. Wir krochen also in den Bauch von diesem Mammut rein, um die Leber warm zu essen. In den Bauch kamen wir jedoch nur hinein, wenn wir ihn mit den Zähnen oder den Fingern zerrissen, aber die waren nicht gut genug dazu. Unsere Finger sind eher dazu gemacht, uns an Ästen festzuhalten, und unsere Zähne funktionieren besser, wenn wir Muscheln oder Eier oder so einen Unsinn essen. Also hat jemand die *bright idea* gehabt, einen Stein zu nehmen – ich will gar nicht schildern, wie das war, kompliziert... – und simulierte den Reißzahn. Er dachte wahrscheinlich: Jetzt habe ich bessere Zähne, und statt mit 20 zu sterben, kann ich vielleicht bis 25 leben. Denn, wenn der erste Reißzahn draußen ist, dann ist man tot. Also wurde die Lebenserwartung um mindestens 30 Prozent erhöht. Aber dann kam man langsam drauf, was ein Reißzahn eigentlich ist: nämlich ein Faustkeil, und der wiederum ist eine Maschine. Und langsam kam man drauf, was man da eigentlich erfunden hatte. Man hatte erfunden, wie man Keile entdeckt. Ich sage Ihnen das, um zu zeigen, daß das mit der künstlichen Intelligenz nichts Neues ist. Wir beginnen überhaupt erst jetzt zu entdecken, was wir erfunden haben. Wir glaubten, wir hätten einfache Simulationen des Zentralnervensystems erfunden. Und jetzt erst entdecken wir, was es beispielsweise heißt, musikalische Kompositionen herzustellen. Wenn Sie zuschauen, wie man Musik synthetisiert – Boulez hat mir einmal diese Möglichkeit gegeben: Sie stehen vor lauter künstlichen Bachs und Mozarts.

Warum schreiben Sie dann noch Ihren Namen auf die Umschläge Ihrer Bücher, wenn der Autor obsolet geworden ist?

Es ist Ihnen vielleicht schon aufgefallen, daß ich nichts zitiere. Oder wenn ich zitiere, daß ich es nicht angebe. Weil ich damit erklären will, daß eine publizierte Idee Gemeingut ist. Und daß ich das Recht habe, mich davon zu nähren, ohne jemandem Rechenschaft schuldig zu sein. Ich habe also ein starkes Engagement gegen Autor und Autorität. Aber: Ich unterschreibe meine Artikel und meine Bücher, um Feedback zu haben. Sie können mir ja sagen, ich könnte das auch ohne Namen haben. Aber schauen Sie: Ich bin hier eingeladen worden, in Ihrem komischen Rathaus zu sprechen, weil ich mir einen Namen gemacht habe. Der Name müßte nicht unbedingt Flusser sein, Goethe ginge genauso. Aber da ich nun einmal Flusser heiße, bleibe ich dabei und bekomme Feedback. Das funktioniert folgendermaßen: Ich habe eine Kolumne in der Zeitschrift *Artforum*, die viel gelesen wird. Durch die Publizität, die ich auf diese Weise erhielt, wurde ich eingeladen, an einer Sache namens BLAST mitzumachen. Das ist eine Organisation, die, teilweise von mir, aber auch von anderen angeregt, überzeugt davon ist, daß das Wort und die Schrift Sünde sind. Aber das sind Verleger, und sie verlegen Kisten. Zweimal im Jahr kommt eine Schachtel heraus, sie kostet 70 Dollar, und in der Schachtel sind folgende Dinge: Videoclips, Floppy Discs, Fotografien, Projekte für Hologramme und manchmal eben auch Texte, die auf magnetische Bänder gesprochen sind. Und jede Kiste hat ein Thema. Das nächste ist etwa: »Space«. Ich mache mit Begeisterung mit. Da rede ich in ein Mikrophon, und das Band kommt dann in die Kiste, und es gibt Leute, die das kaufen. Das ist einer der Gründe, warum ich meinen Namen behalte.

Dann sind Sie also doch noch ein irgendwie kohärentes Individuum?

Nein, ich bin völlig inkohärent. Ich widerspreche mir selbst. Mein Vater hat einen Ausspruch geprägt, den ich befolge: »Entweder konsequent oder inkonsequent. Aber nicht einmal konsequent und einmal inkonsequent.«

Vielleicht werden Sie deshalb von Kritikern öfters »Scharlatan« geheißen?

Das hat eher damit zu tun, daß ich mich nie akademischen Ritualen unterworfen habe. In meiner Fakultät in São Paulo wurde einmal folgender Zettel aufgehängt: »Von allen Professoren wird verlangt, daß sie jeden Samstagnachmittag an einer Sitzung teilnehmen, um das Programm der nächsten Woche zu besprechen. PS: Professor Flusser ist davon ausgenommen.« Weil sie gewußt haben, ich würde sowieso nicht hinkommen. Ich war immer absolut antiakademisch, weil ich glaube, daß das ein hochtrabender Unfug ist. Was die Academia von mir sagt, ist mir wurscht. Ich freue mich, wenn ich die Leute ärgern kann. Andererseits: Ich widerspreche mir zwar gerne selber, aber ich beziehe auch gerne die Widersprüche anderer ein. Und dann möchte ich doch einschränkend zu meinem Widerspruch sagen: Ich bin sehr beeindruckt von Husserl. Und ich glaube, daß jedes Phänomen von unzähligen Standpunkten umzingelt ist. Um dem Phänomen gerecht zu werden, muß man von Standpunkt zu Standpunkt springen. Wie ein Fotograf. Das, was mich an der Fotografie fasziniert, ist, daß sie sich selbst ständig widerspricht. Daß sie ständig von Standpunkt zu Standpunkt wechselt. Also: Ich ändere meinen Standpunkt nicht nur, weil ich mir widersprechen will, sondern weil ich überzeugt davon bin, daß jede widerspruchslose Aussage falsch sein muß, weil die Wirklichkeit widerspruchsvoll ist.

Läßt sich dieser Wechsel der Standpunkte mit dem traditionellen marxistischen Modell der Dialektik vergleichen?

Ich habe den Optimismus der positiven Dialektik verloren. Hegel meint, und darin folgt ihm, glaube ich, auch Marx, daß die These aus sich eine Antithese hervorbringt und daß dieser Widerspruch zwischen These und Antithese zu einer Synthese führt, die selbst wieder eine These ist und so weiter. Bis zu einer höchsten Synthese. Diesem irrsinnigen Optimismus folgt sogar Marx Hegel – bis zu einem gewissen Punkt, weniger radikal. Denn Marx glaubt ja nicht wie Hegel, daß alles, was ist, logisch ist. Aber trotzdem: Ich teile da eher Adornos Meinung von einer negativen Dialektik. Ich würde sagen: Ich bin in dieser Sache sehr jüdisch, ich verfolge die talmudische Methode: Widerspruch als Selbstzweck, als *ars gratia artis.*

Herr Flusser, Sie mögen Cyberpunk offenbar nicht, aber es gibt dort einige Bücher, die interessante Fragen aufwerfen. »Islands in the Net« von Bruce Sterling beispielsweise entwirft eine befriedete, fast schon ruhiggestellte, wie unter Valium stehende Gesellschaft, in der alle Bürger mittels Videobrillen permanent am Netz hängen. Diese Vision hat etwas Beunruhigendes. Wenn die Leute ihre Brillen abnehmen und den Eindruck haben, sie seien abgekoppelt, werden sie hilflos wie Kinder.

Hegel sagt: »Jedes Bewußtsein ist unglücklich, und Glück ist Unbewußtheit.« Die Frage muß also sein: Was ist das Ziel? Ist das Ziel Glück, kann man so eine bewußtlose Gesellschaft von Quasi-Drogenabhängigen als Utopie bezeichnen. Ist das Ziel jedoch Bewußtsein, müssen wir Unglück in Kauf nehmen. Im übrigen: Dieses Netz muß doch von irgendwo programmiert werden. Und dort herrscht das unglückliche Bewußtsein. Noch ein Einwand: So wie Sie das Netz schildern, besteht es aus Leuten, die angekoppelt sind, um zu empfangen. Meine Vorstellung davon habe ich schon vorher geschildert: menschliche und künstliche Intelligenzen, die kreativ sind und Informationen ausstrahlen und von anderen Knoten Informationen empfangen. Das ist eine Situation der Selbstaufgabe. Das Individuelle, das Selbst wird aufgebrochen, der Kern aufgeknackt. In der Tradition hat man für so etwas noble Worte: Unio mystica, oder wie es der heilige Johann vom Kreuz formuliert: »Ich bin so hoch geflogen, daß ich mein Selbst überholt habe.« Aber das müssen wir ja nicht. Jedesmal wenn ich mich selbst vergesse, wenn ich einen Detektivroman lese oder eine Schubert-Melodie höre, oder wenn ich irgendeine von meinen Dummheiten auf der Schreibmaschine schreibe, tauche ich in die Sache ein. Ich habe mich vollkommen vergessen, ich habe vergessen, daß ich bin, und ich bin in der Sache. Das ist vielleicht nicht Glück, ich will mich mit dem Wort »Lust« begnügen. Und was ist denn der Orgasmus? Nichts als ein Aufgehen im anderen in der Lust. Das Durchbrechen des Ich und Du durch etwas, das man ein »Wir der Lust« nennen könnte. Das Netz, von dem Sie gesprochen haben, bietet nur die Perspektive der Empfänger. Aber wenn Sie es von den schöpferischen Knoten her sehen, kann es sein, daß es kein glückliches Netz ist, zumindest jedoch ein lustvolles. Und solche Netze bestehen bereits, das sind keine Prophezeiungen.

Sie haben in Ihrem Buch »Ins Universum der technischen Bilder« geschrieben, daß durch diese neuen technischen Bilder eine Magie, die in den traditionellen Bildern enthalten war, wieder zurückkomme. Ist dies das Aufleben des Numinosen in einer zweckrational organisierten Gesellschaft?

Solange man geglaubt hat, daß der Ratio eine Grenze gesetzt ist – Atome auf der Seite des Objekts und Individuen auf der Seite des Subjekts –, konnte man der Meinung sein, daß die Rationalität innerhalb des ihr zugedachten Feldes funktioniert. Ich kann sagen: Es gibt ein Gebiet, auf dem die Vernunft kompetent ist, und dann eines, worüber man nicht sprechen kann. Darüber muß man schweigen. Jetzt stellt sich heraus, daß man über alles sprechen kann, daß es nichts gibt, das nicht rationalisierbar ist. Und das bringt die Vernunft in eine Krise. Wenn nämlich die Vernunft für alles kompetent ist, dann ist sie auch für alles inkompetent. Schon logisch, denn wenn ich in einem Satz sage: »alles«, dann ist der Satz falsch, inklusive diesem. Wenn ich der Vernunft keine Grenzen setze, dann hat sie keinen Sinn. Um das in der Spieltheorie zu sagen: In einem Spiel, in dem alle Züge gestattet sind, kann man nicht spielen. Das ist erst dann möglich, wenn ich die Kompetenz eines Spieles begrenze. Wenn ich zum Beispiel im Schach zwischen dem Turm und dem Rössel einen Elefanten einführe, kann ich nicht mehr spielen. Wenn die Vernunft für alles kompetent ist, dann geht sie pleite. Das ist der Einbruch der Irrationalität. Wenn Sie es formell sagen wollen: das Goedelsche Prinzip. Wir gehen einer überrationalen und infolgedessen irrationalen Periode entgegen. Das ist furchtbar, was ich jetzt gesagt habe. Gott sei Dank werde ich es nicht erleben.

STUTTGART, 1991

Während eines einwöchigen Aufenthalts im April 1991 auf Schloß Solitude in Stuttgart, zu dem Vilém Flusser zwecks interdisziplinärer Zusammenarbeit mit jungen arrivierten Künstlern eingeladen worden war, legten Wieland Bauder, Susanne Stövhase und Jozef Legrand ihm den folgenden Fragenkatalog vor. Flussers Antworten sollten sich dabei weitgehend auf »Ja« und »Nein« beschränken.

Herr Flusser, schummeln Sie manchmal beim Spiel?
Nein, aus dem einfachen Grund, weil's ja dann kein Spiel mehr wäre. Nicht aus Anständigkeit, sondern weil es sonst kein Spiel wäre.
Erreichen Sie Ihren Zug erst in letzter Minute?
Nein, sehr pünktlich.
Sind Sie schnell verletzt, wenn Sie oder Ihre Arbeit kritisiert werden?
Nein, ich bin unverletzbar, ich habe keine Gefühle.
Würden Sie Drogen nehmen, die unvorhersehbare oder gefährliche Auswirkungen haben könnten?
Ich wollte es früher, jetzt interessiert es mich nicht mehr.
Reden Sie manchmal über Dinge, von denen Sie keine Ahnung haben?
Fast immer.
Halten Sie sich bei öffentlichen Anlässen eher im Hintergrund?
Nein, eher im Vordergrund.
Haben Sie viele Freunde?
Ja. Das heißt . . . viele Freunde, aber nur ganz wenige echte.
Würden Sie gerne einmal ein Jahr in einem Schloß leben?
Nein.
Schließen Sie Ihre Wohnung (das Telefon klingelt) . . .
Moment, das ist, glaub' ich, das Telefon. Sehen Sie, so ist das bei uns. *(Verschwindet).*
Was haben Sie mich gefragt? Ob ich Unterhosen trage?
Würde es Sie beunruhigen, Schulden zu haben?
Ja, außerordentlich.
Können Sie aus dem Stegreif einen Witz erzählen?
Ja.

Schwanken Ihre Stimmungen oft?
Nein.
Haben Sie schon einmal versucht, sich mehr als Ihren gerechten Anteil an einer Sache zu verschaffen?
Nein.
Haben Sie sich schon einmal gewünscht, tot zu sein?
Ja.
Sind Sie als Kind gerne in den Keller gegangen?
Ich kann mich nicht erinnern.
Haben Sie manchmal das Gefühl, daß das Leben an Ihnen vorüberzieht?
Nein.
Essen Sie gerne fremde Gerichte?
Ja.
Denken Sie, daß Ihre Mutter eine gute Frau war?
Ich habe darüber nicht nachgedacht.
Machen Sie sich oft Gedanken über Dinge, die Sie nicht hätten sagen oder tun sollen?
Ja.
Fühlen Sie sich als typischer Vertreter Ihrer Nationalität?
Nein.
Frau Flusser: Das stimmt nicht!
Was? Ich fühle mich nicht so, aber ich weiß, daß ich ein typischer Jud' bin.
Ja, weiter.
Haben Sie sich schon oft vorgenommen, regelmäßig Sport zu treiben?
Nein, meine Frau will das.
Sind Sie bereit zuzugeben, einen Fehler gemacht zu haben?
Ja.
Halten Sie Sauberkeit und gute Manieren für wichtig?
Ja.
Denken Sie, daß Sie sich auf Ihr Urteilsvermögen verlassen können?
Nein.
Haben Sie das Gefühl, daß einige Leute versuchen, Ihnen aus dem Weg zu gehen?
Nein, ich überleg' mir das nicht.
Glauben Sie, daß Frauen im allgemeinen gefühlsmäßiger reagieren als Männer?

Nein.
Gehen Sie gerne aus?
Aus? Ich verstehe die Frage nicht. Ich bin fortwährend draußen. Umgekehrt, ich bleibe lieber zu Hause, weil ich von draußen bin.
Ärgern Sie sich regelmäßig über die Höhe Ihrer Telefonrechnung?
Nein.
Leiden Sie an Schlaflosigkeit?
Nein.
Fühlen Sie sich manchmal ohne besonderen Grund »einfach beschissen«?
Nein.

GÖTTINGEN, 1991

Im Anschluß an eine Diskussionsrunde über Zukunftsfragen der damaligen Tschechoslowakei kam es zu folgendem Dialog im Hause von Flussers Verleger Andreas Müller-Pohle. Vorausgegangen war ein Briefwechsel mit der Einladung Flussers an Thomas Knöfel, die angesprochene Problematik »besser *face to face* als mittels brieflicher Telepräsenz« zu erörtern.

Herr Flusser, in Ihrem Referat »Gedächtnisse«* charakterisieren Sie »beinahe alle okzidentalen ontologischen Fragen«, insbesondere die nach dem Verhältnis von Körper und Geist, als »ewige« Fragen, weil falsch gestellt. Dabei verwirkt der Kern westlicher Geschichte und Anthropologie – etwa die »unsterbliche Seele« oder ein unbewegtes, unwandelbares »Selbst« – sein Recht und steht wider jede Natur. Um ein konkretes Beispiel zu geben: Eccles und Popper, die in der Körper/Geist-Frage Dualisten sind, haben mit einem Brückenschlag zur Quantenmechanik – das kommt Ihrer Vorstellung doch nahe – den festen und starren »Ich«-Begriff auf ein Wahrscheinlichkeitsfeld hin gelockert, unter anderem weil die Ausschüttung der Neurotransmitter im Gehirn nicht einheitlich erfolgt und dabei Strukturen bewegt im Bereich der Heisenbergschen Unschärferelation.

Das ist in meiner Vorstellung doch nur ein kontribuierender Faktor. Wobei ich ausgehe bei dem, wie ich das gern nenne, Ausbruch aus der Ich-Kapsel, von einer eher existentiellen und logischen Überlegung. Existentiell: Das Wort »Ich« ist doch nur ein relativer Begriff zum Wort »Du«. Nicht wahr, also existentiell gesprochen, ich bin doch »Ich« nur, weil jemand zu mir »Du« sagt. Und wenn ich diese Relativität anerkenne, bricht die Kapsel. Und logisch gesprochen – ich brauch' dazu keinen Heidegger: Identität und Differenz implizieren einander. Also, wenn ich von einer Ich-Identität spreche, so setze ich doch voraus, daß es eine Du-Differenz gibt. Daß da die neurophysiologischen und andere, zum Beispiel psychoanalytischen Untersuchungen dazu kontribuieren, das ist ja nur etwas Additives;

---

* Symposium »Philosophien der neuen Technologie«, Ars electronica, Brucknerhaus Linz, 14. September 1988, Berlin: Merve Verlag, 1989.

aber im Grunde genommen ist der Ich-Begriff sowohl ein logischer wie auch existentieller Irrtum, ganz einfach.
Ich darf die beiden Grundpositionen, stark vereinfacht, benennen. Einmal mit Eccles – lassen wir den Ich-Begriff hier beiseite –, der aufgrund einer ungleichmäßigen Ausschüttung von Neurotransmittern eine Art Wahrscheinlichkeitsfeld konstituiert und die Geistfunktion als die Veränderung dieser Wahrscheinlichkeiten. Damit, indem er dem Gehirn eine vom Geist zu trennende »Transformatorfunktion« zuweist, bleibt er in der Position eines aktualisierten Vitalismus. Dagegen möchte ich die Einsicht der Identitätstheorie setzen, daß im Gehirn keine Trennung von Hard- und Software existiert, von Struktur und Programm.
Ich weiß nicht, ob das so genau stimmt.
In der Regel gehen doch Programm- und Strukturänderung Hand in Hand.
Nein, das glaube ich nicht. Ich glaube zwar, es ist wahr, daß Funktionen, die Gehirnfunktionen, über das ganze Feld der Masse verteilt werden können und infolgedessen Soft- und Hardware miteinander verschwimmen. Andererseits, glaube ich, gibt es doch Gehirnzentren, Regionen, die man als »hard« anzusehen hat und in die die Software dann hineinprogrammiert. Nehmen wir an – ich bin nicht genug informiert –, aber ich gebe Ihnen ein Beispiel. Nehmen wir an, die Tatsache, daß wir sprechen können, also, daß wir die Zunge, den Gaumen, die Zähne, die Stimmröhren und die dazugehörenden Nervenbündel genetisch ererbt haben, das kann man als »hard« ansehen, die Tatsache aber, daß ich eine spezifische Sprache erlerne, das ist »soft«.
Gut – doch auf die bereits angelegten Strukturen setzt sich der Spracherwerb. Wie der Japaner das L und das R voneinander nicht unterscheiden kann, weil in seinem Sprachraum diese Unterscheidung keine Bedeutung hat, so ist ein Kind japanischer Eltern, welches bei uns aufwächst, sehr wohl dazu in der Lage. Also baut sich die Sprachunterscheidung zusammen mit der individuellen Architektur des Gehirnes erst auf.
Das Gehirn ist in diesem Fall, glaube ich, »hard« und die spezifische Sprache ein Soft-Programm, das in dieses Gehirn hineingefüttert wird.
Wogegen die Erfahrung steht, daß, wenn ich spezifische Hirnareale verletze, ich ebenso spezifische Ausfälle habe, genau lokalisieren kann, welcher funktionelle Ausfall mit welchem Zentrum verbunden ist, zum

Beispiel je nach Verletzung von Sprach-Zonen den Teil einer Sprache ableite, der verlorengeht.

Sie haben sicher prinzipiell recht. Ich weiß aber nicht, ob das immer so angewandt werden kann, ob ich sagen kann, daß bei der Denkfunktion oder bei der Wahrnehmungsfunktion, Hardware und Software ständig ineinandergreifen. Davon bin ich eben nicht überzeugt. Das Problem, das wir jetzt erläutern, ist ja, wie verhält sich erworbene zu vererbter Information.

Wobei sich das Gehirn, wie wir wissen, auf wunderbare Art und Weise zum Teil selbst strukturiert.

Schauen Sie, das Problem ist, inwieweit sind die Gehirnfunktionen, wenn ich die Parallele zu einem Computer nehme, Hard- und Software und inwieweit kann man das nicht unterscheiden. Wenn ich eine Sprache lerne, ist die Fähigkeit zu sprechen zweifellos auf eine außerordentlich komplizierte und, ich glaube, nicht durchgesehene Weise in der genetischen Information vorhanden. Also kann ich sagen: die Zunge, die Zähne, der Gaumen und die dazugehörenden außerordentlich komplexen Gehirn- und andere Nervenbahnen, das ist »hard«, das ist in der Maschine des Körpers eingetragen. Aber die einzelne Sprache, die ich lerne, ist ein hinzukommendes Soft-Programm.

Wissen Sie für wie viele Phoneme wir programmiert sind?

Nein.

Für 17 000. Und wissen Sie wie viele Phoneme in den heute gesprochenen Sprachen in Verwendung sind? 212. Die Zahl ist erschütternd für mich! Wir können 17 000 Töne symbolisieren, und im Moment tun wir es nur mit 212. Natürlich gibt es verlorene Sprachen, aber selbst wenn Sie die dazunehmen, falls ich Menschwerdung den Prozeß nenne in dieser Beziehung, wo ich mir verfügbare Phoneme semantisch besetze, sind wir doch nicht viel besser entwickelt als die Schimpansen. Das ist für mich eine erschütternde Sache; ich weiß nicht, ob Sie das fühlen.

Mir ging es darum zu zeigen, daß sich das Gehirn über komplexe Rückkopplungsmechanismen, die Transformation von elektrischen in chemische Impulse der Nervenzellen, über Bahnformierungen in den Dienst der eigenen Konstruktion stellt.

Es ist ja ein Zeichen, wie in meinem Denken kolossale Lakunen sind, die ich durch eine Art von Gymnastik überspringe. Denn es ist wahr, ich müßte mich in dieser Sache viel besser auskennen, in der Neurophysiologie; dazu bin ich zu faul. Ich möchte noch einmal wiederholen: Ich hab' gesagt, diese Sprengung der Ich-Kapsel, das ist ein Gedanke, den ich verfolge und nicht nur ich, ganz ohne Rücksicht auf neurophysiologische und auch psychoanalytische Überlegungen. Das hilft mir nur, wenn ich weiß, daß die Neurophysiologie und die Psychoanalyse ungefähr auf die gleichen Resultate kommen. Aber ich gehe es existentiell und logisch an. Ich sage, der Begriff des »Ich« ist sowohl existentiell als auch logisch falsifiziert einfach ein Fehler. Existentiell ist »Ich« etwas, das in bezug zu etwas anderem ist und »Du« genannt wird. Definition von »Ich« ist das »Du« des anderen. Und logisch ist: Identität impliziert doch Differenz. Ich kann doch nur von Identität sprechen im Vergleich, in Differenz zu einem anderen. Infolgedessen ist die Verdinglichung des Ich ganz einfach ein Denkfehler. Auch wenn das außerordentlich mystisch denkend klingen würde, selbst wenn es klingen würde wie: »Ich gehe auf in der Unio mystica«, selbst wenn ich das so ausdrücke, würde ich doch damit nicht nur gesagt haben, daß ich dem Zwang der logischen- und Existenzanalyse folge. Nur möchte ich dann noch hinzufügen, das, was man im mystischen Denken »das Aufgehen des Ich im Nichts« nennt, ist doch ein tagtägliches, völlig unmystisches Erlebnis: die Selbstvergessenheit. Wenn ich mich in ein Buch vertiefe, erlebe ich Unio mystica. Ich vergesse mich doch. Das ist für mich sehr wichtig. Infolgedessen ist es ein Beweis, daß alles Pochen auf Individualismus eine vollkommen falsche Ideologie ist.

Was bei mir den eigentlich größten Widerspruch hervorgerufen hat, ist Ihre Auffassung von Würde, der Würde des Menschen.

Ich möchte dazu sagen – immer wenn ich das Wort »Würde« sage, sag' ich es natürlich mit einer Hinterlist –, daß ich das Wort Würde im exakten Sinn des Wortes verwende. Würde ist nämlich das Charakteristikum, das mich befähigt, etwas von etwas zu unterscheiden, wenn ich zum Beispiel sage, es ist die Würde der Ratte, daß sie so und so mit dem Schwanz wedelt. So verwende ich das Wort »Würde«, *dignitas*, wissen Sie?

Aber sie rekrutieren die Würde aus der Qualität des kulturellen Gedächtnisses.

Nun ja, weil ich doch damit spiel'! Weil ich hinterlistigerweise das Wort »Würde« doch wieder im alltäglichen Sinn gebrauche. Aber ich justifiziere es, indem ich sage, die Würde des Menschen ist zum Beispiel, daß seine

Nasenlöcher so und so gelegen sind und nicht wie beim Schimpansen, und das ist des Menschen würdig.

Sie haben den Würde-Begriff auf die Fähigkeiten des kulturellen Gedächtnisses, Informationen zu speichern, angelegt und eine neue Würde des Menschen gefordert, speziell aus diesem neuen Gedächtnis Computer heraus. Da kam mir einfach die Frage, ob denn diese Diktatur – ich möchte sie gerne als eine Diktatur grandioser Gedächtnisse bezeichnen – tatsächlich die Würde sein soll, wenn ich Sie richtig verstanden habe, oder ob nicht die Würde des Menschen im Bewußtsein seiner Verlorenheit und Fremdheit vor der Welt liegt?

Sie sind der erste Leser meiner Sachen, der auf diesen meinen Trick mit der Würde gekommen ist. Wenn ich zum Beispiel sage, es ist des Menschen unwürdig, mechanisierbare Aktionen durchzuführen, so meine ich damit, und ich sage es nochmal, es ist die Würde spezifischer Maschinen, das zu tun. Die Würde des Computers ist, sehr schnell digital zu rechnen. Wenn ein Mensch das auch tut, ist es seiner unwürdig, denn er kann ja die Würde des Computers nicht erreichen. Er imitiert doch nur den Computer – und das ist seiner unwürdig. Man hat doch früher gemeint, die Würde des Menschen ist, Entscheidungen zu treffen; das nannte man, glaube ich, Freiheit. Also gut. Es ist die Würde des Menschen, in einer gegebenen Lage sich zu entscheiden. So wurde, glaube ich, auch die Intelligenz definiert. Die Intelligenz ist die Fähigkeit, sich in gewissen Situationen zu entscheiden. Das, wie gesagt, ist die Würde des Menschen, das ist es, was ihn unterscheidet, sagen wir von diesem Tisch, nicht sagen wir von einer Ratte, die entscheidet sich ja auch. Aber es ist die Würde des Menschen, Menschenwürde, und dafür sind doch die Leute gestorben. Und seit man die Entscheidungen in Dezideme aufteilen und den Entscheidungsbaum mit den Dezidemen in ein Schachspiel-Maschinchen hineinfüttern kann und die Maschine entscheidet sich bei jedem Schachzug eine Million Mal, und sie entscheidet sich weit besser als ich – ab dem Moment ist es des Menschen unwürdig, sich zu entscheiden. Das ist doch, was ich mit dem Paradigmenwechsel meine. Es ist gegenwärtig unwürdig, frei zu sein!

Eine schöne Unterscheidung, die habe ich vorher aus Ihrem Linzer Referat nicht herausgelesen. Sie fordern, zumindest in diesem Aufsatz, daß wir uns als Medien eines Informationsprozesses zu erkennen geben sol-

len, wenn ich Sie richtig zitiere. *Es gibt ein Buch, das heißt »Das egoistische Gen« von Richard Dawkins ...*
... das ist faschistoid ...
... *dort wird ungefähr die These vertreten, daß wir einzig Platzhalter sind und Fackelträger unserer Nucleinsäuren, willfährige Vehikel, ausgestattet mit promiskuen Programmen.*
Das ist, fühlen Sie, daß das faschistoid ist? Ich kenne das sehr gut.
Wäre das nicht die logische Folgerung Ihrer Forderung ...
Im Gegenteil!
... *daß wir uns als Medien ...*
Im Gegenteil!
... *des Informationsprozesses erkennen?*
Im Gegenteil. Ich glaube, daß die Menschwerdung fast erzwungen hat das Abschieben, Schritt für Schritt, aller bisher für menschlich gehaltenen Faktoren auf Maschinen, um etwas, was wir noch nicht richtig fassen können, freizubekommen. Ich würde sagen, im Gegenteil, je mehr ich mechanisieren kann und auf Maschinen abschiebe, desto mehr stehe ich einem Möglichkeitsfeld offen, das, weil es ein Möglichkeitsfeld ist und noch nicht ein realisiertes Feld, unfaßbarer ist. Nehmen wir an, wer vor hundert Jahren gesagt hätte, die Automation erweckt im Menschen die Fähigkeit der Systemanalyse und der Systemsynthese, der hätte recht gehabt, nur haben damals die Begriffe noch gefehlt. Die Tatsache aber, daß wir mechanisiert haben, hat uns die Fähigkeit zur Systemanalyse und Systemsynthese eröffnet, und im Moment ist das eine der Würden des Menschen, nicht mehr Entscheidungen zu treffen, sondern Entscheidungssysteme zu analysieren.
Darf ich dagegenhalten?
Bitte, selbstverständlich, Sie sollen!
Diese jetzt von der Gedächtnisleistung befreiten menschlichen Gehirne sollen eine Explosion im Kreativen bewirken ...
... sie sollen nicht, sondern ich glaube, sie tun es.
Könnte es nicht viel eher sein, daß wir in eine gigantische Verflachung geraten? Aus zwei für mich ins Auge springenden Gründen. Liest man die Suizidrate einiger Länder während des Zweiten Weltkrieges, erweist sich diese, trotz extremer, furchtbarer Bedingungen, im Verhältnis als niedrig. Die Frequenz der manifesten neurotischen »Erkrankungen«, könnten wir sie mit heute vergleichen, war wahrscheinlich sehr viel gerin-

ger. *Zum zweiten: Geraten wir nicht in ein fatales physiologisches Defizit zur Welt, wenn grundlegende biologische Programme, sei es der Sexual-, Jagd- oder Bewegungstrieb, in blinden, frei flottierenden Reaktionen enden? Sind wir also vom derzeitigen Standpunkt unserer Evolution her in der Lage, mit diesen Möglichkeiten mental als auch biologisch angemessen umzugehen?*

Ich weiß es nicht, aber eine der Möglichkeiten ist, was Sie gesagt haben. Das ist richtig. Ich möchte nur zu diesem Mangel an Suiziden im Krieg sagen: Das ist ein Zeichen von Streß, denn im Streß bringt man sich ja nicht um.

Es ist aber auch eine Frage der Sinngebung.

Ja gut, aber schauen Sie, der Selbstmord ist doch eine, ich würde sagen, beinahe philosophische Attitüde: »Ich will ausgedehnte Sache sein.« Sie können das doch so ausdrücken, nicht? Zu dem Zweck, um zu diesem Schluß zu kommen, lehne ich es ab, denkende Sache zu sein, ich entscheide mich frei, ausgedehnte Sache zu sein. Zu diesem Entschluß kann man doch nur, sagen wir, in der Muße kommen, in der Reflexion. Im Krieg kommt man gar nicht dazu. Ich glaube, das Fehlen von Selbstmorden ist ein Beweis des Sinkens der existentiellen Fähigkeit.

Oder daß wir mit der unbesetzten Zeit, die wir haben, die Sinnentleerung der Welt einfach stärker, präziser wahrnehmen, das wäre die andere Möglichkeit.

Mir paßt die erste Möglichkeit besser, wissen Sie. Sie haben das mit dem Selbstmord doch angeführt, um zu zeigen, daß Streßsituationen einen Vorteil haben.

Ja.

Ich würde sagen, das ist kein Vorteil. Ich würde den Selbstmord nicht negativ belegen. Wenn in Schweden die Selbstmordrate hoch ist, so beweist das, daß in Schweden ein ziemlich hohes existentielles Niveau erreicht wird.

Wenn ich hier übersteigere, daß also der existentielle Druck und der Selbstmord eine durchaus positive Möglichkeit sind, könnte ich erweiternd sagen, daß unsere Spezies »natürlicherweise« und gleichbedeutend mit ihrem Untergang nichts anderes im Sinn hat, als einen uterinen oder präuterinen Status zu erreichen?

Ich habe ein Buch geschrieben, das heißt *Angenommen*, einen Dialog zwischen einem Fötus und einem, sagen wir, hypothetischen Gesprächspartner, wo dieser Fötus das Für und Wider der Abtreibung bespricht. Was ich im Auge hatte, war, den Selbstmord ohne positive oder negative Besetzung zu diskutieren, denn Abtreibung ist doch wertfreier als der Selbstmord eines Menschen. Ich würde es nicht mit Werten belegen. Ihr Argument gegen mich, lassen Sie mich das noch einmal... Können Sie das formulieren?

Verursacht die Befreiung von der Gedächtnisleistung tatsächlich eine Explosion im Kreativen oder aber ...

Nein, das weiß ich nicht, hab' ich auch nicht gesagt. Die künstlichen Gedächtnisse sind eine notwendige Vorbedingung für eine totale Kreativitätsexplosion, nicht eine genügende. Ohne die Gedächtnisse ist die gegenwärtig beobachtbare, an Stellen beobachtbare Explosion an Kreativität undenkbar. Aber selbstverständlich, die künstlichen Gedächtnisse allein sind keine Garantie. Dank dieser verschiedenen Analysen von Systemen, auf denen die sogenannten künstlichen Intelligenzen beruhen und ihnen verwandte Parabeln, haben sich für uns nicht im Detail vorhersehbare Möglichkeiten eröffnet. Einige davon deuten in Richtung einer Verflachung, Vermassung, Verblödung, andere deuten in Richtung einer Explosion von Kreativität, andere in Richtungen, die wir uns überhaupt nicht vorstellen können.

Um zuletzt noch einmal ganz schräg einzusteigen: Wie sinnvoll ließe sich reden über eine Welt, deren Existenz beginnt durch ein mit Bewußtsein ausgestattetes Gegenüber, in der der Beobachter seine extramentale Wirklichkeit erst konstituiert, die zunächst also Bewußtseinstatsache ist und sonst gar nichts? Oder worauf ich hinaus möchte, konkreter gefragt: Kann Gehirn/Geist sich jemals ausreichend selber erklären?

Wenn Sie das so formulieren: Kann ein Gehirn sich selber bedenken? Das Gehirn ist doch überhaupt ein Paradox. Das Gehirn ist in der Welt enthalten und enthält die Welt.

Wir befinden uns also in einer Art Möbius-Schleife, die wir nie zu Ende bringen können?

Ja, und ein Aspekt dieser Möbius-Schleife ist, daß das Gehirn sich selbst bedenkt.

Müssen wir unter diesem Aspekt nicht all unsere Erkenntnisse als provinziell ansehen, unser ganzes Denken, angesichts der Tatsache, nie zu wissen, ob wir in der Kiste sitzen oder davor; sind wir nicht doch nur Neandertaler des Denkens, begrenzt durch Konstanten wie Logik und Lichtgeschwindigkeit, einer individuellen Architektur des Gehirnes?

Sie haben vollkommen recht. Das ist eine Sache. Wir können das Gehirn jetzt simulieren und als Simulation von außen bedenken. Das ist, glaube ich, einer der wichtigsten Aspekte der Denkmaschinen, daß wir fähig sind, primitive Denkprozesse tatsächlich von außen einzubedenken.

Ihr Linzer Vortrag endet mit der Bemerkung, daß wir trotz verzweifelter Gegenwehr – auch in Form der künstlichen Gedächtnisse – gegen den entropischen Sog ohne Chance sind.

Natürlich, wir sind von vornherein zum Scheitern verurteilt, bei allem, was wir tun.

Wie leben Sie damit?

Gut!

Gut? Ich lebe damit meistens nicht sehr gut, das gebe ich zu, vielleicht muß man dafür eben 70 Jahre alt werden.

Vielleicht tut man die Sache nicht, um zu siegen – nein, man tut es spaßeshalber. Wissen Sie, das erinnert mich, als der Russell 90 Jahre alt wurde, hat man ihn gefragt: »What is the result of your philosophy? – Was haben Sie aus ihrer jahrzehntelangen Vertiefung in die Philosophie erreicht?« Und er hat geantwortet: »Ich habe mich hervorragend dabei unterhalten.«

ROBION, 1991

Vilém Flusser in seinem Haus in der Provence, befragt von Patrick Tschudin am 30. September 1991 für den Schweizer Radiosender DRS.

Üblicherweise wird ein Interviewgast charakterisiert, indem ihn der Frager anhand seiner Biografie vorstellt. In diesem Fall möchte ich auf dieses Verfahren verzichten und Sie, Vilém Flusser, selbst fragen, wie denn Ihre Antwort auf die Frage nach Ihrer Biografie aussähe . . .
Ich würde auf zwei Seiten ausweichen. Die eine ist methodologisch. Es hat mich immer gestört, daß man die Lebensdauer von Menschen objektiv mißt in Jahrzehnten, Jahren, Monaten. Ich glaube, das ist ein Maßstab, der für das Erleben und das Erleiden völlig ungeeignet ist. Es gibt Abschnitte, die sehr intensiv sind, die voller Erlebnisse sind, und es gibt andere, die ziemlich öde verlaufen. Wenn man das in einen Computer füttern würde, würden ganz seltsame Kurven herauskommen, und ich glaube, nach diesen Kurven müßte man eigentlich Biografien schreiben. Ich habe irgendwo gelesen – Sie werden es mir bestätigen –, daß man zwei Drittel seines Lebens hinter sich hat, wenn man auf die Welt kommt, daß man im Mutterleib zwei Drittel der Erlebnisse des ganzen Lebens schon hat, daß dann im Alter die Sache gewöhnlich absackt, so daß die letzten zwanzig Jahre den ersten zwei Jahren entsprechen. Ich glaube aber, es ist eine Aufgabe des Menschen, gegen diese biologisch bedingte Lebensform anzukämpfen. Ich versuche zumindest, auch mit meiner Frau, in unserem Alter ein noch immer intensives Leben zu führen, so daß wir noch immer, wenn man uns in Erlebnisintensitäten und Erlebnisquantitäten messen würde, auf einem ziemlich hohen Lebensniveau stehen. Eine methodologische Schwierigkeit, denn: Wie kann man Erlebnisse messen? Ich werfe das Problem auf und habe keine Antwort.
Zweite Ausweichung auf Ihre Frage: Ich bin überzeugt davon, daß der Begriff des Ich, des Selbst, der Identität ideologisch ist und aufzugeben ist. Eine Biografie kann nicht von irgendeinem »Ich« handeln. Und wer seine eigene Biografie schildert, der hat überhaupt nicht gelebt, sondern ich glaube, eine Biografie besteht im Aufzählen der Vernetzungen, durch die irgendein Erlebnisstrom gelaufen ist. Wenn ich auf mein Leben zurückblik-

ke – was ich sehr ungern tue, denn ich schaue lieber nach vorne –, dann finde ich gar keine Identität. Ich glaube nicht, daß irgend etwas gemeinsam ist zwischen mir, der jetzt mit Ihnen redet und mit Ihnen verkettet ist und in diesem Moment in Funktion von Patrick Tschudin existiert, daß dieser irgend etwas gemeinsam hat mit dem Lausbuben aus Prag. So, das sind die beiden Ausreden. Jetzt können Sie mich weiterfragen.

Sie haben Prag erwähnt. Sie sind 1920 in Prag zur Welt gekommen.
Wissen Sie, ich war vor drei Wochen in Prag, oder vor vier Wochen. Ich war überrascht von zwei Dingen. Erstens, daß die Stadt tatsächlich so unglaublich prachtvoll ist, wie ich sie in Erinnerung hatte. Die Erinnerung verzaubert doch die Dinge und verschönert sie, aber in diesem Fall war es nicht so, sondern Prag ist tatsächlich von einer unvergleichlichen Schönheit. Man darf es eigentlich nicht, da man doch dort geboren ist und da man weiß, daß das ein schlechter Ausgangspunkt für irgendeine ästhetische Kritik ist, trotzdem muß ich zugeben, ich kenne nur eine einzige Stadt, die an Pracht mit Prag vergleichbar ist, und das ist Venedig. Aber selbst indem ich das sage, bin ich mir dessen bewußt, daß Venedig eine Kleinstadt ist und Prag, trotzdem es relativ wenig Einwohner hat, ist eine kaiserliche Stadt.

Also ich war dort. Und wie ich durch die Straßen gegangen bin – ich habe alles erkannt. Es war mir nichts fremd, aber ich habe mich nicht wiedererkannt. In diesem Sinne habe ich die 19 oder 20 Jahre, die ich in Prag verlebt habe und die doch für mich sehr wichtig waren, für meine Formation, verloren. Es kommt vielleicht daher, daß es keine Juden mehr in Prag gibt und keine Deutschen. Aber wenn man Prag von Juden und Deutschen säubert – von Juden seitens der Säuberungsaktion der Deutschen und dann von Deutschen seitens der Säuberungsaktion was weiß ich wessen –, also wenn man das getan hat, dann bleibt nur sozusagen eine Kulisse. Aber auch das stimmt nicht, denn die Leute haben mich außerordentlich freundlich empfangen und haben mich beim Schlawittchen gepackt, und obwohl ich nur drei Tage dort war, haben sie mich in etwas geführt, das heißt »Haus der Fotografie«, und ich habe aus dem Stegreif einen tschechischen Vortrag gehalten.

Tschechisch, wissen Sie, ist meine Muttersprache. Ich habe es einundfünfzig Jahre nicht gesprochen und kein gedrucktes Wort gesehen. Man sagt, es gäbe im Gehirn zwei verschiedene Funktionen von Sprachprozessierung: die strukturelle und die lexikale. Die strukturelle ist viel tiefer eingetragen als die lexikale. Das heißt, ich habe grammatikalisch richtig gesprochen, habe aber keine Worte zur Verfügung gehabt. Und plötzlich ruft meine Frau: »Paß auf, Du sprichst ja Portugiesisch!« Ich bin aus dem Tschechischen ins Portugiesische gerutscht, während des Vortrages, ohne mir dessen bewußt geworden zu sein, weil das Portugiesische wahrscheinlich an dieselbe Stelle geschlüpft ist, an der in meinem Gehirn Tschechisch gelagert war, weil ja Portugiesisch jetzt sozusagen meine Muttersprache geworden ist.

Warum sage ich Ihnen das? Weil ich über Biografie spreche und weil ich damit sagen wollte, obwohl mir die Stadt bekannt ist und obwohl sie mir zugleich völlig leer und fremd ist, haben mich die Leute – aus Mißverständnis ihrerseits – sehr gut empfangen und wollen mich kapern, wissen Sie. Ich weiß ja genau, daß das eine Rekuperationstaktik ist. Die Leute möchten gern jemanden haben, der viele Jahre draußen war und jetzt irgendwie wiederkommt. Und so bin ich dann im November eingeladen, dort einige Vorträge zu halten auf dem Masaryk-Quai – nomen est omen. Von einigen tschechischen Stellen bin ich dort eingeladen, aber es bezahlt das Goethe-Institut, was ein Beweis dafür ist, daß die Tschechen kein Geld haben.

Sie haben Portugiesisch erwähnt. Sie sind ja 1939 von Prag über London, wo Sie ein Jahr – ein wichtiges Jahr für Sie . . .

Richtig, ein sehr wichtiges Jahr. Ich bin mit der angelsächsischen Kultur in Berührung gekommen und bin seither von ihr infiziert. Und zwar nicht nur von der Großartigkeit der Sprache. Wissen Sie, Englisch ist wahrscheinlich der größte Triumph des menschlichen Geistes. Wenn Sie wollen, kann ich Ihnen meine Argumente zugunsten dieser Behauptung anführen, soll ich das tun?

Vielleicht später.

Also gut, Sie sind ja der Zar! Erstens war ich begeistert von der Sprache. Ich habe sie nie total beherrscht. Ich schreibe sie ganz anständig, und alles, was ich rede, ist mit einem tschechischen Akzent. Das erinnert mich an den Witz, wo schließlich jemand sagt:»Wissen Sie, er kann 20 Sprachen. Das imponiert mir nicht. Ich kann selbst in 25 Sprachen jiddeln.« Ich jiddel zwar nicht, aber ich habe einen tschechischen Akzent, und den habe ich überall. Der zweite Grund war die »tournure«! Nicht nur die »tournure de phrase«, sondern die »tournure de pensée«, die ja das angelsächsische Denken charakterisiert, ist in mich eingedrungen, und ich versuche meinen Stil dieser Klarheit, Anständigkeit und dabei Gründlichkeit des Englischen anzupassen.

Dann kam ich mit der englischen Philosophie direkt in Berührung, Hume zum Beispiel. Das ist ein solches Vergnügen! Obwohl ich gewußt habe, daß die Deutschen sich schon die Zähne wetzen, die Öfen aufzustellen, das ist eine der Sachen, die sie mir doch nicht verdorben haben, dieses Vergnügen, zum Beispiel Hume zu entdecken, und auch die gegenwärtigen, zum Beispiel Russell. Darum war das Jahr in England wichtig.

Ich wollte mich zur tschechischen Armee melden, aber ich bin blind auf einem Auge – das andere hat damals noch funktioniert –, und man hat mich in der Armee abgelehnt. Ich habe mich dadurch ernährt, daß ich Jazz-Texte geschrieben habe, Texte für Jazz-Lieder, man hat mir zehn Schilling pro Text gegeben, und von zwanzig hat man immer nur einen akzeptiert, da konnte ich nicht sehr gut von diesen zehn Schilling leben. Damals waren zehn Schilling ein halbes Pfund. Also haben wir versucht, irgendwohin auszuwandern, meine Frau und ich. Wir waren damals noch nicht verheiratet. Und überall hat man uns natürlich den Weg versperrt, weil wir Juden sind. Dank gefälschter Taufscheine gelang es uns, trotzdem ein brasilianisches Visum zu erhalten. So sind wir nach Brasilien ausgewandert und waren dort 32 Jahre lang. Dafür verdient man eigentlich eine Tapferkeitsmedaille.

Sie haben in São Paulo gelebt. Sie haben dort studiert. Sie waren dort Dozent.

Das alles stimmt. Ich war dort sogar ordentlicher Professor. Aber das können Sie auch streichen, wenn Sie wollen, ja.

Ordentlicher Professor für Philosophie.

Für – ja, ich kann es nicht leugnen – für Kommunikationsphilosophie. Ursprünglich war ich Dozent für Wissenschaftsphilosophie, und zwar gleichzeitig an der Philosophischen Fakultät und an der Polytechnik, weil ich immer der Meinung war, daß die Technik das Menschliche ist und daß wir in den Technikern unsere großen Menschen haben, angefangen von den Erfindern des Faustkeils bis zu den Erfindern der Computer. Ich habe mir immer gedacht, die Techniker sollten philosophisch und nicht so idiotisch herumreden, und da habe ich also über Wissenschaftsphilosophie in der Polytechnik vorgelesen, und das war ein Malheur, weil der große Saal der Universität nicht mehr genügt hat, denn die Leute wollen ja was von der Philosophie erfahren. Da kamen Hunderte, und ich war wie ein Löwe im Käfig. Das einzige, was ich machen konnte, war, mich auf die Beine irgendeines hübschen Mädchens zu fixieren, um irgendwie Kontakt mit dieser grauen Masse zu haben, die da vor mir saß.

Ich habe die Wissenschaft immer als einen Diskurs angesehen, also als eine Kommunikationsform, und bin davon ausgehend zur Kommunikation gekommen. Es war mir deutlich, daß die Wissenschaft mit Kunst sehr viel zu tun hat, und so bin ich mit der Zeit immer mehr in die Künste abgeglitten. Das war ein Zeichen von Alter. Anständige Menschen interessieren sich für Mathematik, und wenn sie alt werden, dann beginnen sie sich für Kunst zu interessieren. Das war auch mein Fall. So bin ich dann in die Biennale hereingerückt und in solche Dummheiten wie Fotografie und Video und so weiter.

Sie sagen, daß Sie sich für Kommunikation interessiert haben. In einem Ihrer jüngeren Aufsätze lese ich den in diesem Sinne wahrscheinlich zentralen Satz von Ihnen: »Wenn wir uns selbst als Funktion aller anderen erkennen und alle anderen als unsere eigene Funktion, dann wird Verantwortung jenen Stellenwert einnehmen müssen, der bisher von individueller Freiheit besetzt ist.« Könnten Sie mir das erläutern: »Ich« als Funktion aller anderen und alle anderen als Funktion von mir?

Ich würde ausgehen von dem Problem der Freiheit. Es ist ja nicht deutlich, was die Leute meinen, wenn sie von »Freiheit« reden. Meinen sie, daß sie trotz Bedingungen etwas machen können, daß sie in einem gewissen Grade unbedingt sind? Meinen sie, daß sie in einer Welt des Zufalls, also einer Welt, die nicht absehbar ist, trotzdem etwas absehen können? Denn Freiheit ohne Absicht hat doch keinen großen Sinn. Ich habe den starken Verdacht, daß das Wort »Freiheit« außerordentlich überschätzt wird. Es ist nämlich das Synonym von »Sünde«. Was im Mittelalter »Sünde« genannt wurde, wurde in der Neuzeit »Freiheit« genannt, nämlich die Möglichkeit, sich gegen das Schicksal zu stemmen. Und ich bin nicht ganz so sicher, ob hinter diesem demagogischen Wort viel steckt. Aber hinter dem Wort »Verantwortung« steckt sehr viel: Wenn ich einem anderen Frage und Antwort stehe, mich ihm gegenüber öffne und mich dabei selbst vergesse, diese

Selbstvergessenheit mit dem anderen in der Sache, denn man verliert sich ja nicht *im* anderen, man spricht ja nicht *mit* einem anderen, man spricht mit einem anderen *über* etwas. Wenn man in dieses verantwortliche Verhältnis tritt, dann verliert man sich mit dem anderen in der Sache, und das ist eine schöpferische Situation. Die Wissenschaft besteht daraus! Die Wissenschaft ist ein Dialog, bei dem sich die Leute in der Sache verlieren. Schauen Sie sich die Gespräche des Galilei an! Schauen Sie sich auch die Gespräche Platons an! Dann geschieht etwas, was vielleicht mit Freiheit gemeint ist, nämlich schöpferisches Engagement. Ich würde dem Wort »Verantwortung« den Stellenwert geben, der im 19. Jahrhundert dem Begriff »Freiheit« gegeben wurde.

Wo sehen Sie in ihrer Biografie – »Biografie« im herkömmlichen Sinne – Hinweise oder Beweise für die Richtigkeit Ihrer These, daß das »Ich« eine Funktion der anderen ist und umgekehrt?

Das ist eine gute Frage. Es ist ja nicht meine These, und das will ich Ihnen an meiner Biografie zeigen. Ich war ein Bub von vielleicht 17, 18 Jahren, da kam der Buber nach Prag. Das hat bei mir einen unglaublichen Eindruck hinterlassen. Schon dieser große schwarze Bart und diese starke Gestalt und dieser Blick! Das war ein Blick eines Sehers! Und er sprach nicht über das dialogische Leben, sondern über das Vorurteil gegen Gott. Er hat das fabelhaft gesagt. In diesem seinem Vortrag wurde mir deutlich, was Buber mit dem »Ich und Du« meint, was er mit dem dialogischen Leben meint. Und so habe ich Einsicht gewonnen in die jüdisch-christliche Weisheit, wonach Nächstenliebe der einzige Weg ist, um zu Gott zu kommen. Dank Buber habe ich auch das Bilderverbot im Judentum verstanden. Ob es im Islam die gleiche Wurzel hat, weiß ich nicht. Der Mensch ist ein Ebenbild Gottes. Wenn ich das Antlitz des anderen sehe und mich dem Antlitz des anderen öffne, ist das die einzige Form, in der ich Gott ersehen kann. Wenn ich daneben andere Bilder mache, verstelle ich mir den Weg zum anderen und dadurch zum »ganz anderen«. Von diesen zwei Seiten ist mir deutlich geworden, daß der Begriff des »Ich« nicht nur eine ideologische Verblendung ist, sondern im jüdisch-christlichen Sinn *die Sünde*. Die Sünde wider den Geist, würde vielleicht die Kirche sagen. Es gibt ein Gedicht von Angelus Silesius, aus dem *Cherubinischen Wandersmann*, das hervorragend ausdrückt, was ich hier in schlechten Worten zu sagen versuche: »Ich weiß, daß ohne mich Gott nicht ein Nu kann leben.

Werd' ich zunicht', Er muß vor Not den Geist aufgeben.« Sogar Gott ist nur, wenn ich zu ihm »Du« sage. Natürlich bin ich nur, wenn Gott zu mir »Du« sagt. Es klingt sehr rabbinisch.

Wir bleiben noch ein bißchen bei der Biografie. Ich habe einen Freund. Das ist ein großer Satz, den ich jetzt gesagt habe. Und dieser Mensch ist ein Techniker. Kein gewöhnlicher Techniker, denn nicht nur hat er einige der größten Dämme in Brasilien gebaut, zum Beispiel auch den größten, »Tres Marias«, und solche schönen Sachen gemacht, sondern neben seinem technischen Engagement ist er auch ein sehr guter Spezialist für romantische englische Poesie und ein Wissenschaftsphilosoph. Wir sind sehr eng, seit dem Jahre 50 vielleicht, miteinander befreundet und im Gespräch. Er ist dafür verantwortlich, daß mir die noble Verachtung der Intellektuellen für Technik und Maschinen gründlich ausgetrieben worden ist. Er hat mir gezeigt, daß in den Maschinen die größten Werke des menschlichen Geistes zu sehen sind, daß man auf die Frage, welches der größte Triumph des menschlichen Geistes, sagen wir im 18. Jahrhundert, ist, antworten muß: »der Dampfkessel« oder solche Sachen. Er hat, kurz nach dem Krieg, als junger Ingenieur, eine Aufgabe zu lösen gehabt, die mit Bodenmechanik zu tun hatte. Und er hat das also ausgerechnet – und kam damit nicht zurecht. Also fuhr er zu seinem Lehrer Casanova, einem sehr berühmten Mann, der in Harvard die *soil mechanics** eingeführt hat. Er ist zu ihm gefahren und hat gesagt: »Ich kann mir nicht helfen, können Sie mir helfen?« Und der hat gesagt: »Ich nicht, aber sehen Sie mal, sehen Sie da auf den Hof. Da baut man einen Würfel. Wenn der fertig ist, werden alle Ihre Probleme gelöst sein.« Der Würfel, den er ihm gezeigt hat, war der UNIVAC. Das war natürlich ein Riesenturm damals und hatte nicht die Kapazität eines Personal Computers von heute, aber trotzdem, es war die Lösung eines erkenntnistheoretischen Problems.

Wir erfinden Dinge aus Notwendigkeit. Wir brauchen etwas, und deshalb erfinden wir es. Und dann kommen wir langsam darauf, daß wir etwas erfunden haben; daß wir gar nicht wußten, *was* wir erfinden. Entdeckung kommt nach der Erfindung. Wir entdecken in unseren Erfindungen. Die Situation in der ersten Hälfte des 20. Jahrhunderts war folgendermaßen: Man hatte eine Methode erfunden, um Prozesse zu mathematischen

---

* Bodenmechanik.

Algorithmen zu artikulieren, und diese gewaltige Methode – ich werde simplifizieren – heißt Differentialgleichung. Dank Differentialgleichungen lassen sich alle Prozesse formal ausdrücken. Wenn es stimmt, daß Wissen Macht ist, dann hat diese Methode gestattet, daß wir allwissend werden und dadurch auch allmächtig. Denn wir können alle Prozesse – und die Welt wurde doch damals als ein Kontext von Prozessen angesehen –, wir können alle Prozesse mathematisch formalisieren, und in dem Moment, wo wir formalisiert haben, können wir sie auch beherrschen. Wir sind allmächtig. Aber nachdem Sie sie formalisiert haben, müssen Sie sie ja auch anwenden, Sie müssen das Wissen auch zur Macht bringen. Und um das zu machen, müssen Sie sie numerisieren, das heißt, Sie müssen aus dieser höheren Ebene wieder in die alte, in die untere – und das dauert lange. Und das bedeutet, daß das Wissen nichts wert ist. Der Zusammenbruch der Vernunft. Sie wissen, aber können nichts damit anfangen. Das war die Situation, in der Nazismus und Faschismus und alle diese Sachen entstanden sind. Nicht etwa, daß die Nazis gewußt haben, was ich jetzt sage, das waren natürlich Vollidioten, aber irgendwie im Inneren waren sie sich dessen bewußt. Also, was mußte man tun? Man mußte schnell rechnen. Es war das ganze Interesse der ersten Hälfte des 20. Jahrhunderts, schnell zu rechnen! Sie müssen sich vorstellen, daß in den Ingenieurbüros Hunderte und Hunderte von jungen Ingenieuren saßen und haben gerechnet und gerechnet und gerechnet und kamen auf keinen grünen Zweig. Das Zwingende, das Dringende waren schnelle Rechenmaschinen. Lassen Sie sich nicht einreden, daß man den Computer erfunden hat, um die deutschen Piloten abzuschießen über London, wie die Sage behauptet. Das war ein wichtiger Moment. Man mußte ja schneller rechnen, als die Piloten ausweichen. Man hat ja auf die Piloten geschossen, dorthin, wo sie sein werden, wenn sie ausweichen. Das war mit ein Element, aber der wirkliche Grund ist schon seit Anfang des 20. Jahrhunderts: Schnell-Rechen-Maschinen! Und das sind die Computer. Und plötzlich ist man auf etwas gekommen, was der Computer kann und wovon man gar nicht gewußt hat. Er kann die Prozesse zurückführen auf Zahlen. Das heißt, er kann kalkulieren. Er kann die Prozesse in Steinchen – *calculi* – zerlegen, aber er kann auch umgekehrt geschaltet werden und die Steinchen wieder zu Linien und Flächen und Körpern und bewegten Körpern zurückbringen. Er kann komputieren. Von dieser Überraschung, daß man aus Steinchen Welten aufbauen kann, davon haben wir uns nicht nur noch nicht erholt, sondern sie ist so kolossal, so kolossal!

Wissen Sie, ich bin neugierig. Zum Beispiel gibt es da Kongresse über virtuelle Räume und Cyberspace und Interface und wie die ganzen Blödheiten heißen. Man hat es noch nicht einmal verdaut, daß man das kann: daß man aus sozusagen nichts – denn was ist denn ein Punkt, ein Punkt ist nichts, also nulldimensional –, daß man aus nichts alles machen kann. Kann ich einen Witz dazu erzählen? Es gibt drei Busenhaltermarken: Mussolini, Hitler und die Heilsarmee. Der Mussolini-Busenhalter macht aus nichts etwas. Der Hitler fesselt die Massen. Und die Heilsarmee hebt die Gesunkenen. Dieses Aus-nichts-etwas-Machen, das tatsächlich kann der Computer, der Computer kann aus nulldimensionalen Punkten Welten machen.

Ich möchte nochmals aus einem jüngeren Essay von Ihnen zitieren, und zwar aus »Digitaler Schein«: »Die meisten denken weiterhin fortschritts- und aufklärungsorientiert. Sie erleben, erkennen und werten die Welt weiterhin als eine Verkettung von Ursache und Wirkung, und sie sind engagiert, diese Kausalketten zu brechen, um uns von der Notwendigkeit zu befreien. Ihr Bewußtsein ist also weiterhin linear, literarisch und buchstäblich, und nur die wenigen Menschen, die dieses Bewußtsein hinter sich gelassen haben und die Welt nicht mehr als Kausalkette, sondern als Zufallswurf erleben, erkennen und werten, die nicht mehr fortschrittlich und aufklärerisch, sondern futurologisch und systemanalytisch oder strukturell denken, erzeugen die Modelle, nach denen sich die Mehrzahl richtet. Zum Beispiel programmieren sie Werbung, Filme und politische Programme nach strukturellen Kriterien, ohne daß sich die Manipulierten davon Rechenschaft ablegen können.« Es geht hier um den Gegensatz zwischen formalem und historischem Bewußtsein. Könnten Sie mir diesen Gegensatz nochmals, in anderen Worten vielleicht, verdeutlichen?

Wissen Sie, es gibt Momente, wo Sie einen Satz lesen bei jemandem, und plötzlich ist Ihre Weltsicht verändert. Das haben Sie sicher auch schon erlebt. Einer dieser Momente der Umkehr war, als ich den *Tractatus* aufgemacht habe. Der erste Satz im *Tractatus* lautet: »Die Welt ist alles, was der Fall ist.« Das hat mich kolossal aufgeregt, denn ich bin ja alt, und ich bin erzogen worden im prozessuellen Denken. Ich hätte doch immer gesagt: »Die Welt ist alles, was geschieht.« Ich habe doch den Hegel im Bauch und den Marx, und wie jeder Bub in meiner Generation war ich doch natürlich Marxist. Und plötzlich lese ich bei einem Menschen diesen unglaublichen Satz: »Die Welt ist alles, was der Fall ist.« Und natürlich habe ich gleich an Würfel gedacht. Und ich glaube, das ist ganz im Geist von Wittgenstein. Die ganze Einstellung ist anti-historisch. Die ganze Einstellung sagt: Es ist ein Kontext da. Der Kontext ist geworfen worden. Und dieser Kontext hat eine Struktur, die zu analysieren ist. Wenn Sie sich das überlegen, dann haben Sie plötzlich einen anderen Blick, nämlich einen strukturalen Blick, einen Blick von Verhältnissen, von Fäden. Die Dinge sind nicht mehr da, es gibt keine Dinge mehr, es gibt nur noch Sachverhalte, wie Wittgenstein sagt. Heidegger hat dafür ein hervorragendes Wort: »Bewandtnis«. Wie sich die Verhältnisse, eines zum anderen, wenden. Dieses strukturale, vernetzte Bild ist in den Wissenschaften schon lange angelegt, aber es ist viel später ins Bewußtsein gedrungen, nämlich dank des ökologischen Denkens. Vergessen Sie all die blöden Grünen, sondern denken Sie an die wirklichen Ökologen! Da gibt es diesen Basler, Portmann, der erzählt folgende Geschichte: Es gibt bei Ihnen in der Schweiz eine wilde Kartoffel. Diese Kartoffel hat eine ganz spezifische Farbe, ein seltsames Violett. Und es gibt einen Schmetterling bei Ihnen, irgendwo im Berner Oberland. Dieser Schmetterling hat exakt dieselbe Farbe wie diese Kartoffel. Der Schmetterling nährt sich ausschließlich von dieser Kartoffel. Und die Kartoffel vermehrt sich ausschließlich dank des Schmetterlings. Das heißt, ich kann die beiden als einen einzigen Organismus ansehen, einen einzigen Sachverhalt, eine einzige Bewandtnis. Wobei ich sagen kann, die Kartoffel ist der Verdauungsapparat des Schmetterlings, und der Schmetterling ist der Geschlechtsapparat der Kartoffel, und die beiden haben die gleiche Farbe. Nur, die Farbe der Kartoffel wird erreicht dank einer spezifischen chemischen Veränderung des Chlorophyll. Und die Farbe des Schmetterlings durch Plättchen auf den Flügeln dieses Schmetterlings, und die Plättchen sind so gebaut, daß sie das Licht brechen, und so entsteht das Violett. Das heißt, das gleiche Violett entsteht einmal dank einem chemischen Prozeß und einmal dank einem optischen Prozeß. Es geht um einen einzigen Organismus, der eine einzige Farbe hat und sich ins Ökosystem dank dieser Farbe einbaut, aber die Farbe ist Resultat einer Kongruenz oder Konfluenz zweier völlig verschiedener Prozesse, eines chemischen und eines optischen. Das hat mich zwei Dinge gelehrt. Erstens hat es mich gelehrt, die Welt ökologisch zu sehen, als eine Vernetzung. Und zweitens hat es mich gelehrt, Ehrfurcht vor der Komplexität zu haben. Die ist undurchsichtig.

Darwin sagt, die Giraffe hat einen langen Hals, damit sie die Palmenblätter fressen kann, die hoch sind. Andererseits sagt er, die Palmen wachsen so hoch hinauf, damit sie von Giraffen gefressen werden, und die Giraffen machen dann ihr Koko unter die Palme, und das befruchtet die Palme. Die Palmen wachsen wegen der Giraffen und die Giraffen wegen der Palme. Da ist doch etwas falsch. Vielleicht muß man da zu sehen beginnen – und damit bricht, glaube ich, die Politik zusammen. Das ist das Ende der Politik. Vielleicht spüren Sie das noch nicht, aber es ist das Ende der Politik, denn Sie sehen da ein gemeinsames Wachsen, gemeinsam wachsen Palme und Giraffe. Wozu? Zu nichts. Sie wachsen! So ist es. Das ist ein Ökosystem, und innerhalb dieses Ökosystems verhalten sich die Dinge so, und das meint der Wittgenstein, wenn er sagt, die Welt ist, was der Fall ist. Es ist der Fall, daß Giraffen unter Palmen lange Hälse haben, das ist der Fall.

Aber warum ist das das Ende der Politik?

Weil die Politik sagt: »Damit ich eine würdige Palme bin, um meine Freiheit als Palme zu bewahren, muß ich das Kacken von den Giraffen provozieren.« Das ist die Grundlage der Politik: »Kack gefälligst!« Das hat aber gar keinen Sinn in dem Moment, wo ich strukturell oder systemanalytisch denke.

Es gibt rechte und linke Politik. Und ich werde sie Ihnen auf einen Nenner bringen. Die Rechten sagen: Die Gesellschaft soll gut für den Menschen sein, und die Linke sagt: Der Mensch soll gut für die Gesellschaft sein. Und deswegen führen sie Kriege. Ich spreche von anständigen Rechten und Linken. Ein anständiger Rechter sagt, die Gesellschaft ist nur dann eine gute Gesellschaft, wenn sie fürs Individuum gut ist. Und der Linke sagt, die Würde des Menschen ist, für die Gesellschaft etwas zu bieten, ein Gutes. In dem Moment, wo Sie den Standpunkt einnehmen, den ich eingenommen habe, ist beides ein hanebüchener Blödsinn. Denn es gibt doch keine Gesellschaft ohne Menschen. Es kann also gar keine Gesellschaft geben, die gut für den Menschen ist, denn es gibt sie ja nicht! Und es gibt auch keinen Menschen ohne Gesellschaft. Infolgedessen kann der Mensch auch nicht gut für eine Gesellschaft sein, es gibt sie doch nicht. Das sind doch Abstraktionen: »Mensch« und »Gesellschaft«. Was es gibt, ist eine zwischenmenschliche Beziehung, eine Vernetzung, ein intersubjektives Relationsfeld, aus dem ich auf der einen Seite die Gesellschaft extrapoliere und auf der anderen Seite den Menschen. Das sind beides vollkommene Abstraktionen. Infolgedessen gibt es nicht rechts und links! Infolgedessen gibt es auch keine Politik! Denn wenn ich mich um ein menschenwürdiges Dasein bemühe, dann geht es darum, die Struktur des zwischenmenschlichen Beziehungsfeldes zu manipulieren. Und das kann ich ja nur, wenn ich drinnen bin. Infolgedessen ist das ein nach-politisches, sagen wir telematisches Bild, das ich gewinne, und alles politische Engagement erscheint, von diesem Standpunkt aus, als Verblendung. Das ist viel zu verkürzt gesagt, aber Sie haben mir die Frage so gestellt, so gebe ich Ihnen die Antwort in abreviierter Form.

Es ist schwer, mit einem politisch engagierten Menschen darüber zu sprechen, denn er wird sagen: »Sie betrachten die Gesellschaft wie einen Ameisenhaufen. Sie stehen darüber und interessieren sich dafür, wo die Ameisen hin- und herlaufen.« Das ist ein richtiger Einwand. Was kann man darauf sagen? Die Antwort ist, »ja« darauf zu sagen, ja, man kann die Menschheit eben wie einen Ameisenhaufen betrachten, ohne dabei die menschliche Würde heruntergesetzt, sondern, im Gegenteil, gerade deshalb die menschliche Würde, nämlich das Für-den-anderen-da-Sein, betont zu haben.

Es ist schwer. Ich hatte jetzt in Israel einen unangenehmen Zusammenstoß mit einem griechischen Fotografen, der hat auf diesem Mißverständnis gefußt. Er hat gesagt: »Ihre Vergötterung von Zahlen, Ihre Vergötterung von Maschinen, Ihre Vergötterung von Computern läuft auf eine Verdinglichung und Verachtung des Menschen hinaus.« Wie kann man das aufrollen? Da müßte man doch bis auf den Grund gehen, von dem ich jetzt ein bißchen rede. Man müßte von Wittgenstein und über Wittgenstein zu Demokrit, von da wieder zurück auf die Mathematik. Man müßte dann zum Beispiel diesen die Geschichte zerstörenden Satz von Wittgenstein sagen, den ich immer wieder zitiere, und daher ist mir schon mies davon: »Es hat keinen Sinn zu sagen, daß eins und eins zwei ist, um zwei Uhr Nachmittag in Semipalatinsk.« Denn um einem dieses Transhistorische und Transtopische des formalen Denkens näherzubringen, muß man bis tief hinuntergehen, aber in dem Moment, wo Sie transgeografisch und transhistorisch denken – wie Sie ja müssen –, in dem Moment erscheint Ihnen das ganze Argument der Politiker sozusagen dem ähnlich, wie wenn Sie mit einem Magier sprechen würden...

Sie haben gestern gesagt, daß jeder anständige Mensch Anarchist sein muß.

Das ist eine Art, vom Tod der Politik zu sprechen. An-archie heißt doch Un-Politik. Jeder anständige Mensch müßte es ablehnen, sich mit einem System oder mit ein, zwei Systemen zu identifizieren, und er müßte seine Würde darin sehen, zu verschiedenen Gelegenheiten an verschiedenen Systemen vorübergehend mitzuarbeiten. Wissen Sie, wenn Sie das »Ich« als eine Zwiebel ansehen, die aus Relationen besteht, und Sie die Relationen abschälen, so bleibt da nichts übrig – jede dieser Schalen ist dann ein Engagement in einem System. Ich bin derjenige, der einen Pullover trägt, aber ich werde mich doch nicht deshalb an einem Pullover engagieren, sondern ich kann den Pullover ja wieder ausziehen. Das ist Anarchie, meiner Meinung nach. Ich engagiere mich an einem Syndikat für Volksschulen, wenn ich ein Kind im Volksschulalter habe, aber sobald das Kind etwas älter wird, spucke ich auf die ganze Volksschulsache. Ich habe Ihnen gestern gesagt, ich stelle mir einen konfuzianischen Anarchismus vor; eine Anarchie, die auf Kompetenz aufgebaut ist, wo jede Gruppe eine Zusammenkunft von verschiedenen Kompetenzen ist. Immer wieder gehe ich auf das Schachspiel zurück, weil das so einfach ist. Es muß einen Schachclub geben, wo es Leute gibt, die kompetent für Schachspielen sind. Und in den Schachclub gehe ich, wenn ich Schach spielen will. Wenn ich nicht Schach spielen will, werde ich doch nicht, so wie der Dichter Körner, aus glühender Vaterlandsliebe im Feld sterben für das Schach, sondern ich werde mich einfach für das Schach nicht mehr interessieren. Wissen Sie, ich glaube, Patriotismus ist die größte Schweinerei. Ich komme gerade aus Israel, und ich bin ein Jud'.

Was denken Sie von all dem, was jetzt in Osteuropa und in der Sowjetunion vor sich geht? Das historische Denken manifestiert sich ja dort in Urform.

Ja, aber miserabler. Das historische Denken war doch ursprünglich etwas Nobles. Wenn Sie die Präsokratiker lesen oder die Propheten, die die ersten Wortführer des historischen Denkens sind, das war doch eine große, noble Befreiung aus der Magie! Und dann, hauptsächlich dank Buchdruck und dank Schulzwang – die Schulpflicht ist etwas Furchtbares; wenn Sie wollen, kann ich Ihnen sagen, warum ich so dagegen bin –, also dank diesen Dingen ist doch das historische Bewußtsein ordinär geworden. Und in diesem ordinären, vulgären, vermassten Sinn rasen jetzt diese Leute in Litauen und Rumänien und überall herum . . .

Der Kommunismus war eine außerordentlich elegante Idee. Es war eigentlich eine anarchische Idee. Das Wort »Räterepublik« sagt es ja. Das war die Vorstellung, den Staat und die Autorität abzuschaffen – aufgrund einer meiner Meinung nach falschen Analyse der Werte; denn der Marxismus geht ja vom Standpunkt aus, daß die Werte aus der Arbeit kommen, während jetzt immer deutlicher wird, daß die Werte aus der Form kommen; also nicht der Arbeiter, sondern der Designer ist die Quelle der Werte. Obwohl der Ausgangspunkt ziemlich verfehlt war, er war ja 19. Jahrhundert, ist die Idee außerordentlich nobel. Es ist einer der schönsten Träume, den die Menschheit je geträumt hat. Und dann ist diese miserable Realisation – wie hat man das genannt? –, »realer Sozialismus« ist dann herausgekommen. Millionen von Menschen sind elendiglich daran zugrunde gegangen, und Menschen wurden in ihrer Würde ständig kastriert. Dennoch hat diese furchtbare Sache noch Fürchterlicheres zugedeckt, nämlich was wir aus dem 19. und Anfang des 20. Jahrhunderts aus dem Osten kennen. Ich will gar nicht über den Westen sprechen . . .

Ich habe unlängst gelesen, daß die Ukraine ein selbständiges Land wird. Abgesehen davon, daß die Ukraine ja nicht mehr ist, was sie ist – denn die Ukraine war ein orthodoxes Land, und jetzt hat man ihr Galizien, also ein katholisches Land, dazugegeben – ganz abgesehen von diesem Problem, bedeutet die Ukraine doch etwas für mich! Sie bedeutet Hetman*. Sie bedeutet solche Leute wie Petljura**. Es gibt ein Gedicht – ich

---

* Gemeint ist wohl Hetman Skoropadskij, dessen Regierung im November 1918 durch das »Direktorium« unter dem Sozialisten Petljura gestürzt wurde.
** Simon Wassiljewitsch Petljura, ukrainischer Politiker, der die ukrainische Nationalbewegung anführte. Er befehligte die Kosakentruppen, die im Winter 1919 50 000 ukrainische Juden massakrierten. Von den Bolschewisten aus der Ukraine verdrängt, ging er nach Paris, wo er 1926 von dem jiddischen Dichter Shalom Schwarzbard erschossen wurde, der mit dieser Tat die Verbrechen Petljuras vor die Weltöffentlichkeit bringen wollte.

weiß schon nicht mehr von wem –, *Petljuras Hände*. Er hat mit seinen eigenen Händen Leute erwürgt. Das war sein Privatsport. Diese ukrainische, faschistisch-orthodoxe, schwarze Reaktion steigt auf, sobald das Mäntelchen des unterdrückten Kommunismus abgezogen ist. Was ich, und ich bin ja nicht allein, in dem Osten aufkommen sehe, ist das Grauen des 19. Jahrhunderts, das Grauen der schwärzesten zaristischen Reaktion, des violenten slawophilen Antisemitismus eines Dostojewski. Diese Idee, daß an der orthodoxen Kirche die Menschheit genesen wird! Ich habe sehr große Angst davor. Jetzt zum Beispiel mit Kroatien, haben Sie sich überlegt, was »Kroatien« heißt? Wenn Sie sich an Ante Pavelic* erinnern, der die Augen seiner Feinde gesammelt hat. Ich weiß nicht, ob das zu dem paßt, was wir reden. Daß ich Angst habe, habe ich gesagt. Ich möchte nicht mit diesem Mißton enden, denn wir haben ja nicht mehr viel Zeit.

»Angst« ist nicht das Gefühl, das mein Denken und mein Schreiben bezeichnet, sondern im Gegenteil »Hoffnung«. Ich glaube, wir haben eine technische Schwelle erreicht, die uns erlaubt, anders als bisher miteinander zu leben. Wir haben die technischen – unterschätzen Sie nicht die Technik! –, wir haben die technischen Möglichkeiten, uns einander zu öffnen und miteinander über die Welt zu sprechen, um unserem Leben Sinn zu verleihen! Ich glaube, wir haben zum ersten Mal die technische Fähigkeit, Geografie und Geschichte zu überwinden und durch Kompetenzen verbunden zu sein, anstatt durch angeborene Bindungen. Und das macht mich außerordentlich begeistert! Ich bin sehr begeistert! Ich glaube, sie wird nicht durchgeführt werden, aber das spielt keine so große Rolle.

Darf ich noch eine Geschichte dazu erzählen? Ich weiß nicht, ob sie wahr ist. Es ist der dritte Tag der Revolution, und in Petersburg sitzt der Lenin da, und Trotzki kommt herein und sagt: »Wir sind verloren. Man hat Kronstadt erobert«, oder was weiß ich. Der Lenin sagt: »Das ist egal! Wir haben ja drei Tage existiert!« Das meine ich. Es wird nicht durchgeführt werden, aber wir sind eine Generation, die die Utopie vor sich sieht. Die Uto-

---

* Dr. Ante Pavelic (1889–1959) war Begründer der nationalistischen »Ustascha«-Bewegung in Kroatien. Als sich Kroatien am 10. April 1941 zum unabhängigen Staat erklärte, trat er an die Spitze. Auf die »Ustascha« gestützt, aus der sich eine Spezialtruppe herangebildet hat, nahm er den Nationalitätenkampf auf und verübte unbeschreibliche Greueltaten vor allem gegen die auf kroatischem Boden lebenden orthodoxen Serben.

pie hat blöde Namen wie »Telematik« und »genetische Operationen« und »Cloning« – es sind kolossale Dinge – und »Drogen«. Wissen Sie, Drogen sind doch etwas Herrliches, nicht? Haben Sie sich das mal überlegt, daß die Leute gegen die Drogen angehen, ohne sich vorzustellen, daß sie damit gegen den Buddhismus angehen? Kurz und gut, vielleicht wird nichts davon realisiert, aber wir haben diese Horizonte.

Die Stimmung, und damit möchte ich enden, wenn Sie einverstanden sind, das Klima, in dem wir uns befinden, ist ein Nach-Katastrophen-Klima. Die Katastrophe ist in den 40er und 50er Jahren eingetreten, und wie nach einem Gewitter hat sich die Luft geklärt. Und vielleicht sehen wir jetzt etwas, auch wenn es nie dazu kommen sollte! Dieser absurden Hoffnung möchte ich unser Interview – wenn Sie es gestatten – widmen.

KARLSRUHE, 1991

Anlaß für das folgende Gespräch zwischen Vilém Flusser und Daniela Kloock war das 2. Symposium »Intelligent Building«, das am 10. und 11. Oktober 1991 in der Universität Karlsruhe stattfand und bei dem Flusser einen Vortrag mit dem Titel »Fassaden: Masken, Personen« hielt.

Vilém Flusser, würden Sie sich als »fröhlichen Wissenschaftler« bezeichnen?
Ich würde mich zumindest nicht als Philosophen bezeichnen. Ich habe vor dem Wort Philosophie eine Hochachtung, und ich würde es nicht auf mich selbst anwenden.
Und wie würden Sie sich bezeichnen?
Am liebsten würde ich mich gar nicht bezeichnen, ich weiß doch, wer ich bin. Wozu brauche ich mir einen Namen anzulegen?
Und die Tätigkeit, die Sie betreiben, wie würden Sie die bezeichnen?
Ich denke über Dinge nach, die um mich herum passieren. Ich habe in meinem Gedächtnis eine Reihe von Informationen zu lagern und zu präzisieren, und was herauskommt, schreibe ich dann in meine Schreibmaschine hinein oder diktiere das in irgendeinen Diktierapparat, und dann kommt ein Text dabei heraus.
Sie schreiben mit der Schreibmaschine, keinem Computer?
Nein, aber ich habe mit Computern zu tun. Ich selbst habe eine alte Schreibmaschine, so wie sie in Osteuropa erzeugt wurden, jetzt werden sie nicht mehr hergestellt. Ich habe fünf Schreibmaschinen. Und man bekommt sie nur in ganz billigen Papierläden. Aber leider werden sie jetzt immer rarer. Das Malheur ist, ich bin technisch derart unfähig, daß jedes Mal, wenn das Farbband ausgeht, ich mir eine neue Schreibmaschine kaufen muß, weil ich es nicht wechseln kann.
Aber die alten sind doch sehr mühsam zu tasten . . .
Ja, je mühsamer, desto besser, ich schreibe ganz langsam. Direkt ins Papier. Je langsamer, desto besser. Nicht wie der Virilio, der glaubt . . . Nein, nein, ich bin Anti-Virilio in dieser Hinsicht. Je langsamer, desto besser.
Wo sind Sie noch Anti-Virilio?

Ich will nicht über die anderen reden. Ich würde meinen Ausgangspunkt so charakterisieren: Ich bin von der Wissenschaftsphilosophie hergekommen. Ich habe die Wissenschaft immer als einen Diskurs angesehen, der aus Dialogen besteht. Also habe ich mich in der Wissenschaft für ihre kommunikologische Struktur interessiert. Außerdem ist mir aufgefallen, daß in den wissenschaftlichen Überlegungen alphabetische Texte eine immer kleinere und Zahlen eine immer größere Rolle spielen, und das hat mein Interesse auf Codes gelenkt. Das habe ich dann erweitert, und so habe ich mich für die Kommunikationstheorie interessiert, also auch und vor allem für ihre ästhetischen Aspekte. Gegenwärtig würde ich sagen, daß mich der Zwiespalt zwischen Text, Bild und Zahl interessiert.

Wir werden also in eine Kultur hineinwachsen, in der die Schrift keine Bedeutung mehr haben wird? In der wir ausschließlich in Zahlen denken und formulieren?

Ich bin kein Prophet. Ich rede nie über die Zukunft. Oder wenigstens nicht bewußt.

Aber Sie sind doch Futurologe...

Das bin ich nicht. Diesen Titel lehne ich am radikalsten ab. Ich versuche, die gegenwärtigen Tendenzen zu fassen. Natürlich, Tendenzen zeigen auf die Zukunft, aber ich folge ihnen nicht, sondern ich versuche sie festzuhalten.

Wenn ich an das denke, was Sie über die telematische Gesellschaft schreiben, so entwickeln Sie doch durchaus positive und negative Szenarien in die Zukunft hinein. Und wenn ich jetzt ein solches Szenarium nehme und mir plastisch vorstelle, wie die Menschen in dieser nicht mehr allzu fernen Zukunft denken, wie sie sich formulieren werden, wird die Schriftkultur dann keine Relevanz mehr haben?

Ich glaube, wir sind in einer Inflation von Drucksachen. Es hat noch nie so viel alphabetische Texte gegeben. Wir schwimmen in dieser Menge. Wenn ich von Inflation spreche, spreche ich von Entwertung. Die Menge der verfügbaren Texte zeigt an, daß diese immer wertloser werden.

Wir schwimmen aber doch auch in Bildern...

Ja, aber das ist nicht das Entscheidende. Das Entscheidende an der gegenwärtigen Situation ist, daß die für die Wissenschaft und die Technik entscheidenden Informationen nicht mehr in Buchstaben, sondern in Zahlen verschlüsselt werden. Daß also die Buchstaben eine ihrer wichtigsten Aufgaben, nämlich Erkenntnis zu übermitteln, aufgegeben haben. Andererseits, daß sich die große Menge immer weniger an Texten informiert und orientiert und immer mehr an Bildern. Sie haben recht, auch die Bilder sind sintflutartig über uns gekommen. Aber das entwertet die Bilder nicht. Die technischen Bilder sind etwas Neues insofern, als sie uns Formen des Denkens selbst ansichtig werden lassen. Es gibt Bilder, numerisch generierte Bilder, die platonische Formen auf dem Computerbildschirm ersichtlich machen. In diesem Zusammenhang benutze ich den Begriff »Einbildungskraft«, den ich von Kant gestohlen habe. Ich glaube, es gibt jetzt die Möglichkeit, mit Hilfe von Bildern zu philosophieren, und zwar nicht nur mit Hilfe von Computerbildern.

Können Sie hierzu ein Beispiel ausführen?

Ja, ich habe ein Buch geschrieben, es heißt *Angenommen,* in dem ich versucht habe, Szenarien für Videoclips zu machen. Das erste Beispiel darin heißt »Großmutter«. Ich habe da den Versuch gemacht, drei Begriffe des Wortes »Venus« bildlich übereinanderzuschieben, so daß man eine Art Querlektüre hat. Venus als Planet, Venus als mythischer Begriff der Weiblichkeit, also als der Eros, und Venus als Ei, in dem die Sonde als ein Sperma eindringt. Also, ich habe versucht, das Astronomische, das Mythische und das Biologische eins über das andere zu decken, und ich habe mir vorgestellt, daß man das in einem Clip von ungefähr fünf Minuten aufregend gut zeigen könnte, daß man Astronomie, Biologie und Mythos in Bildern übereinanderdecken kann und das mit Worten und Tönen begleiten kann.

Und in welchem Verhältnis stehen nun die Zahlen, die Buchstaben und die Bilder?

Also, ich sehe über der Flut der Buchstaben die Zahlen. Und unter ihr die Bilder. Und jetzt sehe ich die Tendenz, daß Buchstaben und Zahlen zu Bildern werden, so daß hinterrücks, also hinter dem Rücken des Alphabets, numerisch generierte synthetische Bilder entstehen. Es ist eine Art Zange, in der die entwertete Menge von Texten zerknackt wird, und das ist kein Zukunftsbild, das ist heute so.

Was heißt das nun für den Bereich der Politik?

Das ist eine gewaltige Frage. Ich will nicht oberflächlich reden... Was die gegenwärtige Informationsrevolution charakterisiert, ist nicht nur ein Umcodieren aus Buchstaben zu Zahlen einerseits und Bildern anderererseits. Sondern es ist auch eine Umschaltung des Fluxus der Informationen. Wenn sie früher Informationen erwerben wollten, mußten sie sich in den öffentlichen Raum begeben. Und Leute, die etwas zu sagen hatten, gingen in den öffentlichen Raum, publizierten dort. Der öffentliche Raum war der Ort, an dem Leute ausstellten, publizierten und zu dem andere hinkamen, um das Publizierte nach Hause zu tragen. Der Ort der Politik ist jener Ort, an dem Leute exhibieren und andere das Exhibierte nach Hause tragen. Und jetzt hat sich dieser Strom gedreht, und Informationen gehen direkt in den Privatraum.

Die Öffentlichkeit im Sinne von öffentlichem Raum wird es also nicht mehr geben?

Es gibt sie nicht mehr. Wenn der Politiker in der Küche erscheint und zu Ihnen redet, ohne daß Sie ihn eingeladen haben, das Höchste, was Sie getan haben, war auf einen Knopf zu drücken, und er erscheint, dann ist der Politiker kein Politiker mehr, sondern ein als Politiker verkappter Privatmensch. Ich rede nicht von der Zukunft. Ich behaupte, die Politik ist gegenwärtig dabei zu sterben. Der Untergang des Marxismus ist ein Beispiel dafür, die Art, wie der Krieg am Golf geplant und ausgeführt wurde, ist ein weiteres Beispiel. Das Desinteresse der Jugend an den sogenannten politischen Ereignissen... Also, das ist keine Futurologie.

Ich glaube, wir sind Zeugen des Untergangs des politischen Bewußtseins, und an Stelle dieses Bewußtseins tritt etwas anderes. Ich will das mangels eines besseren Namens »Intersubjektivität« nennen. Die Buben und Mädchen, die da vor den Terminals sitzen und dank reversibler Kabel in Verbindung miteinander sind, die wenden der Politik den Rücken und wenden sich einander zu. Und das ist eine neue Struktur, keine politische, sondern eine Vernetzungsstruktur.

Und die Menschen sind sich dann nahe über diese Netze?

Sie sind sich dann »telenahe«. Diese Telenähe ersetzt das Forum, ersetzt den öffentlichen Raum. Anstatt daß die Leute in den öffentlichen Raum gehen, um dort Informationen zu erwerben und zu brüllen oder die Hände auszustrecken in Form von Fäusten, sitzen sie vor den Terminals und reden miteinander durch reversible Kabel.

Und wie werden da Entscheidungen getroffen?

Sie haben mit Recht Politik mit Entscheidung gekoppelt. Als ob Entscheidungsfreiheit eine der wichtigsten menschlichen Freiheiten wäre.

Das begreife ich so.
Das ist meiner Meinung nach ein Irrtum. Ich muß mich ja ständig im Leben entscheiden, und wenn ich einmal aufhöre, dann habe ich die Entscheidungsfreiheit verloren. Infolgedessen, wenn ich das mechanisieren könnte, dann hätte ich nicht eine Freiheit aufgegeben, sondern eine neue Freiheit gewonnen. Ich glaube, daß Entscheidungen mechanisierbar sind.
Und wie würde diese »Entscheidungsmaschine« funktionieren?
Die Maschine hat bei der Wahl der Entscheidungen keine Qual. Sie entscheidet sich mechanistisch und quantitativ, und zwar nach drei Parametern: Erstens hat sie die Entscheidungsstruktur, den Entscheidungsbaum. Zweitens und drittens hat sie ein Ziel, und dieses Ziel ist ein Wert. Und den muß ich der Maschine vorschreiben.
Und wie einigt sich eine Gesellschaft, die keine Politik mehr kennt, auf diese Werte?
Ich glaube, die Mechanisierung der Entscheidungen und die Entpolitisierung der Schaltungen führt – optimistisch gesehen – zu Dialogen, zu Sinngebungen.
Politische Entscheidungen werden Ihrer Meinung nach also mechanisierbar?
Nach dem Sturz der Politik treffen Maschinen die Entscheidungen. Kommen wir auf den Golfkrieg zurück. Bedenken Sie, wie war denn die Sache? Man hat vor dem Krieg in verschiedene Maschinen eine Reihe von Szenarien hineinprogrammiert. Dann hat man immer mehr Daten zugefüttert: militärische, ökonomische, soziale, sogar psychologische ... Ich glaube, man hat gesagt, man soll die Leute so lange bombardieren, bis sie halb wahnsinnig werden. Und dann soll man sie überrollen. Das war die politische Entscheidung. Alles das hat man in die Maschinen hineingegeben. Dann wurden die Szenarien durchgespielt. Und dann haben sie sich für eine entschieden. Da hat dieser Schwarzkopf oder Weißkopf oder wie er heißt überhaupt keine Rolle gespielt, der hat ausgeführt, was die Maschinen entschieden haben. Und so war dies – wie der Saddam richtig gesagt hat – ein unpolitischer Krieg.
Aber jemand gibt der Maschine Daten ein ...
Dieser »Jemand«, das ist ein schwieriges Wort. Man setzt Werte. Zum ersten Mal in der Geschichte beginnt sich eine Situation herauszukristallisie-

ren, worin die Würde des Menschen darin besteht, seinem Leben und der Welt, in der er lebt, dialogisch Sinn zu verleihen.

Das wäre jetzt sehr positiv, sehr optimistisch gedacht. Und wenn die Entwicklung eher negativ verläuft?

Ich weiß nicht, ob man das mit negativ und positiv bezeichnen sollte.

Sie haben das doch selbst so formuliert. Wenn der Mensch durch Maschinen befreit wäre, darüber nachzudenken, was die gesellschaftlich relevanten Werte sind und wie diese umzusetzen wären, dann würde ich das durchaus als positive Entwicklung bezeichnen.

Wir sind gewöhnt, »befreit« zu sagen, als ob wir unfrei wären. Also fragen wir immer: frei wovon? In der Situation, in der ich zu Ihnen spreche, ist das eine falsche Frage.

Aber Sie sprachen doch von der Qual der Entscheidungen.

Nicht mehr. Ich meine, man kann das auf Maschinen abschieben. Also nicht: frei wovon?, sondern: frei wozu? Wir sind Virtualitäten, die miteinander realisieren. Wir sind frei *für*: *für* eine Sinngebung, *für* eine Wertsetzung. Jetzt haben Sie gesagt, das ist positiv. Nein, denn wir können auch Werte ausarbeiten, die von unserer jetzigen Sicht her außerordentlich vernichtend sind. Es mag ja sein, daß im Verlauf des Dialogs ein Konsens entsteht, der von hier und jetzt aus gesehen entsetzlich ist.

Was könnte das zum Beispiel sein?

Um ein einziges Beispiel zu erwähnen, und das ist ein entsetzliches Beispiel: Wenn die Menschheit sich weiter in der Menge vermehrt, dann kann vielleicht das menschliche Leben als hoher Wert abgesetzt werden. Man kann sich eine Wertsetzung geben, die die Kindersterblichkeit oder Krankenvernichtung einschließt. Ich kann mir sehr gut vorstellen, daß sich eine freie, vernetzte, intersubjektive Gesellschaft entscheidet für einen systematischen Selbst- und Kindermord.

Das wäre das Ende aller humanistischen Ideen.

Ich glaube, der Humanismus ist schon zu Ende. Falls Sie mit »Humanismus« die Einstellung meinen, für welche der Mensch, dieses Gattungswesen Mensch, der höchste aller Werte ist, dann ist das vorbei. Ich glaube, wir haben ganz andere Werte.

Ich würde sagen, mit der Entpolitisierung und mit der Mechanisierung von Entscheidungen entsteht ein Raum der zwischenmenschlichen Beziehungen zum Wertsetzen und Sinngeben. Und dieses Sinngeben kann von hier und jetzt aus gesehen außerordentlich positive, aber auch außerordentlich negative Aspekte haben.

So wie es im Moment aussieht, überwiegen ja doch eher die negativen Aspekte.

Ich würde die gegenwärtige Situation so neutral wie möglich bewerten. Dabei stelle ich fest, daß auf Grund von konvergierenden Tendenzen die moderne Lebensform, die auf der Dialektik zwischen politisch und privat aufgebaut war, daß die zu Ende ist. Wir sind nicht mehr modern. Und in dem Maße, in dem die Dialektik zwischen privat und öffentlich zu Ende geht, geht auch der Humanismus zu Ende. Auch der Humanismus ist eine moderne Ideologie. Und wie das in der Nachgeschichte, in der Postmoderne vor sich geht, das können wir jetzt schon voraussehen. Anstatt Humanismus...

Terror.

Nein, Proxemik. Was interessiert, ist das Nächste. Und je weiter entfernt etwas ist, um so weniger interessant ist es.

Aber diese Form von Nähe ist doch sehr künstlich. Die visuellen Massenmedien bringen scheinbar alles näher, die Konsequenz ist aber doch eher Desinteresse.

Ich bin nicht sicher, ob Sie da recht haben. Wenn wir das klägliche Ende des Humanismus einsehen, und dabei will ich gar nicht reden von Dingen wie dem Nazismus oder Stalinismus oder vom Verwandeln der Menschen in Asche, also die wirkliche Vermassung, davon will ich gar nicht reden, sondern von den alltäglichen Dingen, daß einem die Leute auf die Nerven gehen. Es ist ja unhaltbar, die Menschheit zu lieben. Wenn Sie durch die Straßen gehen, sind ja die Leute nichts als Hindernisse. Wie können wir die Menschen denn im Stau lieben? So etwas ist doch eine Verlogenheit. Es ist doch vollkommen ausgeschlossen bei der demografischen Explosion, wissen Sie, leider Gottes ist die Menge ja auch ein Wertkriterium, sozusagen. Solange es 5000 Leute auf der Welt gegeben hat, da war jeder einzelne außerordentlich wertvoll. Jetzt, wo es sechs Milliarden gibt, da pfeift man doch auf die Leute. Man sucht doch die Einsamkeit. Man will doch weg von den Leuten.

Und mit der Proxemik halte ich mir die Leute vom Leibe?

Im Gegenteil. Ich beginne, existentiell bedeutende Fäden zu knüpfen. Wenn ich mit einigen Leuten in Verbindung stehe und mit ihnen Informationen austausche zur Erzeugung neuer Informationen, dann entstehen Freundschaften, aber auch Feindschaften, die existentiell wertvoll sind.

Und dank der Telematik kann ich das Netz viel weiter spinnen, als ich es ohne Telematik könnte. Infolgedessen ist es denkbar, daß ein Mensch eingebettet ist in verschiedene Netze und in diesen Netzen mit anderen bedeutungsvoll in Verbindung steht. Und das ist meiner Meinung nach, was im Begriff ist, an die Stelle des Humanismus zu treten.

Was bleibt dann von der sinnlichen Wahrnehmungsfähigkeit des Menschen, die ja nicht nur aus Sehen und Hören besteht?

Sie glauben, diese Technik ist nicht sinnlich? Ich mache Sie darauf aufmerksam, daß es so etwas gibt wie einen »Teleorgasmus«.

Das kann ich mir nicht vorstellen. Was soll das sein?

Gut. Ich werde Ihnen sagen, was das ist. Es gibt Möglichkeiten, daß Sie Querverbindungen herstellen, sexuelle Querverbindungen, dank Telepräsenz, die gegenseitig zum Orgasmus führen.

Über den Kopf, oder wie?

Ja. Der Sitz des Orgasmus ist sowieso im Gehirn. Glauben Sie ja nicht, daß er in den Geschlechtsorganen sitzt.

Das dachte ich bisher immer.

Ja, aber das ist falsch. Die Organe sind, wie der Name schon sagt, Verlängerungen des Gehirns. Sie können einen zerebralen Orgasmus haben, und dieser zerebrale Orgasmus hat die Eigenschaft, im Unterschied zum anderen, daß er ununterbrochen sein kann. Man hat das übrigens bei Ratten schon erzeugt. Man kann Ratten durch die Einführung von Elektroden in Gehirne in einen ständigen Orgasmuszustand bringen, und diese Viecher sterben vor Glück.

Sie sterben?

Vor Glück. Sterben tun wir alle. Der Akzent ist hier nicht das Sterben, sondern das Glück. Denn sterben tun wir ja alle, nicht nur die Ratten. Aber nehmen wir das Wort »sinnlich« in einem weiteren Sinn. Sie meinen, was gesehen, gehört und so weiter werden kann. Vorläufig, Sie haben recht, ist die Telematik am besten für Hören und Sehen. Sie ist audiovisuell. Da ist sie allerdings sehr stark. Viel sinnlicher als Körper ohne Prothese, denn Sie können ja die Telematik als Prothese des Körpers ansehen.

Die Medien als Verlängerung oder als Ersatz für den menschlichen Körper, das hat ja bereits McLuhan angedacht...

Nennen Sie keine Namen! Man beginnt ja, wie Sie wissen, mit Handschuhen und Hirnen auch taktile und chemische Sinneserfahrungen zu erzeugen, also Düfte und sehr bald auch Geschmäcker. Haben wir Vertrauen zur Technik, das ist das einzige, wozu wir beim Menschen Vertrauen haben können. Die Menschen werden wahrscheinlich schlechter, aber die Technik wird besser.

Also blindes Vertrauen in die Technik?

Wozu man beim Menschen absolutes Vertrauen haben kann, ist seine Fähigkeit, immer bessere Werkzeuge zu erzeugen. Wozu er sie verwendet, dazu darf man kein Vertrauen haben, denn der Mensch verdient kein Vertrauen, auch das ist ein Ende des Humanismus. Der Humanismus stirbt, weil wir zu den Menschen kein Vertrauen haben können. Da wären wir ja verrückt, wenn wir Vertrauen zu den Leuten hätten, nach dem, was alles passiert ist. Also Vertrauen zum Alten, zum Untechnischen können wir nicht haben. Wenn Sie die Leute zusammen lassen ohne Telematik, bringen sie einander einfach um, im günstigsten Fall. Also, die Telematik ist ein bißchen anständiger als die Nicht-Telematik, wenigstens a priori. Natürlich kann auch sie mißbraucht werden, die Telematik, wie die Zähne oder die Fingernägel. Wenn Sie die Zähne als die erste Prothese ansehen und die Atombombe als die vorletzte oder letzte, warum soll sich der Mensch mit der Atombombe anständiger benehmen als mit den Zähnen. Es besteht ja kein Grund. Aber trotzdem können wir doch Vertrauen haben, daß die Technik immer besser wird. In dem Sinne, daß die Telepräsenz immer sinnlicher wird, viel sinnlicher als die *face to face*-Präsenz.

Das würde ich nicht so sehen.

Ja, aber dann sehen Sie das falsch. Gestatten Sie, ich werde Ihnen ein Beispiel sagen. Wenn Sie zum Fußball gehen, und Sie stellen sich in eine Schlange und kaufen sich eine Karte, gehen auf einen unbequemen Platz und sehen nur ungefähr, was mit dem Ball geschieht, und dann brüllen Sie, wenn alle Leute brüllen, und dann gehen Sie müde nach Hause – oder wenn Sie das Fußballspiel im Fernsehen sehen, von verschiedenen Standpunkten, so daß Sie die ganze Struktur und die ganze Strategie des Spiels sehen können, dann behaupte ich, daß die Telesicht unverhältnismäßig sinnlicher, tiefer und bedeutender ist als die *face to face*-Sicht, und solche Beispiele kann ich Ihnen viele geben. Also, diejenigen, die da anderer Meinung sind, irren sich. Ich sage ja nicht, daß die *face to face-*

Gegenwart völlig durch die Telegegenwart ersetzt wird. Ich sage nur, daß es Fälle gibt, in denen die Telepräsenz der *face to face*-Gegenwart vorzuziehen ist. Ich sehe mir viel lieber das, was in Jugoslawien passiert, im Fernsehen an, als daß ich nach Zagreb führe; nicht, weil es unangenehmer wäre, in Jugoslawien zu sein, sondern weil ich einen viel besseren Überblick habe, wenn ich es mir in der Television anschaue.

Für Sie mag das so gelten, denn Sie haben Ihre Theorie und Ihren Standpunkt. Aber all die anderen, die sind schlichtweg froh, daß sie mit all diesen Ereignissen nicht direkt konfrontiert sind und es sich zu Hause im Fernsehsessel bequem machen können.

Sie tun mir Unrecht. Ich glaube, jeder Mensch, der sich in der Television Zagreb anschaut, weiß mehr darüber als die Leute in Zagreb. Das ist doch die alte Frage von Bergson: »Wer kennt Paris besser, der dort wohnt, aber sich nicht auskennt, oder wer dort nie war, aber die Geschichte von Paris kennt und genau den Stadtplan?« Entscheidungen darüber sind nicht zu treffen. Es sind zwei verschiedene Arten von Kenntnis. Ich mache kein Plädoyer gegen *face to face*. Ich argumentiere gegen die naive Meinung, daß die Telepräsenz weniger sinnlich sei als die *face to face*-Präsenz.

Und was passiert mit dem, ich nenne das jetzt mal »Rest«, daß ich jemanden direkt anfassen, riechen, lachen sehen kann?

Diese Direktheit gibt es doch gar nicht. Es ist doch alles vermittelt. Es gibt keine natürliche, unvermittelte Begegnung zwischen Menschen. Es ist ja nicht wahr, daß, wenn ich Sie sehe, ich mich sofort auf Sie stürze als ein Männchen auf ein Weibchen, wie ich es natürlicherweise tun sollte. Sondern unser Verhalten ist außerordentlich kodifiziert. Wenn wir hier *face to face* zusammensitzen, sitzen wir ja nicht unmittelbar, sondern wir sind vernetzt durch eine ganze Reihe von Sitten, denn Sinnlichkeit ist Sittlichkeit. Wissen Sie, es gibt nichts Unvermitteltes. Der Mensch ist ein mittelbares Wesen, ein mediales Wesen, wie man heute sagt, er ist ein anti-natürliches Wesen. Ein natürliches Verhalten, wo ich, wenn ich zum Beispiel die geringste Wut auf Sie habe, Ihnen die Augen ausreiße, so etwas gibt es doch nicht mehr. Ich würde sagen, zum Glück. Die Natur ist der Feind des Menschen. Oder, wenn Sie das umgekehrt sagen wollen, der Mensch ist ein anti-natürliches Wesen. Stellen Sie sich doch vor, wie eine angeblich natürliche Gesellschaft ausgesehen hat. Da waren Weibchen mit einigen Jungen, und ringsherum waren die Männchen, die sind herumgestrolcht und

haben darauf gewartet, daß der Vater krank wird, und dann haben sie sich auf ihn gestürzt und ihn zu Tode gebissen, um sich auf die Mütter zu stürzen und ihnen Kinder zu machen. Das war doch nicht so schrecklich sympathisch, oder?
Nein. Aber die Vorstellung einer telematischen Gesellschaft finde ich auch nicht so schrecklich sympathisch.
Ich finde den Menschen überhaupt nicht sympathisch. Ich möchte, bevor wir zum Ende kommen, noch eine Sache sagen, daß wir uns einigen. Die Telepräsenz ist nicht neu herausgekommen aus dem Koffer wie die Pallas Athene. Sondern die zwischenmenschlichen Beziehungen haben sich im Laufe der Jahrmillionen immer mehr verfeinert. Im Verhältnis zum Neandertaler war die Gesellschaft des Homo sapiens schon telematisch. Die Veränderungen sind nur quantitativ. Das Telefon steht im Verhältnis zum natürlichen Grunzen dem Alphabet viel näher . . .
Ich bedanke mich für dieses Gespräch.

MÜNCHEN, 1991

Das nachstehende Gespräch zwischen Florian Rötzer und Vilém Flusser fand im Oktober 1991 in München statt. Hintergrund war ein Vortrag Flussers vor 200 Schülern und Jugendlichen beim Jugendforum '91, veranstaltet von der Bayerischen Hypotheken- und Wechselbank.

Sie haben in Ihren Büchern immer wieder behauptet, daß wir auf der Schwelle zu einer neuen Epoche stehen würden. Sie führen das auf die neuen Techniken zurück. Es ist sicher der Computer, der im Zentrum der gegenwärtigen Veränderungen steht. Würden Sie denn sagen, daß man Epochen durch ihre Techniken charakterisieren kann, weswegen man dann auch sagen könnte, es gäbe so etwas oder müßte so etwas geben wie eine Philosophie des Computerzeitalters?
Ich möchte das ein wenig präzisieren. Ich bin einverstanden, wenn man von einer Schwelle spricht, sofern man die Schwelle breit genug ansetzt. Sie hat sich bereits in der Mitte des 19. Jahrhunderts gezeigt, und wir werden sie sicher nicht vor der Mitte des 21. Jahrhunderts überschreiten. Ich bin auch damit einverstanden, daß Sie den Übergang auf den technischen Einfluß zurückführen, allerdings mit der Einschränkung, daß die Technik allein zur Erklärung nicht ausreicht. Die Technik schlägt nämlich auf das Bewußtsein zurück, in dem die Veränderungen größer sind als in der Umwelt. Jetzt aber zur Frage, ob eine Philosophie des Computerzeitalters gefordert ist. Eine Philosophie der neuen Zeit entsteht von selbst. Nicht nur, weil sich die Themen ändern, sondern vor allem, weil sich die Methode des Denkens verändert. Eine der Charakteristiken des Übergangs ist, daß wir uns nicht mehr mit kausalen Erklärungen begnügen können. Wir müssen die Phänomene als Produkte eines Spiels von Zufällen ansehen, wobei die Zufälle statistisch dazu neigen, notwendig zu werden.
Darf ich kurz unterbrechen. Das ist eine Formulierung, die aus einem wissenschaftlichen Modell hervorgeht. Wenn Sie sagen, daß wir nicht mehr kausal erklären können, heißt das, wir können dies wissenschaftlich oder erkenntnistheoretisch nicht mehr, oder heißt das, wir können uns auch als Menschen des Alltags nicht mehr so wie in der Tradition

verstehen, sondern sind dazu genötigt, uns etwa aus der Perspektive der Wahrscheinlichkeitstheorie zu begreifen?

Das, was Sie den Menschen im Alltag nennen, oder das, was man den gesunden Menschenverstand genannt hat, ist das wissenschaftliche Niveau vergangener Jahrhunderte. Wir denken im Alltag so, wie man seit der Renaissance bis zur Aufklärung im elitären Denken gedacht hat. Der Umbruch, von dem ich gesprochen habe, ist ein elitärer Umbruch, der nicht so schnell ins Bewußtsein der großen Menge dringen wird. Er tröpfelt in es ein. Das war schon immer so. Wenn ich sage, daß wir dazu gezwungen sind, die Kategorien unseres Denkens umzuformen, dann meine ich, daß wir durch die Wissenschaft und die mit ihr zusammenhängende Spekulation dazu gezwungen sind. Ich bin der Überzeugung, daß die Wissenschaft und die wissenschaftliche Methode für alle absehbare Zukunft das Paradigma des zivilisierten Denkens bleiben werden. Die Methoden verändern sich natürlich, aber als wissenschaftliche Methode bleibt sie das Paradigma für alle Methoden.

Sie haben schon mehrmals darauf hingewiesen, daß auch die Wissenschaft sich in einer Umbruchsphase befindet, da sie sich den Künsten nähert. Diesen Umstand haben Sie wiederum anhand des Computers als Paradigma für das Handeln des Menschen erläutert. Mit dem Computer werden mit bedeutungslosen Elementen, den Pixeln oder den Bits, neue Welten entworfen. Das haben Sie ja als die Grundverfassung des menschlichen Seins in der Gegenwart beschrieben. Dann wäre es weniger die Wissenschaft, sondern eher der Computer, der das Paradigma für das aktuelle Selbstverständnis des Menschen ist.

Sie haben vorher etwas gefragt, worauf ich noch nicht geantwortet habe, nämlich ob die Technik maßgeblich für die Geschichte der Menschheit ist. Ich bin damit einverstanden. Ich glaube, man sagt mit Recht ältere oder jüngere Steinzeit, Bronzezeit, Eisenzeit und vielleicht jetzt Computerzeit, weil diese technischen Methoden auf das Bewußtsein zurückschlagen. Es gibt ein Bewußtsein der älteren Steinzeit oder eines der Bronzezeit. Das sieht man natürlich nicht auf den ersten Blick. Wenn man an die Bronzezeit denkt, dann denkt man an die Homerischen Helden oder an die Helden der verschiedenen Sagen. Aber wenn man darüber nachdenkt, dann kommt man darauf, daß diese schicksalhafte Einstellung des Helden auf die Technik der Herstellung von Bronzewerkzeugen zurückzuführen ist. Ich kann darauf jetzt nicht näher eingehen. Bronze ist im Unterschied zu Stein oder Eisen ein elitäres Material. Es war immer teuer. Also ist die Mentalität der Bronze die Mentalität einer kriegerischen und priesterlichen Elite, während die Eisenzeit mit einer Vulgarisierung und Demokratisierung des Denkens einhergeht, weil es billiger ist, Eisen herzustellen als Bronze. Das sei nur nebenbei gesagt. Sie fragten, ob nicht statt der Wissenschaft der Computer als ein Modell der heranbrechenden Zukunft anzusehen sei. Ich kann das nicht so trennen, weil die Technik angewandte Wissenschaft ist. Sie fragten, ob Kunst und Wissenschaft nicht einander näherrückten. Von dem Wort »Kunst« war ich nie sehr begeistert. Vielleicht ist die Kunst der Neuzeit von den früheren Künsten nur dadurch verschieden, daß sie nicht wissenschaftlich unterbaut war, daß sie sozusagen eine empirische Technik gewesen ist. Das verändert sich vielleicht jetzt. Vielleicht können wir wieder die Kunst als angewandte Wissenschaft oder die Wissenschaft als eine Theorie der Kunst ansehen.

Sie gehen davon aus, daß unser Zeitalter von den angewandten Wissenschaften, in diesem Sinne auch von den Techniken, geprägt wird. In welchem Verhältnis steht denn die Philosophie zu den Wissenschaften? Der Philosoph ist kein Wissenschaftler, er ist auch kein Techniker. Der Philosoph spricht in der Sprache, die man seit 2000 Jahren verwendet. Er steht in einer langen Tradition. Er kann die wissenschaftlichen Erkenntnisse und Methoden vielleicht deuten, verallgemeinern oder kritisieren. In Ihren Büchern sprechen Sie von der Krise der Linearität, die mit dem Computer und dem digitalen Code einhergeht. Die Philosophie ist mit ihrem geschichtlichen Hintergrund ein lineares Denken par excellence. Wie also verhält sich der Philosoph der Wissenschaft und Technik zur traditionellen argumentativen Philosophie?

Darauf möchte ich Ihnen zunächst eine banale Antwort geben. Was wir Philosophie nennen, ist ein Erbe der präsokratischen Denker. Es ist eine spezifische Einstellung zu den Problemen der Welt und dann später des Lebens, die mit dem Wort »Theorie« faßbar ist. Philosophie ist die Einstellung, in der die Dinge nicht als Erscheinungen angesehen werden, sondern die hinter den Erscheinungen irgendwelche Formen vermutet und behauptet, daß wir die Fähigkeit besitzen, diese Formen durch eine spezifische Ansicht sichtbar werden zu lassen. Diese Ansicht heißt griechisch »Theorie«. Diese theoretische Disziplin, die diskursiv war, hat zuerst alle

Gebiete der Erkenntnis umfaßt. Im Verlauf der Geschichte haben sich langsam die Wissenschaften eine nach der anderen von der Philosophie abgespalten. Es gibt Leute, insbesondere in den angelsächsischen Kulturen, die behaupten, daß die Philosophie völlig von den verschiedenen Wissenschaften entleert wurde und daß ihr jetzt nichts anderes übrigbleibt, als über die Wissenschaft, die aus ihr entstanden ist, nachzudenken, daß also die Philosophie nichts anderes sein kann als Wissenschaftskritik. Ich würde nicht so weit gehen. Ich würde sagen, daß es Gebiete gibt, die die Wissenschaft nicht besetzt hat und die von der Wissenschaft per definitionem gar nicht besetzt werden können, nämlich die Gebiete der Werte. Auf dem Feld der Werte ist die Methode des theoretischen Denkens noch immer gültig. Es gibt also zwei Gebiete, für die die Philosophie noch immer kompetent ist: die Kritik der Wissenschaft und die der politischen oder ästhetischen Werte.

Jetzt zur Struktur der Philosophie. Sie haben mit Recht gesagt, daß die Philosophie der Struktur nach traditionell diskursiv sei. Das stimmt nicht ganz, denn es gibt auch eine mathematische Philosophie. Sie können beispielsweise von der logischen Analyse oder vom sogenannten Neopositivismus nicht sagen, daß sie diskursiv seien, denn sobald Sie sich in der symbolischen Logik ausdrücken, sieht ein philosophisches Buch eher wie eine Serie von Algorithmen aus als wie eine Serie von textualen Sätzen. Aber die Philosophie ist im Prinzip seit den Vorsokratikern bis hin zu den gegenwärtigen Philosophen diskursiv, an denen ich allerdings aus den genannten Gründen Zweifel habe, ob sie noch Philosophen sind.

Seit einigen Jahrzehnten können wir eine seltsame neue Entwicklung beobachten, an der ich außerordentlich interessiert bin. Es gibt Leute, die mit Bildern zu philosophieren beginnen. Das klingt natürlich wie ein Widerspruch. Ich hatte vorher gesagt, die Philosophie habe es mit den Formen zu tun, die hinter den Erscheinungen sind. Die Bilder aber sind doch Erscheinungen. Wir haben aber neuartige Bilder. Wir besitzen Bilder, die die Formen des Denkens ansichtig werden lassen. Es gibt numerisch generierte Bilder, die, sagen wir einmal, platonische Formen auf dem Monitor anschaulich machen. Hier öffnet sich das Gebiet einer nicht mehr diskursiven, sondern mit Bildern arbeitenden Philosophie. Um das herauszustellen, habe ich in meinen Büchern von Kant den Begriff der »Einbildungskraft« entlehnt. Das sind allerdings nicht nur Computerbilder, weil wir in der letzten Zeit ein komisches Instrument entwickelt haben, das Video heißt. Das ist im Grunde genommen ein Spiegel, der den Weg für eine neue philosophische Methode öffnet. Der Monitor des Videos hat zwei seltsame Eigenschaften. Er kehrt erstens links und rechts nicht um wie die Spiegel, an die wir gewöhnt sind. Zweitens hat er ein Gedächtnis. Es ist also ein nicht umkehrender, mit einem Gedächtnis versehener Spiegel. Wer Spiegel sagt, sagt auch Reflexion oder Spekulation. Und wer dies sagt, sagt auch Philosophie. Vielleicht haben wir – *malgré nous* und ohne daß die Videoleute sich dessen bewußt sind – ein Instrument erfunden, mit dem sich mindestens so gut philosophieren läßt wie mit den 26 Buchstaben.

Ein Philosophieren in Bildern würde heißen, daß man Szenen erstellt. Damit aber könnte man weder begründen noch erklären, was für die Philosophie doch bislang maßgeblich war.

Ich habe Ihnen vorher gesagt, daß wir dazu gezwungen sind, diese Art von Argumentation aufzugeben. Wir können die Phänomene nicht mehr in einen Diskurs von Ursache und Wirkung einbauen, sondern wir müssen mit Zufall und Notwendigkeit spielen. Wenn Sie die drei Ebenen beispielsweise ineinanderfügen, von denen ich vorhin gesprochen habe, so können sich zufällig Kombinationen ergeben, die den Hersteller der Bilder selber überraschen. Ist es nicht das Erlebnis des Philosophierens, daß Sie in einer Art des Denkens verfangen sind, in der sie von Überraschung zu Überraschung schreiten? Meint das nicht Aristoteles, wenn er sagt, daß die Menschen einst und jetzt aus Überraschung begonnen haben zu philosophieren? Wenn man dem Entstehen von Bildern in einem Computer zusieht oder wenn man sich vorstellt, wie so ein Video funktionieren würde, dann würde man ganz im aristotelischen Sinne dieses Satzes philosophieren. Ich habe, wenn ich noch einmal über mich selbst sprechen kann, ein Buch geschrieben. Das ist eine Fabel. Fabeln wurden noch nie richtig geschrieben, falls Sie unter Fabel den Versuch verstehen, Tiere zu Wort kommen zu lassen, damit sie von ihrem Standpunkt aus beginnen, den Menschen zu kritisieren. Alle Fabeln, die ich kenne, handeln nicht von Tieren, sondern von Menschen, die als Tiere verkleidet sind. Ich habe versucht, dies anders zu machen. Ich habe mir einen Cephalopoden vorgestellt.

Eine Krakenart also . . .

Ja, einen Kopffüßler. Einiges habe ich doch im Leben gelernt. Eins davon ist, daß man exakt sein muß, wenn man phantasiert. Wenn man nicht phantasiert, kann man sich Freiheiten erlauben. Das ist das Tödliche am akademischen Denken, weil es immer geschützt denkt und daher in den Staub fällt. Wenn man phantasiert, dann kann man sich das nicht erlauben. Ich habe den Begriff *phantasia essata*, der, so glaube ich, von Leonardo stammt, intus. Ich habe dieses Vieh nicht erfunden, sondern entdeckt. Mit meiner Frau bin ich von Aquarium zu Aquarium gefahren und habe mich für die Physiologie und, wenn Sie gestatten, für die Psychologe von Cephalopoden interessiert. Ich habe den darwinschen Baum des Lebens aufgegriffen und ihn ein wenig fortgesetzt. Ich habe die jetzt existierenden Kraken als Anthropoiden angesehen und aus diesen eine Krake Sapiens sapiens hinausprojiziert. Aber alles an ihm ist biologisch wahr. Alle anderen Angaben, die ich von ihm gegeben habe, sind wissenschaftlich richtig. Ich habe mir aber nicht nur das Vieh vorgestellt, so wie es uns anglotzt, sondern ich habe mir auch seine Lebenswelt vorgestellt. Ich habe mir überlegt, wie die Welt aussehen müßte, wenn man sie aus der Tiefsee ansieht. Die Erde würde ganz anders aussehen. Das ist eine Art Philosophie. Man geht nicht von oben oder transzendent und nicht von unten oder strukturell vor, sondern man geht von der Seite aus. Es ist ein Seitensprung des Philosophierens.

Das wäre ein Denken, das versucht, andere Wahrnehmungsformen und andere Wirklichkeitsperspektiven zu entwickeln. Bestünde darin noch ein legitimer erkenntnistheoretischer oder spekulativer Sinn der Philosophie?

Ja, denn wir müssen uns jetzt daran gewöhnen, daß es alternative Räume und Zeiten gibt. Mit einer Technik, die es uns erlaubt, Szenen zu projizieren, die sich an Konkretizität mindestens mit denen von den Sinnen wahrgenommenen Szenen vergleichen lassen, sind wir dazu gezwungen, ebenso alternativ zu philosophieren. Mir gefällt das Wort »virtuell« gar nicht, weil es unter anderem viele Macho-Konnotationen hat. Da es keine nicht-virtuelle Realität gibt, da Realität nur ein Grenzbegriff ist, dem wir uns nähern und den wir nie erreichen können, kann ich von alternativen Weisen des Erreichens von Realität sprechen. Das kann ich technisch und theoretisch erreichen. Ich kann sagen, daß eine ganze Reihe von theoretischen Erwägungen der Wissenschaft von alternativen Realitäten handelt.

Ich gebe Ihnen ein Beispiel. Der Riemannsche Raum ist ja ein alternativer Raum zum euklidischen. Daß wir jetzt den Riemannschen Raum mehr anwenden als den euklidischen, wenn wir vom kosmischen Raum sprechen, konnte Riemann nicht voraussehen. Wenn die Wissenschaft und die Technik die verschiedenen Formen der Realisierung von Möglichkeiten anerkennen, dann muß dies doch die Philosophie auch tun.

Man sollte eine Disziplin ausarbeiten, die darauf verzichtet, den Unterschied zwischen real und fiktiv als Kriterium anzuwenden und die statt dessen mit dem Unterschied zwischen konkret und abstrakt arbeitet. Wahrscheinlich ist dies nicht der Ort, die Parameter dieser Kriterien vorzustellen, aber Konkretizität hat im Unterschied zur Realität den Vorteil, daß sie steigerbar ist. Ich kann sagen, etwas ist konkreter, greifbarer, manifester als etwas anderes. Das ist ein relativer Begriff. Realität ist zwar auch ein relativer Begriff, aber man sieht ihm das nicht so an. Die Leute sprechen von der harten Realität oder von der brasilianischen Wirklichkeit oder von ähnlichem Blödsinn, als sei dies eine faßbare Situation, während es sich doch nur um einen Grenzwert handelt. Deswegen geht mir auch der Begriff der »Simulation« so gegen den Strich. Wenn etwas simuliert wird, also etwas anderem ähnlich ist, dann muß es etwas geben, das simuliert wird. Im Begriff der »Simulation« oder des »Simulacrums« steckt ein tiefer metaphysischer Glaube an etwas Simulierbares. Diesen Glauben teile ich nicht.

Sie meinen, es gibt kein Original oder keine objektive Wirklichkeit, die simuliert werden könnte?

Ja, aber ich möchte noch einen Schritt weitergehen. Das Wort »Simulation« ist das indirekte Eingeständnis an einen transzendentalen Glauben. Wenn ich glaube, daß ich etwas nachahmen kann, dann glaube ich auch, daß es etwas gibt, das nicht nachahmt – nicht nur im Sinne des Originals, sondern beinahe im aristotelischen Sinne des unbewegten Bewegers, des *primus motor*. Im Wort »Simulation« verbirgt sich meiner Meinung nach der Rest eines Glaubens ans Absolute.

Ihre Vorstellung scheint derjenigen ähnlich zu sein, die man als philosophische Konzeption im sogenannten radikalen Konstruktivismus findet. Der Konstruktivismus geht davon aus, daß man Wirklichkeit nicht beschreibt oder passiv wahrnimmt, daß man sie nicht entdeckt, sondern erfindet. Das Bild der Wirklichkeit hängt beispielsweise ab von der Art der Sinnesorgane und davon, wie sie von unserem Gehirn, also von un-

serem neuronalen Computer, errechnet wird, weswegen sie auch ganz anders sein bzw. auf dem »mentalen Bildschirm« dargestellt werden könnte. Daher ergibt sich für den radikalen Konstruktivismus die Konsequenz, die Begriffe »real« und »fiktiv« und überhaupt die Ontologie hinter sich zu lassen. Wenn Sie die Begriffe »abstrakt« und »konkret« anbieten, wie würde denn dann die alte Unterscheidung in die neue eingehen können? Unser Weltbild ist doch noch immer davon geprägt, daß sich die Wissenschaften auf eine objektive Realität beziehen, während in der Kunst Scheinwelten erzeugt werden. Wir sperren Menschen in Psychiatrien ein, weil sie Halluzinationen haben, während wir davon ausgehen, daß sich die »normalen« Menschen einigermaßen ordentlich auf eine gemeinsam geteilte Wirklichkeit beziehen oder dies zumindest sollten.

Ich werde von einem psychiatrischen Beispiel ausgehen, weil mir das so gut gefallen hat. In den Jahren von 1933 bis 1945 gab es in Deutschland doch eine Gesellschaft, die normal war. In dieser Gesellschaft gab es Wahnsinnige, die ins Irrenhaus gesperrt wurden. Aus dem Rückblick sehen wir, daß wir die meisten Leute damals hätten ins Irrenhaus sperren sollen. Psychose ist natürlich ein relativierbarer Begriff.

Eine Psychose könnte ja das Kriterium der Konkretheit erfüllen, was aber nichts darüber aussagt, ob sie auch »wirklichkeitstüchtig« ist. Sie verhindert beispielsweise die Kommunikation mit anderen Menschen, weil die gemeinsame Wirklichkeit verlassen wurde.

Ich werde Ihnen eine Anekdote erzählen, die ich in Graz gehört habe und die mich zutiefst beeindruckt hat. Bertrand Russell hat jemanden empfangen, der ihn während des Gesprächs dann kritisierte. Er sagte, daß er alles, was Russell behauptete, für richtig halte, allerdings mit einer einzigen Ausnahme, nämlich wenn er sagen würde, daß Julius Cäsar im Jahre 44 vor Christus gestorben sei. Darauf fragte Russell, warum er gerade diese Aussage für falsch halte. »Nun ja«, sagte sein Gast, »weil ich Julius Cäsar bin«. Die Geschichte hat mir deshalb gut gefallen, weil sie zeigt, daß eine Kommunikation besteht und daß im Sinne Russells die Aussage dieses Menschen, der sagt: »Ich bin Julius Cäsar«, gar nicht falsifizierbar ist. Der Sachverhalt, daß er behauptet, Julius Cäsar zu sein, ist ja ein Beweis für die Tatsache dieser Behauptung. Ich weiß nicht, ob ich Ihnen zufriedenstellend geantwortet habe. Mir erscheint es wichtig, die Kategorien umzubauen. Wir sollten auch wahr und falsch anders denken. Wenn wir beispielsweise mit wahrscheinlich und unwahrscheinlich operieren, kommen wir der Sache näher. Wir müssen immer relative Begriffe haben und es uns abgewöhnen, mit absoluten Begriffen zu arbeiten.

Meine Frage zielte darauf, wie man sich mit den von Ihnen intendierten Kategorien in der Wirklichkeit – oder wie immer man das Referenzobjekt nennen will – orientieren kann. Um das ein wenig zu konkretisieren, würde ich einmal so fragen: Wäre es für Sie in dem Sinne möglich, wie wir es gewöhnt sind, nach Wahrheit zu streben, daß wir sagen, wir sollten nach größerer Konkretheit oder nach größerer Unwahrscheinlichkeit streben? Gibt es für Sie Imperative, die die alten ersetzen?

Imperative sind eine komische grammatikalische Form, die sich relativieren läßt. Wir können Imperative in Funktionen umcodieren, und dann sehen sie anders aus. Anstatt des Imperativs: »Du sollst nicht stehlen!« heißt es dann: »Wenn du stiehlst, kommst du ins Gefängnis!«. Dann ist die Frage, was ich lieber will. Will ich stehlen, dann muß ich damit rechnen, ins Gefängnis zu kommen, oder will ich vermeiden, ins Gefängnis zu kommen, dann sollte ich nicht stehlen. Das ist eine andere Art von Moral, die mir sympathischer ist als die autoritative Moral der Imperative.

Sie haben vorhin gesagt, daß Sie das, was ich sage, an den radikalen Konstruktivismus erinnere. Aber was ich sage, hat eine andere Seite, die im Konstruktivismus nicht enthalten ist. Der Konstruktivismus, falls ich ihn simplifizieren darf, sagt: »Wir stellen die Welt her.« Ich hingegen meine, daß es ein solches »Wir« gar nicht gibt. Das Herstellen der Welt auf der einen Seite führt zum Herstellen des Wir auf der anderen Seite. Es gibt eine neutrale Zone des Herstellens. Abgesehen von der alten griechischen Sprache kann man dies in den indogermanischen Sprachen gar nicht ausdrücken. Ich meine das, was im Altgriechischen der Aorist war. Wir denken doch so: Entweder ich sage: »Ein Hirt weidet eine Schafherde«, oder ich sage: »Eine Schafherde wird von einem Hirten geweidet«. Das ist bei uns die aktive und die passive Form. Die Konstruktivisten glauben an die aktive Form: »Wir weiden die Schafe.« Positivisten beispielsweise meinen, daß die Schafe geweidet werden. Es gibt aber eine dritte Form, die ich so übersetzen würde: »Es gibt ein Weiden von Hirten und Schafen«; also es gibt Hirten und Schafe, die in einem Weideverhältnis zueinander stehen. Dieses Verhältnis ist mathematisch leicht als Funktion $F(xy)$ auszudrücken.

Das ist ein Beispiel dafür, wie der linguistische Diskurs nicht mehr fähig ist, das gegenwärtige Bewußtseinsniveau zu artikulieren.

Wenn ich davon ausgehe, daß es hier eine Konstellation von Möglichkeiten gibt, daß sich diese Möglichkeiten zufällig verketten und durch diese Verkettung immer notwendiger werden, dann entsteht einerseits das, was wir früher »das Konkrete« genannt haben, und andererseits das, was wir früher »Ich« genannt haben. Das Konkrete ist konkret für das sich herausstellende Ich, und das Ich ist ein Ich für das sich herausgestellt habende Konkrete. Jetzt müßte ich diese komische Ontologie, falls dies noch eine sein sollte, noch etwas raffinierter machen. Dieses Ich kann nie alleine da sein, es ist immer ein Du, woraus ein seltsames Wir entsteht, das nicht genau dasselbe ist wie in der deutschen Sprache die erste Person Plural, sondern eher, wenn Sie mir gestatten, die vierte Person Einzahl. Dieses Wir ist das Gegenteil des Es.

Wir sind am Anfang davon ausgegangen, daß die Techniken sehr stark die Umwelt des Menschen verändern, wodurch sich auch der Mensch verändert. Das aber ist ein aktiver Prozeß der Umgestaltung und der Konstruktion von Welt, während das, was Sie jetzt formuliert haben, eher einer Phänomenologie des Daseins entsprechen würde, die davon ausgeht, daß wir nicht eine Welt konstruieren, sondern uns in ihr finden. Das sind einfach zwei verschiedene Wege.

Ich weiß nicht, ob wir uns in einer Welt befinden. Wir befinden uns in einem Möglichkeitsfeld, aus dem eine Welt wird. Und daß wir uns darin befinden, ist auch nicht der richtige Ausdruck. Es müßte heißen, daß wir uns darin realisieren. Aber Sie haben gesagt, das sei ein aktiver Vorgang. In den letzten zwei Minuten habe ich gegen die Unterscheidung zwischen aktiv und passiv argumentiert. Ich wollte sagen, es stimme zwar, daß wir aktiv unsere Werkzeuge erzeugen und dadurch die Welt aufstellen, aber es ist ebenso wahr, daß diese Werkzeuge auf uns zurückschlagen und uns herstellen. Die Behauptung ist richtig, daß der Webstuhl ein Produkt unserer Aktivität ist, aber ebenso richtig ist es zu sagen, daß der Geist des 19. Jahrhunderts ein Produkt des Webstuhles ist, also eine Folge der Einsicht, wie man Weben mechanisieren kann. Goethe hat in diesem Sinne gesagt, es sei mit der Gedankenfabrik wie mit dem Webermeisterstück. Einerseits ist es also die Aktivität des Menschen, der dank seiner Werkzeuge die Welt verändert, aber andererseits ist es die Aktivität des Werkzeuges, das die

Menschen herstellt. Können wir es nicht einmal versuchen, aktiv und passiv auszuklammern, auch wenn uns dies nicht gelingen wird, und statt dessen ein neutrales Verhältnisverbum erfinden? Wenn Sie nämlich unter »Aktivität« wörtlich ein Eingreifen und unter »Passivität« wörtlich ein Leiden, ein Einbegriffenwerden verstehen, also Agent und Patient im Sinne von Arzt und Krankem, dann könnten wir uns doch vielleicht daran gewöhnen, das Kranksein oder das Krankwerden ins Zentrum des kritischen Unternehmens zu setzen? Das hat religiöse Implikationen, die ich nicht leugnen will. Wenn ich von der Passion Christi spreche, dann meine ich damit nicht nur ein Leiden, sondern auch ein Handeln. Sind wir im Kleinen nicht alle in diesem Sinne passionell und passioniert? Und meint nicht auch engagiert eben das?

Ich will noch einmal auf die Frage der Orientierung zurück, weil sie auch für die Philosophie zentral ist. Woran sollen sich Menschen orientieren, die in unserer technowissenschaftlich geprägten Welt leben? Objektivität und Wahrheit können in Ihren Augen keine gültigen Kriterien mehr sein, wenn es darum geht, Möglichkeiten zu realisieren und Wirklichkeiten zu gestalten. Es müßte dann ein ethisches oder ästhetisches Kriterium für die Erzeugung von Wirklichkeiten geben. Was würden Sie persönlich dafür anbieten? Sollte alles realisiert werden können, was nur möglich ist?

Ich kann mich mit dem Wort »Orientierung« nicht anfreunden, denn es setzt voraus, daß es eine Lage gibt, die man überblicken, und man sich daher für Wege entscheiden kann. Das ist nicht meine Sicht.

Sie sprechen vom Entwerfen von Möglichkeiten, was heißt, daß es stets viele gibt. Es sollte daher möglich sein, bestimmte Entscheidungen zu fällen.

In den einzelnen Entwürfen kann man sich orientieren. Ich kann mich sehr gut beispielsweise im Entwurf der Biotechnik orientieren. Ich nehme irgendeine Landkarte, beispielsweise den Darwinismus, und sage, innerhalb dieser Landkarte gibt es Mutationen. Dann kann ich mich in der künstlichen Wirklichkeit Darwins orientieren, aber ich kann nicht aus ihr herausspringen und mich damit in einer fraktalen Wirklichkeit orientieren. Wir müssen hinnehmen, daß wir in der Unordnung, im Chaos leben, denn wer Zufall sagt, sagt auch Unordnung, und wer Zufall sagt, verzichtet auch auf Orientierung. Statt der Orientierung hat man allerdings etwas viel Gewaltigeres, nämlich das Entwerfen. Ich kann mich ja aus dem Chaos entwerfen in eine mich herstellende und von mir hergestellte Ordnung. Ich kann dann sagen, daß ich etwas zwecks partieller Orientierung entwerfe, wobei ich aber immer wieder hinnehmen muß, daß wir verlorene Wesen sind.

Mittlerweile ist es ja gängig geworden, daß wir von der Pluralität der Weltzugänge, von der Pluralität der Erkenntnismodelle oder von der Relativität jeder Erkenntnis auszugehen haben. Wir können – am deutlichsten auf der politischen Ebene – beobachten, daß Pluralität erhebliche Konflikte mit sich bringt, beispielsweise die nationalistischen Konflikte, die wir jetzt vor allem im Osten beobachten können. Gibt es von Ihrem Denken des Entwerfens von möglichen Welten und des Lebens in Kontingenz aus eine Art politischer Utopie, wie plurale Welten, die sich durchaus bekämpfen oder einander widersprechen können, zusammen existieren können? Und wie sieht das auf dem Feld der Philosophie oder der Epistemologie aus? Philosophisch sind wir ja immer noch christlich an Versöhnung orientiert, was heute auch erkenntnistheoretisch nicht mehr zu klappen scheint.

Ich bin der Meinung, daß das politische Bewußtsein im Begriffe ist, überholt zu werden. Das politische Bewußtsein ist eine Form des historischen Bewußtseins. Solange wir in der Magie und im Mythos gelebt haben, war von Politik keine Rede. Für das magische Bewußtsein ist alles belebt, und die Menschen stehen zu allem in einem dialogischen Verhältnis. Jeder Baum hat einen Gott, jede Quelle eine Nymphe. So ein belebter Kosmos, in dem der Mensch nur eines unter vergleichbaren anderen Elementen ist, schließt ein politisches Denken aus. Das politische Denken entsteht durch die Materialisierung der Welt und durch das Herausklammern der Menschen aus der Welt, wodurch die Frage entsteht, wie ich gut mit anderen Menschen leben kann. Das ist ein, wie Hegel gezeigt hat, dialektisches Thema, denn in dem Moment, in dem ich zu anderen hinausgehe, um mich mit ihnen über das gute Leben zu verständigen, verliere ich mich darin, während ich, sobald ich wieder zurückkehre, die Welt verliere. Hegel schildert mit Recht das unglückliche Bewußtsein als das politische Bewußtsein *tout court*.

Jetzt aber ist das zu Ende. Wir haben keinen politischen Raum mehr, worin wir einander auf diese Art und Weise begegnen könnten, um zu einem Konsens zu kommen. Statt dessen haben wir reversible Kabel. Das ist eine technische Frage, eine Frage der Schaltung. Die Kommunikationsrevolution besteht in einer Umkehrung des Informationsstromes. Die Informationen gehen nicht mehr vom Privaten ins Öffentliche, sondern sie gehen durch die Kabel zwischen den einzelnen Menschen. Statt eines politischen Bewußtseins und Gewissens gewinnen wir langsam und mühselig ein intersubjektives Bewußtsein, ein Bewußtsein des konkreten Anerkennens des anderen. Wir klassifizieren nicht mehr abstrakt die Menschen in Klassen, Rassen und Völker, sondern jetzt geht es um die Anerkennung des anderen als anderen und darum, von ihm anerkannt zu werden. Das überschreitet das politische Bewußtsein ebenso, wie einst das politische Bewußtsein das magische Bewußtsein überschritten hat. Das ist kein Fortschritt, sondern eher eine Aufhebung im hegelschen Sinne.

Sie haben mit Recht von den schrecklichen Dingen gesprochen, die sich im Osten wie im Westen zeigen und die Sie mit dem Wort »Nationalismus« bezeichnet haben. Ich würde das eher mit dem Wort »Skinheads« charakterisieren. Aber ich glaube nicht, daß das ein politisches Phänomen ist. Das ist ein Rückfall in vorpolitische Situationen. Es entstehen Nationalstaaten, es entstehen wieder religiöse Bewegungen, es entstehen Fremdenfeindlichkeit und darauf folgende Brutalitäten. Es sieht so aus, als würde sich die Geschichte wiederholen, als gingen wir an den Anfang des 20. Jahrhunderts oder an das Ende des 19. Jahrhunderts zurück.

Das globale elektronische Dorf, von dem McLuhan als Zukunft gesprochen hat, existiert offensichtlich trotz aller Informationsmedien nicht. Es scheint eher einen Widerstand dagegen zu geben, sich vernetzen zu lassen, die Entfernungen und Differenzen aufzuheben.

So sieht das aus. Aber wenn Sie das näher ansehen, dann spricht schon die Tatsache, daß sich die Geschichte zu wiederholen scheint, dafür, daß es sich nicht mehr um Geschichte handelt. Das Spezifische an der Geschichte ist doch die Unwiederholbarkeit. Für das Geschichtsbewußtsein ist doch jeder Augenblick einzigartig, und jede verlorene Gelegenheit ist für es definitiv verloren. Der Unterschied zwischen Einzigartigkeit und Unwiederholbarkeit ist der einzige Unterschied zwischen Geschichte und Vorgeschichte. Die Vorgeschichte glaubt an die ewige Wiederkehr des Gleichen. Jetzt haben wir das dumpfe Gefühl einer Wiederkehr des Gleichen. Ich glaube, das ist kein geschichtliches, sondern ein nachhistorisches Ereignis. Es ist eine Brutalisierung und eine Perversion des formalen Denkens.

Warum?

Ich habe zum Beispiel ein bißchen über die Pamiat gelesen. Das ist eine slawophile, auf Dostojewski fußende Bewegung, die an die heilbringende Funktion des russischen Volkes glaubt und die Juden umbringen will. Das scheint die Wiederholung einer Idee des 19. Jahrhunderts zu sein. Wenn man näher hinsieht, so sieht es eher wie eine formale Analyse einer gegebenen Situation aus, die nicht durch Vernunft, sondern durch Emotionen geprägt ist. Es ist die Karikatur dessen, was wir von einer posthistorischen Denk- und Handlungsweise erwarten. Ich glaube also nicht, daß McLuhan tatsächlich widerlegt ist. Ich glaube eher, daß zwischen dem Dorf, von dem er spricht, und den sich historisch entwickelnden Gebilden, die das Dorf überschreiten sollen, eine Periode des Umbruchs und des Chaos erscheint, in der die staatlichen und nationalen Strukturen erst einmal zerbröckeln und sich so verhalten, als würden sie sich multiplizieren, bevor sie in höhere Ebenen eingehen. Jugoslawien zerfällt nicht zugunsten irgendeines Makedonien, sondern zugunsten irgendeiner überregionalen Vernetzung.

Ich hatte Sie vorhin gefragt, wie es denn aussieht, wenn man lauter konkurrierende oder alternative Weltentwürfe von einzelnen, von Gemeinschaften, von Staaten, von Wissenschaften vor sich hat. Wie könnte man in dieser Pluralität noch eine Einheit denken, so daß sie nicht zu neuen Katastrophen, zu einem Dschungelkampf führt? Wenn man davon ausgeht, daß Wirklichkeiten entworfen werden, dann gibt es für das Handeln der Menschen überdies eigentlich keinen Sinn, denn auch dieser muß mit erzeugt werden, weil man sich auf nichts berufen kann. Sie nennen das manchmal die absurde Situation des Menschen, der weiß, daß er alles projizieren muß.

Ja, das ist die Sinngebung als Thema des Dialogs. Wenn ich nicht nur durch die Vernunft, sondern existentiell annehme, daß das Ich, die sogenannte Identität, eine Verknotung von Relationen ist, dann ist es gegeben, an verschiedenen Verknotungen teilzunehmen und dabei irgendein eigenes Charakteristikum im Vergleich zu anderen zu bewahren. Ich will das noch deutlicher machen. Wenn ich mir darüber klar werde, daß ich nichts anderes bin als derjenige, der jetzt mit Ihnen spricht, oder derjenige, der in diesem Hotel ist, oder derjenige, der in der gegenüberliegenden Bank morgen einen Vortrag hält, wenn ich mich als einen Knotenpunkt dieser Relationen ansehe, dann habe ich doch gesagt, daß ich verschiedene alternative Existenzen führe. Gleichzeitig bin ich jemand anderes als Sie oder als jemand von der Bank oder vom Hotel. Das erklärt näher, was ich unter alternativen Welten verstehe. Ich lebe so oft, wieviel ich durch Vernetzung an Verknotungen teilnehme. Das ist auch eine Antwort auf diesen scheinbaren Zerfall der Einheiten, den wir in Osteuropa sehen. Vielleicht hatten die Anarchosyndikalisten Anfang dieses Jahrhunderts Recht. Ich engagiere mich als Schachspieler in einem Schachclub, der eine geschlossene Gesellschaft ist. Aber dies ist er nur solange, wie ich in ihm drin bin. Im nächsten Moment engagiere ich mich als Vater eines Kindes in einer Volksschulverwaltung, die auch ein geschlossenes System ist. Geschlossen ist sie aber nur als System. Für mich sind der Schachclub und die Volksschulverwaltung geschlossene Systeme, zwischen denen ich wie von einer alternativen Situation zur anderen als ein Quantum hinüberspringe.

Wir haben aber immer das Bewußtsein, dabei dieselben zu bleiben, wenn wir uns in verschiedenen Wirklichkeiten oder Systemen realisieren.

Ja, aber wir wissen, daß Identität und Anderssein einander implizieren. Ich habe ja gesagt, daß ich das Bewußtsein des Selbst im Verhältnis zu einem anderen habe. Ich kann nur sagen, daß ich zugleich das Mitglied eines Schachclubs und eines Schulvereins bin, wenn ich dies einem anderen mitteilen kann. An und für sich gibt es dieses Bewußtsein nicht. Wenn ich in einen Schachclub eintrete und mich in ihm engagiere, dann vergesse ich mich. Selbstvergessenheit ist doch das Charakteristikum eines solchen Eintritts. Das Selbstbewußtsein entsteht erst, wenn ich mich davon entferne und jemand anderem darüber Rede und Antwort stehe.

Was ich zum Abschluß noch einmal nachfragen will, ist das Thema der Ethik. Sie sprachen davon, daß man in bestimmten Vernetzungen lebt, daß man selbst jemand ist, der aus vielen Vernetzungen besteht und irgendwie doch »einer« ist. Wäre es denn für eine Ethik unserer Zeit eine Maxime zu sagen: »Knüpft Vernetzungen! Macht möglichst viele Vernetzungen!«? Hinzu kommt, daß wir in Ihrem Sinne nur leben, wenn wir Möglichkeiten entwerfen und realisieren. Dann aber müssen wir darüber nachdenken, welche Möglichkeiten wir nicht realisieren sollten, um uns oder andere nicht zu ruinieren.

Die erste Frage ist besser als die zweite. Ich glaube, die Ethik ist implizit in allem, was ich gesagt habe. Wenn ich nur für jemanden anderen da bin, und jeder andere nur für mich da ist, dann ist darin eine Ethik der Verantwortung, des Daseins für den anderen, impliziert. Das ist der Tod des Humanismus. Der Humanismus ist eine Ethik, die sich auf eine Klasse, beispielsweise auf die Klasse Mensch, bezieht. Das ist der berühmte Satz: »Ich liebe die Menschheit, aber was mir auf die Nerven geht, sind die Leute.« Diese Idee der allgemeinen Verantwortung stirbt. An deren Stelle tritt eine persönliche, intersubjektive Verantwortung. Die Ethik erhält dann das Kriterium der Nähe. Je näher mir jemand örtlich, zeitlich, aber auch thematisch steht, desto mehr Verantwortung trage ich für ihn und desto mehr Verantwortung trägt er für mich. Diese Verantwortung ist etwas Gegenseitiges. Das ist etwas sehr Altes. Man nennt das »Nächstenliebe«. Durch die Hintertür kommt ein neuer Begriff der Nächstenliebe, weil ein neuer Begriff der Nähe entstanden ist. Die Vorsilbe »Tele«, die wir in der Telematik und in vielen anderen Techniken finden, bedeutet das Näherbringen des Entfernten. Ethisch heißt das, daß mich das Ferne nichts angeht. Ich muß es näher bringen, damit es mich angeht.

Andererseits kann man sagen, daß wir durch die Telepräsenz einen coolen Blick eintrainieren, wenn wir beispielsweise im Fernsehen irgendwelche sterbenden Kinder oder Kriege sehen. Wir sind Beobachter wie bei einem Theaterstück, aber es erweckt in uns keine Gefühle, wir sind nicht engagiert, wir sind Zeugen eines Ereignisses, ohne davon betroffen zu werden. Durch die Teletechnologien verschwindet zwar die Ferne und rückt uns näher, aber durch dieses Näherrücken wird anscheinend diese Nächstenliebe eher verhindert, zumindest erschwert.

Sie haben recht, aber Sie haben ausgeklammert, daß ich gesagt habe, es sei ein verantwortliches Verhältnis. Wenn ich die Kinder in Abessinien sterben sehe, dann kann ich dafür nicht verantwortlich sein, weil ich keine Kompetenz besitze, diese Situation in einem bedeutenden Sinne zu verändern. Das Neue an der Ethik, die ich sehr schlecht versuche auszuarbeiten, ist zu zeigen, daß Verantwortung etwas mit Kompetenz zu tun hat. Wenn ich hier morgen meinen Vortrag vor einer Gruppe von jungen Leuten halten werde, so werden sie mir näher rücken, und ich werde versuchen, sie insoweit zu beeinflussen, wie dies in meiner Kompetenz steht. Ich werde beispielsweise versuchen, worin ich glaube, kompetent zu sein, in den jungen Leuten Zweifel zu erregen und so gegen ihre Vorurteile zu wirken. Andererseits werde ich mich ihnen zu öffnen versuchen, um von ihnen geändert zu werden. Das ist für mich ein Modell der Ethik der Zukunft: sich seiner Begrenztheit bewußt zu werden und durch die Begrenztheit meiner Fähigkeiten dazu genötigt zu werden, andere anerkennen zu können. Das ist eine sehr bescheidene Ethik, denn sie muß ja auch sagen: Das geht mich nichts an, dafür bin ich nicht kompetent! Ich bin nicht dafür verantwortlich, ob in der äußeren Mongolei Demokratie eingeführt wird oder nicht. Es ist ein verantwortungsloses Geschwätz, wenn ich mich jetzt für die Befreiung von Tibet engagiere. Hingegen bin ich dann verantwortlich, wenn in Südfrankreich, also da, wo ich jetzt lebe, Menschen Fremde prügeln. Ich muß irgend etwas innerhalb meiner Kompetenz tun, um das einzudämmen. Was ich gesagt habe, ist nicht gut gesagt, weil ich mich emotional habe hinreißen lassen, was ich nicht hätte tun sollen. Aber die Proxemik, die Nähe, ersetzt, glaube ich, den verwässerten Humanismus.

Diese Ethik des Konkreten liegt doch auf derselben Ebene wie die Nationalismen, von denen wir vorher gesprochen haben, die sich auch auf ihre Nähegemeinschaft zurückzuziehen beginnen ...

Dagegen muß ich mich wehren. Das ist total unähnlich, denn diese Menschen schließen sich in eine Verkettung ein, während ich doch versucht habe zu sagen, daß die Verantwortung und die Freiheit darin besteht, daß ich zugleich an verschiedenen, einander überdeckenden Systemen teilnehmen kann. Dazu muß ich noch etwas sagen: Wenn ich in die Lebenswelt hineingeworfen werde, werde ich in Bindungen hineingeworfen. Ich bin durch die Tatsache, daß ich in eine Familie, in eine Klasse oder in eine historische Situation hineingeboren wurde, gebunden. Ich glaube, die Freiheit besteht darin, sich von diesen Bindungen zu befreien und neue freiwillig einzugehen, was nicht ausschließt, daß ich die gefundenen Bindungen aufhebe und zu gemachten gestalte. Aber der Nationalismus ist, wenn Sie gestatten, eine Schweinerei, weil er gegebene Bindungen heiligt, während die menschliche Würde darin besteht, die gegebenen Bindungen als gemachte aufzudecken. Wir sind wieder am Ausgangspunkt. Wenn ich annehme, ich bin als Kroate geboren und werde jetzt Kroatien heiligen, dann bin ich ein Schwein. Wenn ich hingegen mir dessen bewußt werde, daß Kroatien eine Fiktion ist, daß das kroatische Volk eine Fiktion der Tradition ist, dann bin ich in der Freiheit, aus dieser Fiktion auszutreten und dann vielleicht einige Bindungen, die mir diese Fiktion bietet, wieder auf mich zu nehmen. Das stinkt natürlich auch dann, denn warum sollte ich dann ausgerechnet Kroate sein und nicht Haussa?

ZÜRICH, 1991

Am Rande einer Tagung zur Fragestellung »Wo bleibt die Informationsgesellschaft?« im Gottlieb-Duttweiler-Institut für wirtschaftliche und soziale Studien in Rüschlikon bei Zürich sprach der Journalist Eric Bonse am 19. November 1991 mit Vilém Flusser. Es blieb dessen letztes Interview.

Leben wir in einer Informationsgesellschaft?
In einem Sinne ja, in einem anderen nein. Wenn man unter Informationsgesellschaft eine Gesellschaft versteht, in der der größte Teil der Bevölkerung an Ausarbeitung von Informationen im weitesten Sinn beteiligt ist, also im sogenannten tertiären Sektor arbeitet, dann leben wir in einer Informationsgesellschaft. Das erklärt meiner Meinung nach den Untergang des Marxismus, denn der Marxismus ist auf der Vorstellung aufgebaut, daß der größte Teil der Gesellschaft an der Erzeugung von Gütern beteiligt ist. Und seit die Proletarier nur einen kleinen Teil der Gesellschaft ausmachen und diese Menschen – nennen wir sie einmal Funktionäre – den größeren Teil, seither kann man sagen, daß wir in einer Informationsgesellschaft leben. In einem anderen Sinn allerdings leben wir nicht darin. In jenem Sinn nämlich, wo Information, Informationsaustausch, also der Dialog, den größten Teil der zur Verfügung stehenden Zeit ausmacht. Indem dem Diskurs immer weniger und dem Dialog immer mehr Raum gewährt wird. Ich verstehe unter Diskurs eine Informationsvermittlung, wo zwischen Sender und Empfänger unterschieden werden kann, und unter Dialog eine, wo diese Unterscheidung keinen Sinn hat. Ein Sender ist beispielsweise das Radio, das ist ein diskursives Medium, der Dialog ist beispielsweise das Telefon. Eine Gesellschaft wäre eine Informationsgesellschaft, wo der größte Teil der Menschen die größte Zeit daran beteiligt wäre, im Austausch mit anderen Informationen herzustellen. Das ist nicht der Fall.

Verstehe ich Sie richtig, daß die Informationsgesellschaft insofern einen radikalen Bruch mit der Industriegesellschaft darstellen würde?
Im ersten Sinn ist dies bereits der Fall. Wir sind tatsächlich nicht mehr in einer Industriegesellschaft, wenn der größte Teil der Industrie im weitesten Sinne in die Dritte Welt abgeschoben wird, und die sogenannten *industries de point*, also die Spitzenindustrien, in Ausarbeitung von Infor-

mationen bestehen. In diesem Sinne leben wir nicht mehr in der Industriegesellschaft.

Und im zweiten Sinne?
Dies ist ein utopischer Sinn. Der zweite Sinn, der erstrebenswerte sagen wir, den kann ich nicht voraussehen. Ich glaube nicht, daß im zweiten Sinn Informationsgesellschaft tatsächlich auch verwirklicht wird.

Im Zusammenhang mit der Informationsgesellschaft taucht immer wieder der Begriff der Verantwortung auf, zum Beispiel Verantwortung der Informatiker, der Ingenieure für ihre informationstechnischen Artefakte und das, was die Gesellschaft daraus macht. Was halten Sie davon?
Ich bin sehr unbefriedigt, weil in der Regel der Begriff der Verantwortung nicht ausgearbeitet wird. Verantwortung bedeutet Verantwortung irgend jemandem gegenüber. Meist wird nicht gesagt, wem gegenüber. Und das Problem der Verantwortung ist nicht Verantwortungslosigkeit in einem undefinierten Sinn, sondern die Tatsache, daß sich die Verantwortung für den einen mit der Verantwortung für andere nicht notwendig deckt. Daß ich also, wenn ich jemandem gegenüber die Verantwortung übernehme, sie einem anderen gegenüber ablehne. Und das ist das eigentliche Problem der Verantwortung.

Was verstehen Sie unter Verantwortung?
Ich glaube, Verantwortung ist die Fähigkeit, zu antworten. Infolgedessen ist es die Fähigkeit, jemandem zu antworten. Also wenn ich von Verantwortung spreche, muß ich immer den anderen im Auge haben. Man ist nicht verantwortlich ins Nichts, sondern man ist immer jemandem verantwortlich. Verantwortung hat eine Adresse.

Nun wird aber allgemein gesagt, daß durch die Informatisierung dieser Adressat verlorengeht. Man hat ferne Adressaten, die man nicht mehr kennt, die anonym bleiben ...
Nein. Zum Beispiel kann ich doch ruhig sagen, ich bin der Forschung gegenüber verantwortlich, ich habe als Forscher eine Verantwortung übernommen gegenüber dem reinen Forschen. Und wenn ich da Rücksicht nehme auf die Folgen meiner Forschung, dann bin ich vielleicht der Umwelt gegenüber verantwortlich, aber ich bin der Forschung gegenüber verantwortungslos. Verantwortung ist ein konfliktärer Begriff, den man nicht so leicht lösen kann.

Das heißt, Sie würden das Problem der Verantwortungslosigkeit auch nicht einseitig auf die Informatisierung oder auf die Informatiker schieben?

Nein. Das Wort der Verantwortungslosigkeit gefällt mir überhaupt nicht. Ich möchte sagen: einander kreuzende oder sich kreuzende Verantwortungen. Man kann nur sagen, der Mensch ist verantwortungslos mir gegenüber. Man kann nicht sagen, er ist verantwortungslos *tout cour.*

Wie könnte man aber sich kreuzende Verantwortlichkeiten umgehen?

Das ist ja das Thema des Lebens. Wenn ich eine Verantwortung einer Sache oder einem Menschen gegenüber übernehme, dann lehne ich die Verantwortung anderen gegenüber ab. Das ist ja überhaupt das existentielle Entscheiden. Was die Informationstechnik betrifft, so kann ich sagen, ich nehme spezifische Verantwortlichkeiten auf und lehne andere ab. Und das müßte man besprechen: Welche nehme ich auf, welche lehne ich ab?

Diese Frage wird immer wieder anthropologisch oder im Sinne eines Menschenbildes diskutiert. Oft wird angesichts der informationstechnischen Revolution ein neues Menschenbild gefordert . . .

Ich möchte zeigen, daß, wenn ein neues Menschenbild im Entstehen ist, es auf den vorangegangenen fußt und diese miteinbezieht.

Kann man denn überhaupt noch ein Menschenbild entwerfen, kann man noch vom Menschen als autonomem Subjekt sprechen?

Nein. Denn ich glaube nicht, daß wir ein Menschenbild haben. Ich glaube eher, wir sind in einem Menschenbild, wir sind im Bilde des Menschen. Das Bild hat uns, wir können uns nicht ein Menschenbild wählen und sagen, ich optiere für dieses oder jenes. Ich glaube vielmehr, wir sind in ein Verständnis dessen, was es heißt, ein Mensch zu sein, hineingeworfen.

In welchem Sinne?

So, wie das mit dem Glauben ist. Es ist ja nicht so, daß wir einen Glauben haben, sondern der Glaube hat uns. Es geht also nicht darum, ein neues Menschenbild zu machen, sondern einzusehen, in welches Menschenbild wir da gleiten.

Eine Frage zu einem Element dieses Bildes: das Wissen. Wo ist das Wissen heute: Ist der Mensch noch der Träger des Wissens oder sind es die Maschinen, oder ist es zwischen Mensch und Maschine?

Wir haben einen klassischen Wissensbegriff, nämlich Wissen ist das Angleichen des Denkens an die Sache. Diesen Wissensbegriff können wir, glaube ich, nicht mehr aufrechterhalten. Ob wir einen neuen ausgearbeitet haben, weiß ich nicht. Aber ich meine, daß, wenn wir auf die Unterscheidung zwischen wahr und falsch verzichten und statt dessen wahrscheinlich und unwahrscheinlich einsetzen, wenn wir mit anderen Worten sagen, wahr ist ein Grenzwert von wahrscheinlich, und falsch ist ein Grenzwert von unwahrscheinlich, dann gibt es zwei Arten von Wissensmethoden. Die eine ist, aus dem Wahrscheinlichen zum immer Wahrscheinlicheren zu schließen, und die andere, aus dem Wahrscheinlichen zum immer Unwahrscheinlicheren zu schließen. Die eine wäre die Wissensmethode der Wissenschaft, die andere die der Kunst. Und wenn ich es so sehe, sind beide Quellen des Wissens. Beide sind zwei verschiedene Arten des Wissens. Aber die Wissenschaft erweist sich dann als eine und die Kunst als andere Quelle des Wissens. Ich weiß nicht, ob ich Ihnen damit eine Antwort gegeben habe.

Ich fühle mich an Lyotard erinnert, der Wissenschaft als System auf der Suche nach dem Unbekannten, dem Chaotischen, dem Paradoxen zu begreifen sucht.

Das meine ich nicht, im Gegenteil. Ich meine, die Kunst ist die Methode. Ich meine, ein Künstler ist jemand, der daran engagiert ist, Unwahrscheinliches zu produzieren. Und ein Wissenschaftler ist einer, der darauf aus ist, daß seine Aussagen immer wahrscheinlicher werden. Und ich glaube, diese beiden Menschen ergänzen einander, mehr noch: Es müssen nicht zwei Menschen sein, sondern es kann in einem Menschen beide Strategien geben. Und das führt zu einem neuen Kulturbegriff, wo die Trennung zwischen »harter« und »weicher« Kultur niedergerissen wird. Das ist eine utopische Sicht, daß Kunst und Wissenschaft nicht ineinander verschwimmen, auch nicht einander überdecken, sondern daß diese zu *fuzzy sets* werden. Daß die Kunst tief in die Kompetenz der Wissenschaft und die Wissenschaft tief in die Kompetenz der Kunst eingreift. Das wäre etwas, für das ich sehr viel Sympathie hätte.

Welche Rolle spielt denn dabei noch der Experte oder der Facharbeiter, der kompetente Mensch?

Mir ist das Wort »Kompetenz« lieber als das Wort »Expertise«. Ich würde sagen, kompetent ist man in dem Maß, in dem man die Regeln und das

Repertoire eines Spiels beherrscht. Ich würde sagen, jemand ist ein kompetenter Schachspieler, ich kann aber nicht sagen, er ist ein Experte im Schachspielen, mir gefällt das Wort nicht. Und ich würde sagen, das Ziel einer vernetzten Gesellschaft wäre, daß jeder über eine ganze Menge, eine Serie von Kompetenzen verfügt und zwischen den Kompetenzen pendelt.

Welche Rolle kann dabei Technik, Informationstechnik spielen?
Ich würde lieber statt Informationstechnik Telematik sagen. Es ist mir jetzt gestattet, zum Beispiel vormittags mit jemandem in Australien Schach zu spielen und nachmittags mit jemandem in China über Probleme der Choreografie zu verhandeln. Und ich bin dann so oft da, an wie vielen Kompetenzen ich teilnehme. Natürlich stelle ich mir das als eine Kopplung zwischen Mensch und Maschine vor.

Wie kann diese Kopplung aussehen? Bisher klingt es so, als könne man das auch mit dem Telefon machen.
Ja, zum Beispiel. Das Telefon ist ein gutes Mittel. Aber ich möchte einen Unterschied machen zwischen Werkzeug, Maschine und Apparat. Ich würde sagen, ein Werkzeug ist eine Vorrichtung, die in Funktion eines Menschen funktioniert. Eine Maschine ist eine Vorrichtung, in deren Funktion Menschen funktionieren. Also eine Umkehrung des Verhältnisses. Und ein Apparat ist eine Vorrichtung, worin das Verhältnis zwischen Mensch und Vorrichtung reversibel ist.

Das heißt, der Computer ist ein Apparat?
Er ist ein typischer Apparat. Ich würde sagen, das ist eine Überholung sowohl des Werkzeugs als auch der Maschine. Es ist ein Werkzeug und Nicht-mehr-Werkzeug, es ist eine Maschine und eine Nicht-mehr-Maschine, weil sich das Verhältnis zwischen einem Apparat und einem Menschen auf das Verhältnis zwischen Werkzeug und Mensch und Maschine und Mensch draufsetzt. Im Verhältnis Mensch – Werkzeug ist der Mensch die Konstante und das Werkzeug die Variable. Wenn ein Werkzeug kaputtgeht, nehme ich ein anderes Werkzeug. Im Verhältnis Mensch – Maschine ist die Maschine das Konstante und der Mensch das Variable. Wenn ein Arbeiter krank wird, nimmt man einen anderen Arbeiter. Im Verhältnis Mensch und Apparat sind beide Variable.

Aber wo bleibt der Mensch, wenn er nur noch eine Variable ist?
Was meinen Sie mit nur noch? Das ist sehr viel, eine Variable zu sein.

Es klingt im ersten Moment relativ wenig.

Aber das ist vielleicht ein falsches mathematisches Gefühl. Eine Variable ist eigentlich mehr als eine Konstante. Eine Variable ist doch anpassungsfähig und kann in verschiedene Funktionen eingebaut werden.

Das heißt, variabel zu sein, heißt auch, verschiedene Kompetenzen zu haben?

Ja eben. Das, was ich vorher gesagt habe, daran habe ich gedacht. Der Mensch tauscht Apparate aus, und der Apparat tauscht Menschen aus. Und in diesem Wechselspiel entstehen Informationen – das ist ja die Würde des Menschen: Informationen erzeugen. Das ist ja die ontologische Definition des Menschen: Der Mensch ist ein Wesen, das gegen alle Naturgesetze Informationen herstellt. Das ist ein ganz guter Ausgang zu einer Definition des Menschen.

Doch bisher hat sich der Mensch gerne als Konstante definiert, als autonome Konstante...

Das ist vielleicht ein Aspekt des sogenannten Paradigmenwechsels, daß man die Idee der Konstanz, der Identität, der Persönlichkeit aufgibt. Daß wir ja nicht irgend*wo* da sind, sondern nur irgend*wie*.

Aber dagegen gibt es offenbar einigen Widerstand. Ist das eine Zumutung für den Menschen?

Eine Zumutung an unsere Vorstellungskraft und an unsere Werte, der wir die Stirn zu bieten haben.

Gibt es starke konservative Tendenzen im Sinne der Bewahrung eines Menschenbildes, das den Menschen als autonome Konstante, als Persönlichkeit begreift?

Ja, aber ich teile das nicht. Ich glaube, man muß die Idee des Konstanten aufgeben, aber ich habe nichts gegen Konservativismus. Ich glaube, erhalten ist ebenso notwendig wie ändern.

Aber würden Sie auch unterschreiben, was Volpert* sagt: Man soll zuerst erhalten – Erhalten vor Gestalten?

Nein, so nicht. Man müßte fragen, was: Was will ich erhalten, was will ich ändern? Der Konservative sagt, es gibt Aspekte, die wir nicht verändern können, und infolgedessen muß man versuchen, diese nicht änderbaren

---

* Prof. Dr. Walter Volpert: Leiter des Instituts für Humanwissenschaften in Arbeit und Ausbildung an der Technischen Universität Berlin. Volpert hatte während der Tagung einen Vortrag gehalten über »Verantwortungsbetroffenheit beim Einsatz der Informationstechnik«.

Aspekte sich einzuverleiben. Und der Liberale sagt, es gibt Aspekte, die geändert werden können und infolgedessen geändert werden sollen. Und ich glaube, ein strukturales Sehen ist, beide Standpunkte miteinander zu koppeln. Ich glaube, das ist ein Herauskriechen aus der Geschichte, also Nach-Geschichte. Wenn man zugleich konservativ und liberal sein kann, und dadurch keins von beiden.

Was heißt dann Nach-Geschichte?

Nachgeschichte definitorisch ist ein nicht mehr prozessuales, sondern formales Denken.

Und Sie haben keine eigenen Ansätze? Sie würden zum Beispiel nicht sagen, vergessen wir das Wort »Informationsgesellschaft«?

Es gibt Worte, die ich gerne vergessen möchte und die ich nicht vergessen kann. »Informationsgesellschaft« kann ich ohne weiteres vergessen, das ist kein so interessantes Wort, aber das Wort »Information« kann ich nicht vergessen, obwohl ich es tun möchte.

Was heißt Information für Sie?

Am ehesten ist es die Umdrehung der Gleichung für Entropie. Ich weiß nicht, ob Sie das sehr befriedigt. Wenn ich die Gleichungs-Entropie im Spiegel sehe, dann sehe ich die Informations-Gleichung. Oder um es menschlicher zu sagen: Wenn die Entropie die Tendenz zum Wahrscheinlicherwerden ist, dann ist Information die Tendenz zum Unwahrscheinlicherwerden. Wenn Sie als Beispiel der Entropie den Carbontest nehmen, dann ist dank Entropie die Zeit eine Tendenz zum Wahrscheinlicherwerden. Dann ist die umgekehrte Zeit, jene die zum Unwahrscheinlichen geht, also Abenteuer, die Tendenz zur Information. Information ist sehr verwandt mit dem Wort Abenteuer, also Zukunft. Abenteuer heißt doch »adventure«, also Zukunft.

Sie sagten aber auch, Information heiße, etwas zu informieren, in Form zu bringen.

Ja, aber das ist dasselbe. Formen sind raum- und zeitlos. Die stehen fest. Wenn ich die feststehenden Formen in den amorphen Stoff setze oder wenn ich sie mit Stoff stopfe, dann reiße ich sie aus dem stehenden Jetzt in einen Strom in Richtung Unwahrscheinlichkeit. Informieren ist also: Formen in Richtung Unwahrscheinlichkeit zwingen.

BIBLIOGRAFISCHE NACHWEISE

SÃO PAULO, 1967
Erstveröffentlichung: *O Estado de São Paulo*. Suplemento Literário. São Paulo, Nr. 525, 29.4.1967. Aus dem Portugiesischen von Edith Flusser.

SÃO PAULO, 1979
Erstveröffentlichung: *Fim de Semana*. Um jornal de servicos. São Paulo, Nr. 66, 27.7.1979 (erster Teil); *O Estado de São Paulo*. Suplemento Cultura. São Paulo, Nr. 592, 14.12.1991 (zweiter Teil). Aus dem Portugiesischen von Edith Flusser.

SÃO PAULO, 1980
Erstveröffentlichung: *Shalom*. São Paulo, März 1981. Aus dem Portugiesischen von Edith Flusser.

SÃO PAULO, 1986
Erstveröffentlichung: *Superinteressante*. São Paulo, November 1986. Aus dem Portugiesischen von Edith Flusser.

BERN, 1988
Erstveröffentlichung: *Kunstforum International*. Köln, Bd. 108, Juni/Juli 1990.

KARLSRUHE, 1988
Erstveröffentlichung: *Kunstforum International*. Köln, Bd. 97, November/ Dezember 1988. Nachdruck in: Florian Rötzer: Philosophen – Gespräche zur Kunst. München: Boer, 1991. Abdruck mit freundlicher Genehmigung des Klaus Boer Verlags.

NÜRNBERG, 1989
Erstdruck. In Auszügen verwendet für das Radiofeature »Alphabet, Antiqua, Algorithmus« von Katharina Teichgräber, gesendet am 22.3.1990 im Bayerischen Rundfunk.

GRAZ, 1989
Erstveröffentlichung: *XAO*, Programmzeitschrift zum »steirischen herbst '89«. Graz, September 1989.

BERLIN, 1989
Erstdruck. Unter dem Titel »Technische Bilder – Der Ausbruch aus dem Alphabet« gesendet vom Sender Freies Berlin, 21.8.1989.

ROBION, 1990
Erstveröffentlichung: *Calades*. Nîmes, Nr. 117, Februar 1991. Aus dem Französischen von Edith Flusser.

BERLIN, 1990
Erstveröffentlichung: *die tageszeitung*. Berlin, 23.7.1990.

GRAZ, 1990
Erstveröffentlichung: *Falter*. Wien, Nr. 12, 22.–28.3.1991 (erster Teil); Nr. 13, 29.3.–4.4.1991 (zweiter Teil). Nachdruck: Klaus Nüchtern: Vilém Flusser. Ein Gespräch. Göttingen: European Photography, 1991.

ROBION, 1990
Erstveröffentlichung: *Arch+*. Aachen, Nr. 111, März 1992.

HAMBURG, 1990
Erstveröffentlichung: *Spuren*. Hamburg, Nr. 36, März 1991.

WIEN, 1991
Erstveröffentlichung: Vilém Flusser: Ende der Geschichte, Ende der Stadt. Herausgegeben von der Kulturabteilung der Stadt Wien. Wien: Picus Verlag, 1992.

WIEN, 1991
Erstveröffentlichung: *Profil*, Wien. Nr. 13, 25.3.1991 (stark gekürzt). Vollständig in: Thomas Mießgang: X-Sample. Gespräche am Rande der Zeit. Wien: Passagen Verlag, 1993. Abdruck mit freundlicher Genehmigung des Passagen Verlags.

STUTTGART, 1991
Erstveröffentlichung: *Heaven Sent*. Frankfurt am Main, Nr. 1, Juni 1991. Auch in: »Ein Tag im Leben von BLS«, Ausstellungskatalog Bauder, Legrand, Stövhase. Stuttgart: Schloß Solitude, 1991.

GÖTTINGEN, 1991
Erstveröffentlichung.

ROBION, 1991
In Auszügen verwendet für das Radiofeature »Ein Mensch ist kein Baum« von Patrick Tschudin, gesendet am 13.12.1991 auf DRS 2. Zuerst abgedruckt in: Vilém Flusser: Von der Freiheit des Migranten. Einsprüche gegen den Nationalismus. Bensheim: Bollmann, 1994. Abdruck mit freundlicher Genehmigung des Bollmann-Verlags.

KARLSRUHE, 1991
Erstveröffentlichung: *die tageszeitung*. Berlin, 14.12.1991 (stark gekürzt). Wieder in: *Medium*. Frankfurt am Main, Nr. 2/92, April–Juni 1992; *Information Philosophie*. Reinach (Schweiz), Nr. 1, Februar 1993; *Ästhetik & Kommunikation*. Berlin, Heft 84, Februar 1994.

MÜNCHEN, 1991
Erstveröffentlichung.

ZÜRICH, 1991
Erstveröffentlichung: *Freitag*. Berlin, 17.1.1992.

EDITION FLUSSER

Die »Edition Flusser« im Verlag European Photography umfaßt die in den 80er Jahren entstandenen Hauptschriften Vilém Flussers und stellt darüber hinaus wichtige, bisher unveröffentlichte Nachlaßdokumente vor, die die vielfältigen Facetten des Flusserschen Denkens und Wirkens zum Ausdruck bringen. Auf zunächst zehn Bände angelegt, ist sie in einer gebundenen und einer broschierten Ausgabe erhältlich.

BAND I: FLUSSER-QUELLEN

Herausgegeben von Klaus Sander in Zusammenarbeit mit dem Flusser-Archiv München. Mit rund 1500 Einträgen bieten die *Flusser-Quellen* eine vollständige Bibliografie sämtlicher dem Archiv bekannter Text-, Bild- und Tonveröffentlichungen Vilém Flussers von 1961 bis 1996 in allen Sprachen und Auflagen: eine unverzichtbare Navigationshilfe für die Erforschung Flusserscher Tiefen. Neben der Basis-Buchausgabe werden die *Quellen* auch auf CD-ROM zur Verfügung stehen. Erscheint 1996/97.

BAND II: DIE GESCHICHTE DES TEUFELS

»Der Mensch hat Gott und den Teufel nach seinem Gleichnis erschaffen.« Flussers Erstlingswerk, in den Jahren 1957/58 in Brasilien geschrieben und dort 1965 unter dem Titel *A história do diabo* erschienen, liegt hier in seiner deutschen Originalversion vor: die Geschichte des Teufels als Geschichte des Fortschritts und Kritik der Wissenschaft, Technik, Ökonomie, Kunst, erzählt anhand der Sieben Todsünden. 200 Seiten, 2. Auflage 1996.

BAND III: FÜR EINE PHILOSOPHIE DER FOTOGRAFIE

Die Analyse der Fotografie in ihren ästhetischen, wissenschaftlichen und politischen Aspekten bildet den Schlüssel zur Untersuchung der gegenwärtigen Kulturkrise und der sich in ihr herauskristallisierenden neuen Daseins- und Gesellschaftsform. Dieser Klassiker philosophischer Fotokritik, 1983 erschienen und 1989 überarbeitet, liegt mittlerweile in zehn Übersetzungen vor, zuletzt ins Chinesische. 79 Seiten, 7. Auflage 1994.

BAND IV: INS UNIVERSUM DER TECHNISCHEN BILDER
Im Jahre 1984 als Erweiterung der »Fotophilosophie« auf das Gesamtgebiet der technischen Bilder erschienen, erweist sich Flussers Modell der telematischen Informationsgesellschaft inzwischen als brillante Philosophie des Internet: ein Buch von atemberaubender visionärer Brisanz. »Alle Autoren, Gründer, Stifter, Mosesse, Founding Fathers und Marxe (inklusive dem Göttlichen Schöpfer) sind angesichts der kybernetischen Verknüpfung der Dialoge und angesichts der Copyshops redundant geworden.« 192 Seiten, 4. Auflage 1992.

BAND V: DIE SCHRIFT – HAT SCHREIBEN ZUKUNFT?
Vilém Flusser stellt das Schreiben schriftlich in Frage. Er macht deutlich, welche Rolle der lineare, alphanumerische Code in der westlichen Kultur einnimmt und was wir zurücklassen, wenn wir zu schreiben aufhören. »Nie zuvor ist der Fortschritt der Geschichte so atemlos gewesen wie seit der Erfindung der bildermachenden Apparate. Denn endlich hat die Geschichte ein konkretes Ziel, dem entgegen sie läuft, das Ziel, ins Bild gesetzt zu werden.« 160 Seiten, 4. Auflage 1992.

BAND VI: VAMPYROTEUTHIS INFERNALIS
Zusammen mit dem französischen Künstler Louis Bec, der zu diesem Band fünfzehn fulminante Zeichnungen beisteuerte, entwirft Flusser eine Philosophie des Menschen aus der Sicht des Anti-Menschen, eines Unterwasserungeheuers namens Vampyroteuthis infernalis. Die Exkursion mit Flusser und Bec wird zur Höllenfahrt ins Paradies. 84 Seiten, 2. Auflage 1993.

BAND VII: ANGENOMMEN – EINE SZENENFOLGE
In dieser Sammlung überaus vergnüglich zu lesender Zukunftsszenarien bündelt sich Flussers Beitrag zu einer neuen experimentellen, fiktiven Philosophie, die statt von Wahrheiten von Möglichkeiten und Wahrscheinlichkeiten zu erzählen weiß. Ein philosophisches Juwel, das seine Zukunft vor sich hat, zugleich Flussers letzte Monografie: »Wahrscheinlichkeit ist eine Chimäre, ihr Kopf ist wahr, ihr Schwanz ist scheinlich. Futurologen versuchen, den Kopf zum Fressen des Schwanzes zu bewegen. Hier hingegen wird zu wedeln versucht.« 108 Seiten, 1989.

BAND VIII: STANDPUNKTE. TEXTE ZUR FOTOGRAFIE

Herausgegeben von Andreas Müller-Pohle. Das Erscheinen des Essays »Für eine Philosophie der Fotografie« im Jahre 1983 löste im deutschen Sprachraum eine lebhafte Debatte über das Kulturphänomen Fotografie aus, an der sich Vilém Flusser auf mannigfache Weise beteiligte. In der Folge entstanden zahlreiche Exposés, Skizzen, Werkanalysen, Essays und Vorträge, aus denen der vorliegende Band, in chronologischer Zusammenstellung, eine reiche Auswahl bietet. Ein spannendes Fotolesebuch und glänzendes Pendant zur »Fotophilosophie«. Erscheint 1996.

BAND IX: ZWIEGESPRÄCHE. INTERVIEWS 1967–1991

Herausgegeben von Klaus Sander. Vilém Flusser war ein außergewöhnlicher Redner und enthusiastischer Gesprächspartner. Eine Sammlung seiner Interviews bietet insofern eine treffliche Einführung in sein verzweigtes philosophisches Denken – ein Denken, das über den in den 80er Jahren vorherrschend gewordenen Medien- und Kommunikationsansatz weit hinausreicht und Vilém Flusser als universalen Kritiker unserer Kultur vorstellt. 256 Seiten, 1996.

BAND X: BRIEFE AN ALEX BLOCH

Herausgegeben von Edith Flusser und Klaus Sander. Alex Bloch teilte mit Vilém Flusser das Schicksal eines nach Brasilien emigrierten Prager Juden. Er war für Flusser der Kritiker par excellence und zugleich ein »Steppenwolf«, der zahlreiche Persönlichkeiten und Rollen verkörperte, jedoch die eines Freundes vermissen ließ. Eine ergreifende Korrespondenz, begonnen 1951 in Rio de Janeiro und wiederaufgenommen 1972 nach Flussers Rückkehr nach Europa. Erscheint 1997.